세계의 분단된 마음들

세계의 분단된 마음들

2022년 8월 29일 초판 1쇄 인쇄
2022년 9월 5일 초판 1쇄 발행

지은이 이우영·김성희·김태경·송영훈·양계민·유혜림·장윤미·장희경·조나단 머서
펴낸이 고하영·권현준
책임편집 임현규
편집 최세정·이소영·엄귀영·정세민·김혜림·정용준·김효진
디자인 김진운
마케팅 최민규

펴낸곳 (주)사회평론아카데미
등록번호 2013-000247(2013년 8월 23일)
전화 02-326-1545
팩스 02-326-1626
주소 03978 서울특별시 마포구 월드컵북로6길 56
이메일 academy@sapyoung.com
홈페이지 www.sapyoung.com

ISBN 979-11-6707-076-0 93300

세계의 분단된 마음들

이우영·김성희·김태경·송영훈·양계민·
유혜림·장윤미·장희경·조나단 머서 지음

사회평론아카데미

머리글

북한대학원대학교 마음통합연구단이 새로운 책 『세계의 분단된 마음들』을 내놓는다. 『분단된 마음 잇기: 남북의 접촉지대』(2016년), 『분단된 마음의 지도』(2017년), 『분단 너머 마음 만들기』(2019년) 이후의 연장이다. 앞의 책들과 달리 이 책은 마음의 분단에 대한 국제비교를 중점적으로 담았다. 즉 하나의 국민국가가 둘 이상으로 나뉘는 분단이란 정치적 현상을 한반도로 한정하지 않으려는 시도다. 마음통합연구단이 물리적 분단의 기저에 놓여 있는 마음의 분단을 통합하는 방안을 고민하면서, 다른 지역의 사례에서 통합을 가능하게 하는 실마리를 찾으려 하는 작업의 결과가 이 새 책이다.

우리가 마음의 분단과 통합에 대한 연구를 시작할 때는 한반도라는 특수한 사례에서 출발했지만 지리적 공간을 한반도로 한정한 것은 아니었다. 우리의 야심(野心)은 사회과학에서 주기적으로 발생하곤 했던 패러다임의 전환, 예를 들어 현실이 언어를 매개로 사회적으로 구성된다고 생각하는 언어적 전환이나 이성 대 감정이란 근대적 이항대립에서 이성보다는 감정의 능동적 역할을 강조하는 감정적 전환에 비견될 수 있는, '마음적 전환'을 모색하는 것이었다. 연구자들 마음의 한구석을 차지하는 야심의 집합적 표현이 마음적 전환이었다.

마음적 전환의 핵심(核心)은 마음을 행위자의 동인(動因)으로 생각하는 것이다. 우리는 마음을 이성·감정·의지의 복합체로 생각했다. 물론 마음이 무엇인가는 연구진의 마음을 내내 괴롭힌 문제다. 한글 마음이란 단어의 기능적 등가물인 일본어의 'こころ', 중국어의 '心', 영어의 'heart'와 'mind' 모두 주어와 술어로 사용되곤 한다. 이 일상어 사용법은 마음을 행위자와 동의어로 사용하게 한다. 즉 마음적 전환에서 마음은 행위자이자 무행위의 담지자다. 마음의 구성요소 가운데 어느 것에 가중치를 줄 것인가, 구성요소의 상호작용의 기제도, 마음의 정의만큼이나 우리 연구진에게 부과된 과제였다.

이 책의 1장 "감정과 전략: 한국전쟁의 경우"와 2장 "북·미 관계의 감정사(感情史): 북한의 미국 재현과 미국의 북한 인식"은 '국가의 마음'을 통해 국가 행동을 분석하려는 시도다. 국가를 마음을 가진 행위자로 의인화할 수 있는지는 서양적 근대의 시작과 함께 오랜 논쟁이었지만, 이 두 글은 그 쟁점은 다루지 않는다. 두 글은 모두 국가 행동을 설명하기 위해 감정에 초점을 맞추고 있다. "감정과 전략"은 비용과 평판(reputation)이라는 마음의 두 창을 통해 신뢰를 설명하는 방식으로 주류 합리주의에 맞선다. "신뢰는 감정적 믿음"이라는 것이 글의 저자인 조나단 머서의 핵심 주장이다. 한국전쟁의 해석에서 주요 쟁점들인, 왜 소련의 스탈린은 북한의 남한 공격에 미국이 대응하지 않을 것이라고 틀린 예측을 했는가, 왜 미국은 자신들의 한반도 통일 시도에 중국이 군사적으로 대응하지 않을 것이라고 생각했는가를 감정이란 변수를 통해 설명하고자 한다. "북·미 관계의 감정사"는 북한과 미국의 적대의 역사를 국가의 마음을 재현하는 대리인인 미국의 안보 엘리트와 북한 작가의 저술과 작품을 통해 보고자 한다. 저자 김성희의 발견은 그들이 텍스트를 통해 서로에게 만들어내고 있는 "선과 악, 그리고 무지의 삼분법"이다.

마음통합연구단을 불편하게 만든 또 다른 질문은 마음통합이 무엇인가였다. 통합이 행위자들의 상호작용을 통해 만들어지는 관계속성이라고 할 때, 마음통합은 긍정적인 마음의 얽힘을 보여주는 규범적 지표로 가정되었다. 그러나 정치통합과 경제통합이 진행되었지만, 마음통합은 지체 또는 역행한다는 느낌을 발견하곤 했다. 마음의 얽힘은 분단된 또는 고질적 갈등이 지속되는 국가들에서 하나의 사회를 만들어내는 '공감'(empathy)의 능력을 제고한다고 가정될 수 있다. 그러나 공감이 반드시 타인의 불행을 함께 아파하는 연민(sympathy 또는 compassion) 또는 측은지심(惻隱之心)과 같은 마음을 수반하는 것은 아니다. 김성희의 지적처럼 감정이 교육될 수 있다면, 갈등의 전환을 준비하면서부터 마음통합이 설계의 한 축으로 설정되어야 한다.

3장 "독일 통일 30주년과 사회통합", 4장 "독일 통일 후 동독 출신자의 지각된 차별과 통일에 대한 태도"는 독일을 사례로, 5장 "아프리카인들의 갈등과 통합"과 6장 "탄자니아의 두 가지 통합" 그리고 7장 "'하나의 중국' 원칙과 양안의 갈라진 마음"은 마음통합이 어려운 일임을 느끼고 있는 글들이다. 마음통합이 경제통합 이후의 침투확산 또는 분지효과로 실현될 것이라고 생각하는 이른바 기능주의적 접근 또는 햇볕정책이 실제로 작동하지 않을 수 있음을 보여주는 실증들이다. 통일 이후 동독 출신 주민들의 동독에 대한 그리움이나 분단국가 사이의 모범적 교류였던 중국과 대만의 관계에서 두 개의 중국이란 미래의 그리움 속에는 마음통합의 지난함이 담겨 있다. 아프리카에서 나타나고 있는 이른바 이행기 정의란 쟁점이나 통일 탄자니아에서의 사회통합정책의 필요 등도 마찬가지의 생각을 가지게끔 하는 현상들이다. 독일과 양안관계 또는 남북관계에 대한 보다 거시적 비교 또는 마음통합에서 통합의 정의를 미시적 수준에서 인정을 동반하는 공감으로 하는 문제 등을 연구의제로 생각하게 한다.

8장 "1950년대 북한의 독일 국가연합 통일방안 수용과 한반도 평화공존의 상상"은 마음통합연구단의 마음의 중앙에 자리 잡고 있던 북한의 한반도 미래에 대한 마음을 글로벌 역사의 시각에서 들여다보고 있다. 주제는 평화공존이다. 이 글은 평화공존을 통일과 함께 통합의 한 형태로 북한이 연방제 통일방안을 내놓을 때부터 생각하고 있었음을 보여준다. 그리고 평화공존에 대한 북한의 마음이 소련과 서독과 동독으로부터 이식된 부분이 있음을 실증하고 있다. 이 역사적 마음이 오늘에 어떻게 발현될 수 있을지는 우리에게 주어진 또 다른 연구과제다.

세계의 분단된 마음들을 바라보는 이 책은 집합행동의 결과물이다. 송영훈, 유혜림, 장희경, 조나단 머서 선생님들은 북한대학원대학교 SSK 마음통합연구센터 소속이 아님에도 불구하고, 우리 연구의 빈 공간을 채우는 옥고를 보내 주셨다. 깊은 감사를 드린다. 마음통합이라는 시장성 없는 주제의 책을 계속 출간해 주시는 사회평론아카데미의 고하영 대표님, 편집이 글쓰기의 한 부분임을 일깨워 주신 임현규 선생님께도 깊은 감사를 드린다. 마음통합 연구자로서 이 책의 처음부터 끝까지 궂은일을 처리해준 최종환 박사님께도 깊은 감사를 드린다. 우리가 마음통합연구를 계속할 수 있게 하는 동력인 독자들의 평가를 기다린다.

북한대학원대학교 SSK마음통합연구센터 이우영
구갑우

차례

1부 마음과 감정의 이론
:북미관계를 중심으로

제1장

감정과 전략: 한국전쟁의 경우

조나단 머서(컬럼비아대학교 정치학과)
번역 김응서(북한대학원대학교)·김성희(숭실대학교)

I. 서론

무엇이 외교적 또는 군사적 신호를 신뢰할 수 있게 만드는가? 기만이 빈번한 전략적 환경에서 합리적 행위자들의 해석은 그들 자신의 믿음, 직관, 그리고 상상, 즉 감정에 기반하여 이루어진다. 행위자들은 다른 행위자들이 어떻게 행동할 것인가에 대해 파악하기 위해 그럴듯한 방식으로 근거들을 나열하고 구성하며, 결국 근거를 초월해야 한다. 감정의 두 가지 속성은 사람들이 어떻게 신호를 해석하는지 설명하는 데 도움을 줄 수 있다. 첫째, 감정은 동화 기제(assimilation mechanism)라고 할 수 있다. 이는 감정이 근거의 해석에 영향을 준다는 뜻이다. 다시 말해, 누군가에 대해서 어떻게 느끼는지(예를 들어, 그를 신뢰하는가?)는 그 누군가의 행위를 해석하는 데 영향을 준다. 둘째, 감정은 근거가 된다. 사람들은 그들이 어떻게 느끼는지를 그들의 믿음을 강화하기 위한 독립적인 근거로 사용하기 때문이다. 공포, 분노, 안심 등 상황을 어떻게 경험했는가는 무엇을 원하고 무엇을 믿는지(또는 무엇을 선호하는지)에 관한 근거가 된다. 만일 느낌이 근거를 해석하는 방식과 이러한 해석에 대한 근거를 제공하는 방식에 영향을 미친다면, (상대가 자신의 신뢰성을 어떻게 평가하는지에 대한 고려까지 포함하는) 신뢰성에 대한 평가는 감정에 의존하여 이루어지게 된다고 말할 수 있을 것이다.

감정은 네 가지 전략적 문제를 다룬다. 첫째, 감정에 관한 이해는 왜 정책결정자들이 특정한 행동의 결과로 특정한(좋거나 혹은 나쁜) 평판을 얻는다고 잘못 믿게 되는지와 같이, 국제정치에서 결의 행위(resolve play)의 '역할 평판(role reputations)'에 관한 오래된 수수께끼를 푸는 데 도움이 된다. 둘째, 감정은 '비용(cost)'을 이해하는 데 중요하다. 비용은 무엇이 신호를 신뢰할 수 있게 만드는지를 이해하는 데 중요한 요소이다. 셋째, 감정은 왜 정책결정자들이 자신의 미래 선호를 정확히 예측하지 못하는지, 언제 선호에서의 극적인 변화가 발생하는지 등을 이해하는 데 도움이 된다. 넷째, 감정은 자기부정(self-invalidating)의 역설에 빠지지 않고도 전략적 문제에 대한 이해를 분명하게 해준다. 다시 말해, 감정의 결과에 대한 일반적인 지식이 이러한 감정의 결과들을 항상 바꿀 수 있는 것은 아니라는 이야기이다(다시 말해, 특정한 감정이 어떠한 결과를 초래할지 알면서도 그 감정을 마음대로 바꿀 수는 없다).

이러한 주장을 증명하기 위해 본 논문은 한국전쟁 동안 있었던 두 번의 신호 보내기(signaling) 사례를 살펴본다. 우선, 왜 소련의 지도자 이오시프 스탈린(Joseph Stalin)은 미국이 남한에 대한 북한의 공격에 대응하지 않을 것이라고 믿었으며, 그는 왜 그런 틀린 예측을 했는가? 둘째, 미국은 한반도를 통일하기 위한 미국의 시도에 왜 중국이 군사적으로 대응하지 않을 것이라고 믿었는가? 나는 두 가지 이유로 위의 사례들을 선택했다. 첫째, 최근 합리주의 성향의 학자들을 평판(reputation) 또는 비용(cost)에 대한 자신들의 주장을 증명하기 위해 두 번째 사례를 이용해왔다.[1] 합리주의자들은 감정을 배제하기 때문에 그들의 설명은 나의 설명은 극단적인 대립을 이룬다. 둘째, 한국전쟁의 풍부한 근거들은 동시대의 다른 사례보다도 신호를 평가하는 것을 더 용이하게 한다.

II. 비용과 평판

토마스 셸링(Thomas Schelling)은 신호의 신뢰성과 비용을 관련짓는다.[2] 그는 "행위"가 일반적으로 "말"보다 훨씬 신뢰도가 높다고 분석한다. 이웃국가를 공격하겠다는 협박은 국경에 많은 수의 군대가 있을 때 신뢰도가 훨씬 높아진다. 행위의 비용이 낮을 때 단호한 행위자와 허풍쟁이를 구분하는 것은 쉽지 않다. 비용이 클수록 신호는 더 신뢰도가 높아지고 그렇지 못한 행위와 구분하는 것이 훨씬 용이해진다. 셸링과 로버트 저비스(Robert Jervis)는 이행하지 못할 경우 선거에서 불이익을 얻게 되는 공약부터 분쟁 지역에 군대를 파병하는 위험한 결정까지 비용이 높은 신호의 다양한 경우들을 제시했다.[3] 제임스 피어론(James Fearon)은 이들의 주장을 정교화하여 두 가지 종류의 비용을 제시했다.[4] 첫째, 양보에 수반되

1 Anne E. Sartori, *Deterrence by Diplomacy* (Princeton, N.J.: Princeton University Press, 2005)와 Branislav L. Slantchev, "Feigning Weakness," *International Organization* 64 no. 3 (2010): 357-388을 참조할 것.

2 Thomas C. Schelling, *Arms and Influence* (New Haven, Conn.: Yale University Press, 1966), 150.

3 Robert Jervis, *The Logic of Images in International Relations*. (Princeton, N.J.: Princeton University Press, 1970).

4 James D. Fearon, "Domestic Political Audiences and the Escalation of International Disputes," *American Political Science Review* 88 no. 3 (1994): 577-592.

는 비용이다. 두 번째는 위기 순간에 후퇴하는 행위에 의해 발생하는 국내 정치적 그리고 대외적 위신과 평판에 대한 비용이다. 이 같은 관점에서 신호의 신뢰성은 그것의 비용에 좌우된다고 할 수 있다. 신호의 신뢰성은 왜 비용이 낮은 신호나 값싼 대화(cheap talk)를 신뢰할 수 없는지를 설명해 준다고 할 수 있는 것이다. 몇몇 학자들은 비용이 큰 신호를 신뢰도 측정을 위한 유일한 척도로 간주하기도 한다. 예를 들어, "신뢰성을 확보하기 위해 행위자들은 그가 우유부단했다면 하지 않았을 행동을 반드시 해야 한다"라고 말한 이도 있었다.[5] 비용이 커질수록 신호의 신뢰도도 함께 높아진다.

이에 더해 셸링은 평판이 신호의 신뢰성을 확보해준다는 이론을 발전시켰다. 우유부단하다거나 허세를 부린다는 식의 평판은 신호의 신뢰도를 낮추고 설득력도 떨어뜨린다. 좋은 평판은 발신자의 신호가 신뢰도 높은 신호로서 받아들여지고 도전받지 않을 것이라는 것을 의미한다. 경제학자들은 연쇄점 역설(chain store paradox)에서 발견되는 역진귀납법(backward induction) 문제와 같은 몇몇 이슈들을 설명하기 위해 평판 개념을 활용한다. 같은 방식으로 정치학자들은 평판과 관련된 이론과 주장을 국제정치에 적용한다.[6] 누군가 한 번 허세를 부렸다면, 그 기억과 기록으로 인해 그의 신호는 이후 무시되기 쉽다. 반면 말한 대로 실행했다는 기록은 신호의 신뢰성을 확보해준다. 행동은 행위자의 유형(또는 평판)을 드러내기 때문에 합리적 행위자는 신뢰성을 평가하기 위해 평판을 고려한다. 평판이 신호의 신뢰도를 결정하는 것이다.[7]

5 Branislav L. Slantchev, "Feigning Weakness," *International Organization* 64 no. 3 (2010): 357-388.

6 Barbara F. Walter, *Reputation and Civil War: Why Separatist Conflicts Are So Violent* (New York: Cambridge University Press, 2009).

7 다음의 글을 참조할 것. Robert Jervis, *The Logic of Images in International Relations*. (Princeton, N.J.: Princeton University Press, 1970); James D. Fearon, "Domestic Political Audiences and the Escalation of International Disputes," *American Political*

다른 규범적 접근법처럼, 합리적 선택이론은 어떻게 생각해야 하는지에 대한 규범과 기준을 잘 보여준다.[8] 이러한 관점은 합리주의의 비용과 평판에 관한 논의가 4가지 특성을 공유한다는 것을 의미한다. 첫째, 합리적 행위자를 가정한다. 즉 합리적 선택이론가들은 모든 이들이 비슷한 방식으로 상대의 행위를 해석한다고 생각하는 것이다. 이들 합리적 선택이론가들에 의하면, 행위자들은 각자의 선입견을 가지고 있기 때문에 처음에는 동일한 근거에 대해서도 동일하게 해석하지는 않지만, 결국 이들은 합리적 행위자이기에 주관적 믿음이 아닌 객관적 현실이라는 동일한 기준으로 해석하게 될 것이라고 한다.[9] 둘째, 어떻게 생각해야 하는가를 안다는 것의 의미는 신뢰성이 관찰자의 속성 또는 자질이 아니라 행위자의 속성 또는 자질이라는 말이다. 신뢰성은 비용 또는 과거의 행위에 의해 결정된다. 합리적 행위자는 그 비용 또는 과거 행위를 비슷한 방식으로 해석하게 될 것이다. 미국의 결정이 비용이 크거나 해당 결정을 지키는 것이 미국의 평판을 지키는 데에도 도움이 된다면 이 결정은 신뢰성을 갖게 될 것이다. 신뢰성은 행위자의 속성이기 때문에 정책결정자들이 다른 자산에 투자하는 것처럼 평판을 지키는 데 투자하는 것이 합리적이라 할 수 있다.

Science Review 88 no. 3 (1994): 577-92; Anne E. Sartori, *Deterrence by Diplomacy* (Princeton, N.J.: Princeton University Press, 2005); Barbara F. Walter, *Reputation and Civil War: Why Separatist Conflicts Are So Violent* (New York: Cambridge University Press, 2009). "신호" 평판("signaling" reputation)과 "일반" 평판("general" reputation)의 차이에 관해서는 다음의 책을 볼 것. Robert Jervis, *The Logic of Images in International Relations*. (Princeton, N.J.: Princeton University Press, 1970).

8 Jon Elster, "Introduction," in *Rational Choice*, ed. Jon Elster, (New York: New York University Press, 1986), 1-33과 Robyn M. Dawes, "Behavioral Decision Making and Judgment," in *The Handbook of Social Psychology*, ed. Daniel T. Gilbert, Susan T. Fiske, and Gardner Lindzey, 4th ed., Vol. 1 (New York: McGraw-Hill, 1998), 497-548을 볼 것.

9 Andrew H. Kydd, *Trust and Mistrust in International Relations* (Princeton, N.J.: Princeton University Press, 2005), 19.

셋째, 비용과 평판에 대한 이론은 기만을 제거함으로써 기만의 문제를 다룬다. 신호의 비용이 기만의 비용을 초과할 때, 합리적 행위자들은 그 신호가 신뢰할 수 있다고 생각할 것이다. 평판에 관한 이론은 전략에서 기만을 제거하기 위해 비용 또는 '유형'에 의존한다. 만약 좋은 평판 즉, 말을 실행에 옮기는 사람, 정부, 국가라는 평판을 지녔다면, 그들이 말을 실행에 옮기지 않았을 때 이는 비용이 큰 결정이 될 것이다. 그래서 그 큰 비용 때문에 행동을 취하겠다는 결의 즉, 행동을 취하겠다는 약속이나 협박은 신뢰성을 갖게 될 것이다. 말을 실행에 옮기지 않는다는 식의 나쁜 평판을 가지는 것의 비용이 클수록(예를 들어, 정부가 말을 실행에 옮기지 않았을 때, 국내 여론이 나빠져서 여당이 선거에서 패배하는 경우) 말은 더욱 신뢰성을 얻게 된다.[10] 평판에 관한 이론은 또한 기만을 제거하기 위해 '유형'을 도입한다. 즉, 각 국가는 과거 행위가 기준이 되어 정직하거나 정직하지 않은 유형의 국가로 규정된다. 유형은 쉽게 변할 수 없는 행위자의 특정 속성을 반영해야 한다. 자신의 유형을 바꾸는 것이 쉬울수록 상대를 속이는 것은 더 쉬워진다. 상대는 그 유형이 진짜라고 믿게 되기 때문에 유형을 바꾸는 나를 파악하기 어려워진다. 기만의 비용이 기만의 이익을 초과하거나 과거의 행위가 행위자의 유형을 분명히 드러낼 때, 그 행위자의 신호는 신뢰할 수 있는 것이 된다.

넷째, 전략에서 기만을 제거한다는 말의 의미는 심지어 전략이 노출돼 있는 상태에서도 '비용이 큰 신호'와 '평판'에 관한 이론을 공고히 해준

10 Robert Jervis, *The Logic of Images in International Relations*. (Princeton, N.J.: Princeton University Press, 1970); Alexandra Guisinger and Alastair Smith, "Honest Threats: The Interaction of Reputation and Political Institutions in International Crises," *Journal of Conflict Resolution* 46, no. 2 (2002): 175-200; Michael Tomz, "Domestic Audience Costs in International Relations: An Experimental Approach," *International Organization* 61, no. 4 (2007): 821-840.

다는 말이다. 하나의 이론이 행위에 영향을 끼칠 수 없다면, 그 이론은 스스로를 부정하게 될 것이다. 즉, 그 이론은 더 이상 유효하지 않게 될 것이다. 이는 논리와 추론에만 의지하는 전략이 왜 문제가 되는지를 설명해 준다. 만일 내가 특정한 신호나 평판이 내 말의 신뢰성을 높여 준다는 사실을 안다면, 상대방 또한 그 사실을 알 것이고, 내가 그 신호나 평판을 이용해 상대방을 속일 수도 있을 것이란 사실도 알 것이다. 그래서 그는 나의 신호나 평판을 무시할 수도 있을 것이다. 기만이 가능한 전략적 환경이라면, 논리와 추론에 근거한 전략은 스스로를 무효화(self-invalidating)시킬 수 있다. 누군가 전략적 문제에 대한 해결책을 발견한다면 상대 역시 그것을 알 것이기 때문에 그 해결책은 제대로 실행될 수 없을 것이다. 예를 들어, 만약 과거의 반복된 행동을 통해 내가 말을 실행에 옮긴다는 평판을 지녔다는 사실을 알고 있다면, 나는 앞으로 그 평판을 이용해서 실행에 옮길 생각도 없는 허풍을 부리고 상대를 협박할 가능성이 높다. 상대가 내가 허풍을 부린다고 믿을 가능성이 낮기 때문이다. 그러나 내가 아는 것은 상대도 안다. 내가 내 평판만 믿고 허풍을 부린다면, 상대도 내가 허풍을 부린다고 생각할 가능성이 높다. 이것이 평판의 역설인데, 허풍을 부리지 않는다는 나의 평판 때문에, 상대는 오히려 내가 허풍을 부린다고 생각할 수 있고, 허풍을 부린다는 평판 때문에 상대는 오히려 내가 허풍을 부리지 않는다고 생각할 수도 있다.[11] 합리주의자들은 전략에서 전략(또는 기만의 가능성)을 소거하는 기술적인 해결책을 규정한다. 즉, 그들에게는 비용이 식별 가능하고 객관적이듯이 평판은 변하지 않는 것이어야 한다. 그렇지 않다면, 전략적 행위자들은 상대의 믿음을 이용(악용)하는 법을 알게 될 것이

11 Robert Jervis, *The Logic of Images in International Relations*. (Princeton, N.J.: Princeton University Press, 1970), 88과 2012. Jonathan Mercer, "Audience Costs Are Toys," *Security Studies* 21, no. 3 (2012): 398-404을 볼 것.

고, 상대도 나의 믿음을 이용(악용)할 수 있다는 사실을 안다는 것을 알게 될 것이다.

전략에 대한 합리주의적 접근이 갖는 자기 무효화의 속성은 외적 제약이 한쪽에 지배적인 전략을 제공할 경우 존재하지 않게 된다. 예를 들어, 아프가니스탄의 탈레반 반군은 미국 해병대가 공격을 받았을 때 그들이 어떻게 흩어지는지를 관찰함으로써 어디에 소형 지뢰를 설치할지를 알아내었다.[12] 탈레반의 전술이 유용하다는 것을 안다고 할지라도 그 전술을 무효화시키기 위한 어떤 간단한 해결책도 존재하지 않는다. 비슷한 맥락에서, 토마스 셸링이 제시했던 다양한 테크닉들, 다시 말해 자신의 역량을 변화시킨다든가(배수의 진 치기), 적의 선택지를 줄인다든가(마지막 회피 기회만 남겨두기), 그렇지 않으면 자신의 의지를 과시한다든가(제대로 통할지는 운에 맡겨두는 협박) 등은 그 테크닉을 상대가 안다고 해도 그 효과를 무효화할 수 없기 때문에 세내로 통할 수 있다. 이는 비용과 평판에도 똑같이 해당될 수 있는 말이다. 비용이 기만의 이익보다 크거나 누군가 고정된 평판을 가질 때, 합리적 행위자는 상대를 기만하기 위해 신호를 사용할 수 없으므로 신호는 설득력을 지니게 된다.

III. 감정과 전략

셸링은 게임이론이 행위의 윤곽을 만드는 데 유용하다고 믿었지만 결국에는 시인들이 논리학자들보다 더 훌륭한 전략가일 수 있다고 생각했다.[13]

12 C.J. Chivers, "As Marines Move in, Taliban Fight a Shadowy War," *New York Times*, February 2, 2010, A1.

13 Thomas C. Schelling, *The Strategy of Conflict* (Cambridge, Mass.: Harvard University Press, 1960), 58.

전략은 기술적 해결책이 아닌 오직 창의적인 해결책을 갖는다. 내가 추론할 수 있는 것은 상대도 추론할 수 있기 때문에 추론으로 전략을 세울 수는 없다. 신호를 보내고 해석하는 것은 상대의 선호, 믿음, 느낌을 상상함으로써 가능할 수 있다. 즉, 무엇이 기대되는가, 무엇이 공정해 보이는가, 무엇이 격분하게 만드는가를 이해해야만 하고, 적이 자기 자신에 대해 가지고 있는 믿음을, 구체적으로 말해, 저들은 내가 단호하다고 생각하는가 아니면 우유부단하다고 생각하는가 등을 상상해야만 한다. 신호를 해석하는 행위는 의미를 만들어내기(create) 위해 근거를 뛰어넘는 것이다. 창의성(creativity)의 역할이 커질수록 해석을 예측하는 것은 더욱 어려워진다. 정치학자들은 창의성을 그들의 논의에서 배제해왔고, 종종 복잡한 정치적 행위자들을 실험실의 쥐처럼 여기곤 했다. 창의성이 예측의 영역 밖에 존재한다고 믿었기 때문이었다. 바꿔 말해, 예측은 창의적인 행위가 아니다. 더 중요한 점은 일상적으로 창의적인 전략을 예측하기 위한 능력은 그것들 스스로를 무효화한다는 사실이다. 이렇게 된다면 행위자는 전략에서 전략을 제거하는 합리적 접근법과 예측을 부정하고 창의성을 옹호하는 태도 중 양자택일을 해야 하는 처지가 된다.

감정에 대한 이해는 그 절충점을 제공한다. 감정에 관한 이해는 우리에게 전략을 기술적 문제로 접근하게 해줄 뿐 아니라, 상대의 신호를 평가하고 판단하는 데 있어 창의성을 포기하지 않도록 만들기도 한다. 전략적 문제를 다루기 위해선 정책결정자들이 (상대국가가 보내는) 신호의 신뢰도를 평가해야 하기 때문에 불완전한 해결책이라도 유용하다. 감정은 두 가지 이유로 전략적 문제를 다루는 데 좋은 수단이 된다.

첫째, 신뢰는 감정적 믿음이다.[14] '감정(emotion)'이 일종의 산만한 심

14 Jonathan Mercer, "Emotional Beliefs," *International Organization* 64, no. 1 (2010): 1-31.

리적 변화의 주관적 경험이라면, '느낌(feeling)'은 감정(emotion)을 경험한다는 의식적인 인식이라고 할 수 있다. 나는 감정과 느낌을 동의어로 다룬다. '믿음(belief)'은 무엇인가가 진실일 것이라는 생각, 혹은 그런 생각들의 집합이다. '믿음'은 불확실성을 수반하는 반면, '지식'은 위험부담이 없고 비개인적이며 일관적인 것이다. 위협이나 약속과 같은 행위는 관찰자가 그것이 행위자에 의해 실행될 것이라고 믿을 때 '신뢰성'을 띠게 된다. 이러한 관찰자의 믿음은 일반적으로 행위자가 자신의 위협이나 약속을 지킬 것인지, 즉 행위자의 능력, 이익 그리고 결의에 대한 평가에 의해 강해지기도 하고 약해지기도 한다. '감정적 믿음'은 감정이 믿음을 구성함과 동시에 강화하는 것이다. 감정은 근거들의 선별(그리고 해석)과 위험의 평가에 중요하기 때문에 신뢰를 구성한다. 감정이 없는 신뢰는 그 행위가 지켜질지 아닐지를 '알기' 때문에 지식이 된다. 감정은 또한 신뢰를 강화 또는 약화시킨다. 감정은 단순히 믿음의 결과가 아니라 믿음을 위한 동기가 된다. 감정적 믿음은 잘못될 수 있는 위험을 가정하고 근거를 뛰어넘기 위해 내적으로 발생된 추론에 의지하는 것이다.[15]

둘째, 감정은 자기부정(self-invalidating)의 역설에 빠지지 않고도 전략적 문제에 대한 이해를 분명하게 해준다. 느낌(feelings)이 신호의 신뢰성에 대한 믿음을 구성하고 강화한다는 일반적 지식은 감정(emotion)의 영향력을 약화시키지 않는다. 감정이 없이 신뢰성을 평가할 수는 없기 때문에 평가에서 감정을 제외할 수 없다. 예를 들어, 믿음의 기초는 상대방의 선의와 능력에 대한 낙관적인 느낌이다.[16] 신뢰로 인해 상대가 자신을 이

15 Klaus Fielder and Herbert Bless, "The Formation of Beliefs at the Interface of Affective and Cognitive Processes," in *Emotions and Beliefs: How Feelings Influence Thoughts*, ed. Nico H. Frijda, Antony S. R. Manstead, and Sacha Bem (Cambridge, UK: Cambridge University Press, 2000), 144.

16 Jonathan Mercer, "Rationality and Psychology in International Politics," *Interna-*

용할 수 있음을 안다고 해도 그 신뢰가 사라지는 것은 아니다. 덴마크가 영국을 믿는다는 일반적 지식은, 영국이 덴마크의 신뢰를 악용할지 모른다는 위험성에도 불구하고, 덴마크가 영국을 불신하도록 하지 않는다. 마찬가지로, 신호를 해석하는 것이 감정에 좌우됨을 아는 것은, 이러한 감정적 평가가 예측되기 쉽다고 하더라도, 그러한 평가를 바꾸지 못한다.[17] 감정의 영향력에 대한 이해는 자신의 믿음을 세심히 살피거나 불일치하는 근거들을 탐색하도록 할 수 있도록 하지만, 행위자들은 감정의 효과에 관한 이해와는 별도로 그러한 관찰이나 탐색을 해야 한다. (참 또는 거짓이 아니거나 합리성이 감정에 좌우된다는 의미에서) 감정이 곧 실수를 유발하는 것은 아니지만, 감정이 항상 정확한 판단을 가능하게 하는 것도 아니다.[18] 만일 (내가 주장하는 것처럼) 감정이 행위자들이 자신들이 어떠한 평판을 가졌다고 오인하게 만드는 원인이라고 한다면, 그들의 적들은 그 감정으로 인해 행위자가 범하게 되는 실수를 악용하려 들 것이다. 감정의 결과가 실수라고 인식될 때, 그 인식은 감정의 결과를 바꾸게 될 것이다.

1. 감정의 속성

나는 세 가지 주장을 발전시키기 위해 두 가지 감정의 속성을 활용한다. 첫째, 신호의 신뢰성은 발신자의 비용보다도 수신자의 비용에 의해 좌우된

tional Organization 59, no. 1 (2005): 77-106과 Brian C. Rathbun, "Before Hegemony: Generalized Trust and the Creation and Design of International Security Organizations," *International Organization* 65, no. 2 (2011): 243-273을 참조할 것.

17 Lucile Eznack, "Crises as Signals of Strength: The Significance of Affect in Close Allies' Relationships," *Security Studies* 20, no. 2 (2011): 238-265.

18 Antoine Bechara and Antonio R. Damasio, "The Somatic Marker Hypothesis: A Neural Theory of Economic Decision," *Games and Economic Behavior* 52, no. 2 (2005): 336-372.

다고 볼 것이다. 둘째, 선호의 안정성은 행위자가 상황을 어떻게 경험하는지에 의해 좌우된다고 볼 것이다. 셋째, 행위자들은 그들 결의(resolve)에 대한 자신들의 느낌과 감정을 근거로 관찰자들이 그 결의에 대해 느끼는 바를 추론할 것이다.

1) 동화기제로서의 감정

감정은 근거의 해석에 영향을 끼친다. 이것이 감정의 한 속성이다.[19] 사람들은 처음부터 믿음을 갖지는 않고 새로운 근거를 확인할 때, 그 근거들을 기반으로 자신의 믿음을 수정한다고 생각하기 쉽다. 하지만 오히려 사람들은 근거를 해석하기 위해 그들의 믿음을 이용한다. 신용과 신뢰와 같은 믿음은 감정에 의지하기 때문에 감정은 사람들이 근거를 해석하는 데 중요한 역할을 한다. 합리주의자들은 사람들이 그들의 믿음을 수정하기 위해 근거를 이용한다고 가정하는 반면 정치심리학자들은 오랫동안 사람들이 그들의 믿음에 부합하도록 근거를 일치시킨다고 주장해왔다.[20] 분석은 감정으로부터 자유로울 수 없지만, 이 말이 곧 감정이 분석을 결정한다는 의미는 아니다. 사람들은 그들이 신뢰할 수 있는 근거를 토대로 그들의 믿음을 수정한다. 신뢰가 가지 않는 행위자로부터의 신호는 그렇지 않은 행위자의 신호보다도 덜 신뢰하게 된다. 감정이 해석에 영향을 준다는 점에서 해석은 감정을 중요한 동화 기제로 만든다고 할 수 있다.[21]

19 Jonathan Mercer, "Emotional Beliefs," *International Organization* 64, no. 1 (2010): 1-31.
20 Robert Jervis, *Perception and Misperception in International Politics* (Princeton, N.J.: Princeton University Press, 1976).
21 Jonathan Mercer, "Emotional Beliefs," *International Organization* 64, no. 1 (2010): 1-31.

감정을 동화 기제로 봄으로써 우리는 전략가들이 비용을 어떻게 이해하는지를 알 수 있다. 행위자마다 비용을 다르게 해석한다는 의미에서 비용은 주관적이다. 발신자의 비용은 수신자의 비용에 비해 덜 중요하다. 수신자가 그 신호를 의외라고 생각하는지, 부당하다고 여기는지, 혹은 그 신호가 분노를 유발하는지 등 그 신호가 신뢰할 수 있는지 아닌지를 결정하는 쪽은 수신자이기 때문에 분석가들은 수신자가 신호를 어떻게 느끼는지에 관심을 기울여야 한다. 신호를 해롭다고 느낀 수신자가 그 신호를 발신자에게 큰 비용이 되는 것이라고 해석할 수도 있다. 이러한 관점은 발신자의 비용이 작은 신호를 신뢰할 수 있는 것으로, 비용이 큰 신호를 신뢰할 수 없는 것으로 여기게 할 수도 있다. 합리주의자들은 발신자에게 발생하는 비용이 신호의 신뢰도를 결정한다고 여기는 반면, 나는 수신자의 느낌이 신호의 비용과 신뢰도의 해석에 영향을 미친다고 믿는다.

2) 근거로서의 감정

"느끼는 것은 믿는 것이다"라는 문구는 감정의 두 번째 속성을 말해준다.[22] 사람들은 그들이 어떻게 느끼는가를 믿음의 독립된 근거로서 활용한다.[23] 벰(Daryl J. Bem)의 "자기 지각" 이론은 이와 비슷한 시각을 보여준다. 벰은 사람들이 자신들의 행위를 통해 동기를 추론해낸다고 주장했던 것이다.[24] 한편, 사회인지신경과학 분야의 최근 연구는 사람들이 타인의 느낌

22 Jonathan Mercer, "Emotional Beliefs," *International Organization* 64, no. 1 (2010): 1-31.

23 Gerald L. Clore and Karen Gasper, "Feeling Is Believing: Some Affective Influences on Belief," In *Emotions and Beliefs: How Feelings Influence Thoughts*, ed. Nico H. Frijda, Antony S.R. Manstead, and Sacha Bem (Cambridge, UK: Cambridge University Press, 2000), 10-44.

24 Daryl J. Bem, "Self-Perception Theory," In *Advances in Experimental Social Psy-*

을 이해하기 위해 자신의 느낌에 의존한다는 사실을 발견해냈다. 심리학자 자키(Jamil Zaki)와 오슈너(Kevin Ochsner)는 "인지자(perceivers)가 타인의 감정을 생각할 때, 그들 자신의 감정을 처리할 때 사용하는 기제와 비슷한 기제를 사용한다"는 사실을 보여줬다.[25] 사람들은 상대의 심리적 상태를 이해하기 위한 방법으로서 자기 이해(self-knowledge)를 사용한다.[26]

"근거로서의 감정"이 비합리적인 것으로 보일 수도 있을 것이다. 내적으로 생성된 감정은 우리가 아직 모르는 것에 대해 아무것도 말해줄 수 없으며, 외적 타당성을 가진 것으로 인정된다고 할지라도 오해를 발생시킬 수 있기 때문이다.[27] 사람들은 결정을 내리기 위해서 내적 기제, 즉 감정을 필요로 한다. 감정은 언제 충분한 정보를 가졌는지, 언제 마음을 바꾸기 적절한지, 누구를 신뢰할 수 있는지, 행위를 얼마나 신뢰할 수 있는지, 또는 상대가 무슨 생각을 하고 있는지를 알려주기 때문이다. 감정은 또한 상대가 무엇을 원하지를 알려준다. 심리학자들은 선호가 감정에 의존한다고

chology, ed. Leonard Berkowitz, vol. 6 (New York: Academic Press, 1972), 1-62를 볼 것. 자기 지각 이론의 논의와 적용에 관해서는 다음의 책을 볼 것. Deborah Welch Larson, *Origins of Containment: A Psychological Explanation* (Princeton, N.J.: Princeton University Press, 1985). 자기 지각 이론의 신경학적 근거에 관해서는 다음 논문을 볼 것. Kevin N. Ochsner and Matthew D. Lieberman, "The Emergence of Social Cognitive Neuroscience," *American Psychologist* 56 no. 9 (2001): 717-734.

25 Jamil Zaki and Kevin Ochsner, "You, Me, and My Brain: Self and Other Representations in Social Cognitive Neuroscience," In *Social Neuroscience: Toward Understanding the Underpinnings of the Social Mind*, ed. Alexander Todorov, Susan T. Fiske, Deborah A. Prentice (Oxford, UK: Oxford University Press, 2011), 14-39.

26 Adrianna C. Jenkins and Jason P. Mitchell, "How Has Cognitive Neuroscience Contributed to Social Psychological Theory?" In *Social Neuroscience: Toward Understanding the Underpinnings of the Social Mind*, ed. Alexander Todorov, Susan T. Fiske, Deborah A. Prentice (New York: Oxford University Press, 2011), 3-13.

27 Antonio R. Damasio, *Descartes' Error: Emotion, Reason, and the Human Brain* (New York: Penguin, 1994).

보기 때문에 선호를 태도라고 부를 것을 제안한다.[28] 감정이 없다면 선호를 가질 수 없다. 감정을 근거로 간주하는 것은 선호를 이해하는 데 두 가지 함의를 갖는다.

첫째, 근거로서의 감정은 급격한 선호의 변화를 설명한다. 만약 선호가 감정에 의존한다면, 선호는 감정이 변할 때 변화할 것이다. 결정(決定) 이론가들은 경험(또는 과정)이 선호(또는 효용)에 어떻게 중요한지를 파악하기 위해 "경험된 효용"을 언급한다.[29] 결정 이론가들은 최선의 행동 방침을 결정하기 위해 고정된 효용을 상상하기보다는, 경험된 효용이라는 개념을 통해 경험이나 감정이 선호에 중요하다는 사실을 보여주려 한다.

미래의 선호는 미래의 감정을 상상함으로써 예측될 수 있다. 미래의 감정(따라서 선호)을 예측하는 것은 매우 어려운 일이다. 현재의 감정이 미래의 감정보다 더 강하고 그래서 예측에 큰 영향을 미치기 때문이다. 몇몇 상황에서 분석가들은 행위자들의 예측이 틀릴 경우에도 그들의 미래 선호를 예측할 수 있다. 정년 심사에 통과하지 못한 교수가 그가 애초에 생각한 것만큼 불행하지 않다거나, 복권 당첨자가 자신이 예상했던 것만큼 행복을 느끼지 못하거나, 장애를 얻은 사람이 처음에 자살을 생각하지만 곧 그

28 Daniel Kahneman, "Preface," in *Choices, Values, and Frames*, ed. Daniel Kahneman and Amos Tversky (New York: Cambridge University Press, Russell Sage Foundation), ix-xvii.

29 Daniel Kahneman, "New Challenges to the Rationality Assumption," in *Choices, Values, and Frames*, ed. Daniel Kahneman and Amos Tversky (New York: Cambridge University Press, Russell Sage Foundation, 2000), 758-774와 Daniel Kahneman and Alan B. Krueger, "Developments in the Measurement of Subjective Well-Being," *Journal of Economic Perspectives* 20, no. 1 (2006): 3-24를 참조할 것. 키어(Kier)는 과정의 정의(justice)가 어떻게 선호(preference)를 형성하는지를 보여줬다. 한편, 메이(May)는 계산보다는 역할 경험(role experience)이 선호 형성에 역할을 한다고 강조했다. 라슨(Larson)은 경험과 직감의 중요성을 강조했다. 이러한 논의들은 모두 감정 중심 이론이라고 말할 수 있다.

들의 삶에 만족하게 되는 경우가 바로 그런 경우들이다.[30] 그러나 상호 핵 공격이나 동맹의 지상 공격 같은 예측하기 어려운 드문 상황은 예측을 신뢰하기 어렵게 만든다. 이라크의 지도자들은 이라크가 쿠웨이트를 침공한다면 무슨 일이 벌어질지에 대해 왜 미국이 사담 후세인(Saddam Hussein)에게 설명하지 않았는지 이해할 수 없었다. 두 명의 분석가들이 기록했던 바와 같이, "이라크의 지도부는 막상 이라크가 쿠웨이트를 침공하고 나서야 미국 정부가 그 침공에 대해 어떻게 반응할지를 결정할 것이라는 가능성을 무시하고 있었다."[31] 예상하지 못한 상황은 감정적 반응을 더욱 증폭시키기 때문에 놀란 사람들은 놀라운 반응을 보일 수 있다.[32] 예상하지 못한 감정이 선호의 전환을 야기할 수 있다는 주장은, 선호는 불안정하며 감정에 의존하고 사람들은 예상하지 못한(그리고 예상한) 결과에 놀라운 방식으로 대응할 수 있다는 것을 상기시킨다.

둘째, 증거로서의 감정은 왜 행위자들이 불필요하게 그들의 평판에 대해 우려하는지를 설명한다. 나의 평판은 나 자신이 나에 대해 생각하는 것이 아닌 다른 사람들이 나에 대해 생각하는 것이다. 평판의 개념은 감정에 의존하지 않지만, 평판을 가지고 있다는 믿음은 감정에 의존한다. 증거로서의 감정, 즉 상대가 나 자신을 우유부단하게 본다는 느낌은 왜 정책결정자들이 근거와 별개로 평판을 중요하다고 믿는지를 설명한다. 바바라 월터(Barbara F. Walter)는 평판에 관한 자신의 연구에서 "매우 많은 경우, 아주 많은 지도자들"이 자신들이 행동을 하지 않았을 때 자신의 평판이 결

30 Jonathan Mercer, "Emotional Beliefs," *International Organization* 64, no. 1 (2010): 1-31.

31 Charles A. Duelfer and Stephen Benedict Dyson, "Chronic Misperception and International Conflict: The U.S.-Iraq Experience," *International Security* 36, no. 1 (2011): 73-100.

32 Rose McDermott, "The Feeling of Rationality: The Meaning of Neuroscientific Advances for Political Science," *Perspectives on Politics* 2, no. 4 (2004): 691-706.

정된다고 그릇되게 믿는 경향이 있다며, 이는 "아주 놀라운 일"이라고 말한다.[33] 그러나 이런 지도자들은 그들이 가진 믿음의 타당성을 평가하기 위한 근거를 거의 찾지 않는다. 장슈광(Shu Guang Zhang)은 해리 트루먼(Harry Trument), 드와이트 아이젠하우어(Dwight Eisenhower), 린든 존슨(Lyndon Johnson), 리차드 닉슨(Richard Nixon), 그리고 다른 정책결정자들이 무엇보다도 그들의 평판에 대한 우려 때문에 전쟁을 지속한 반면 그들이 가진 믿음의 타당성을 확인하지 않았다고 주장한다.[34] 각각의 사례에서 평판의 구축에 대한 그들의 관심은 현명하지 못했고 의심 없이 받아들여졌다. 그들이 더 강하게 느낄수록 그들은 더 큰 확신을 갖게 되고 외적 근거는 더욱 필요가 없어졌다. 정치학자들은 비슷한 입장에 있다. 수십 년 동안 정치학자들은 국가는 그들의 평판을 방어하기 위해 전쟁을 해야 한다고 주장했지만, 그들은 그들의 평판이 형성되었는지 여부는 결코 확인하지 않았다. 평판의 비논리성을 쉽게 말할 수 있다고 하더라도, 자신의 과거 행위가 상대의 앞으로의 결의에 노출된다는 믿음은 너무 강렬하고 직관적이어서 진실이 되어야 한다. 즉 옳다고 느끼게 된다.

사람들은 감정을 근거로 믿음을 갖게 되기 때문에, 유약하고 우유부단하다고 여겨질 수 있다는 공포의 감정(또는 그런 감정의 케이스)은 평판이 판단의 근거가 될 수 있다는 이론을 뒷받침해준다. 또한 평판의 근거로서의 감정이라는 개념은 왜 사람들이 동일한 행동에 대해 복수의 평판을 갖게 될 수도 있는지를 이해하기 어려워하는지에 대해서도 설명해준다. 관찰자에 따라 행위자의 행동은 상이하게 해석될 수 있다. 예를 들어, 지도자의 유약한 기질, 주목할 수밖에 없는 다른 상황, 국내의 정치적 상황, 혹

33 Barbara F. Walter, *Reputation and Civil War: Why Separatist Conflicts Are So Violent* (New York: Cambridge University Press, 2009), 10.

34 Li Zhang, "Reputation and War" (Ph.D. diss., Harvard University, 2011).

은 전략적인 계산 등 한 국가의 퇴각을 해석하는 다양한 시각이 관찰자마다 다를 수 있다. 행위는 다양한 해석이 가능하기에, 그리고 그런 다양한 해석이 평판을 좌우한다면, 정책결정자들은 그들 의지와 행동에 대한 다양한 평판에 대해 고려해야 한다. 말하자면 미국 지도자들에 대해서, 프랑스 정부는 그들이 강한 의지를 가졌다고, 중국 정부는 그들이 유약하다고, 영국 정부는 그들의 행동이 국내의 정치 상황에 따라 달라진다고 생각할 수 있는 것이다.

2. 설명들 비교하기

앞서 살펴본 비용과 평판에 관한 논쟁이 공유하는 네 가지 속성은 감정에 의존하는 나의 접근과 대조된다. 첫째, 합리주의자들은 감정에 관한 과학을 부정하고(따라서 감정은 합리성을 약화시킨다고 믿고) 합리적 행위자들은 믿음을 수정하기 위해 근거를 사용한다고 가정한다.[35] 반면 심리학적 접근은 감정의 과학을 이용하여 합리적 행위자가 근거를 해석하기 위해 믿음을 사용한다고 가정한다. 둘째, 비용과 평판에 관한 주장은 신뢰성을 행위자(또는 발신자)의 속성으로 간주한다. 심리학적 접근은 신뢰성이 관찰자(또는 수신자)의 믿음에 좌우된다고 본다. 셋째, 비용과 평판에 관한 주장은 (기만의 비용이 이익을 압도하기 때문에) 기만이 비합리적이거나 (하나의 유형에서 다른 유형으로 쉽게 바꿀 수 없기 때문에) 신호를 조작하기 어려울 때 신뢰성을 예측한다. 감정에 대한 주장은 기만이 가능한 상황에서도 예측을 가능하게 한다. 넷째, 어떤 주장도 자기 무효화가 아니다. (기

35 Jon Elster, "Emotions and Rationality," in *Feelings and Emotions: The Amsterdam Symposium*, ed. Antony S.R. Manstead, Nico Frijda, and Agneta Fischer (Cambridge, UK: Cambridge University Press, 2004), 30-48.

술적 해결책을 가진) 합리주의자들은 기만을 불가능하게 만들기 때문에, 일반적 상식은 합리적 비용에 관한 이론과 평판에 관한 주장 중 어느 쪽도 무효화하지 않는다. 감정의 결과에 관해 안다고 해도 그 결과는 자주 변하지 않기 때문에, 일반적 지식이 감정에 관한 이론을 무효화하지는 않는다.

IV. 북한의 공격과 미국의 놀라운 반응

일본 지배 35년 후에 소련과 미국은 1945년 한국을 차지하고 38선을 기준으로 한반도를 양분했다. 북한의 김일성과 남한의 이승만은 각각 영토의 통일을 꿈꿨다. 미국과 소련은 처음에는 남북한의 공격 행위를 제어했다. 김일성의 거듭된 요청 후에 스탈린은 "소비에트연방은 또한 당신의 요청을 수락하기로 결정했다"[36]라고 말하며 1950년 3월 남침에 동의했다. 남침을 생각한 이는 김일성이었지만, 그 결정을 내린 이는 스탈린이었다.

1. 스탈린의 계산: 미국의 평판, 그리고 비용이 큰 신호 보내기

평판은 합리주의자들이 예상한 방식과 달리 왜 스탈린이 북한의 공격에 미국이 대응하지 않을 것이라고 믿었는지, 그리고 그가 왜 틀렸는지를 설명해준다. 스탈린은 미국이 우유부단하다고 생각하지 않았지만, 미국의 정책결정자들은 스탈린이 자신들을 우유부단하게 여긴다고 생각했고, 한국에서의 무대응이 미국의 평판을 더욱 악화시킨다고 생각했다. 감정은 미국의 급격한 선호 변화(즉 남한을 포기하려다가 방어하기로 한 변화)와 미

36 Allan R. Millett, *The War for Korea, 1950-1951: They Came from the North* (Lawrence: University Press of Kansas, 2010), 48에서 재인용.

국 정책결정자들이 가진 평판에 대한 위기 인식을 동시에 설명하는 열쇠가 된다.

스탈린은 애초 북한의 전쟁 요구에 반대했다. 부분적으로 그는 미국이 남한에 주둔하는 한 미국이 군사적으로 대응할 것이라고 믿었기 때문이다.[37] 평양 주재 소련 대사는 과거 미국의 행동을 근거로 앞으로는 미국이 정반대의 행동을 할 것이라고 예측했다. 즉, 그는 미국이 "대(對)중국 정책이 성공을 거두지 못했기"[38] 때문에 한반도 사태에는 개입할 것이라고 생각했다. 미국이 국공내전에 개입하지 않았기 때문에 한국전쟁에 개입할 가능성 높다고 판단한 것이다. 소련 공산당 정치국은 평양 주재 소련 대사의 의견에 동의했고, 그래서 김일성의 전쟁 계획에 반대했다. 중국의 마오쩌둥은 오히려 소련과 다른 결론에 내렸을 것이다. 다시 말해, 미국이 국공내전에 개입하지 않았고 중국의 대만 공격을 저지하기 위해 군사적 개입을 하지 않았기 때문에 한국전쟁에도 개입하지 않을 것이라고 판단했을 수 있다.[39] 그렇다고 해서 마오쩌둥이 미국을 우유부단한 유형으로 간주하지 않지는 않았을 것이다. 그의 판단은 상황적 요인에 근거한 것이었다.[40] 마오쩌둥은 미국이 한국과 같이 작은 영토에 연연하지 않을 것이라고 믿

37 Donggil Kim, "The Crucial Issues of the Early Cold War: Stalin and the Chinese Civil War," *Cold War History* 10, no. 2 (2010): 196.

38 Allan R. Millett, *The War for Korea, 1950-1951: They Came from the North* (Lawrence: University Press of Kansas, 2010), 46에서 재인용.

39 William Stueck, *The Korean War: An International History* (Princeton, N.J.: Princeton University Press, 1995), 39와 Christopher P. Twomey, *The Military Lens: Doctrinal Difference and Deterrence Failure in Sino-American Relations* (Ithaca, N.Y.: Cornell University Press, 2010), 150을 참조할 것.

40 Thomas J. Christensen, *Useful Adversaries: Grand Strategy, Domestic Mobilization, and Sino-American Conflict, 1947-1958* (Princeton, N.J.: Princeton University Press, 1996), 142와 Christopher P. Twomey, *The Military Lens: Doctrinal Difference and Deterrence Failure in Sino-American Relations* (Ithaca, N.Y.: Cornell University Press, 2010), 149-153을 참조할 것.

었기 때문에 김일성의 전쟁 계획을 어느 정도 지지했다.[41] 스탈린과 마오쩌둥은 미국의 과단성을 미국의 이익과 역량의 결과로 이해했고, 미국이 자신의 이익과 역량에 근거하여 지역에 따라 다른 방식으로 대응할 것이라고 생각했다.

스탈린은 미국의 의도에 대해 고심할 수밖에 없었다. 그는 1949년 6월 미군의 최종 철수와 같은 미국이 한국을 위해 전쟁하지 않을 것이라는 명백히 비용이 큰 신호를 오히려 남한에 의한 전면전 개시의 전조로 해석했다.[42] 그러나 오마 브래들리(Omar Bradley) 장군이 회고한 바와 같이 미국이 남한을 "포기했다"는 근거는 상당히 많았다.[43] 미국 국방부는 한국에서 철수를 원했으며, 의회는 한국에 주둔하는 미군에 대한 지원에 반대했다. 또한 미국인들의 관심은 아시아가 아닌 유럽에 있었으며, 일본의 방어를 위해 한국은 꼭 필요한 지역이 아니었다.[44]

미국의 정책결정자들은 북한이 남한을 침공할지도 모른다고 생각했지만, 남한의 자기방어능력에 대해서는 의견이 분분했다. 1949년 후반 북

41 Thomas J. Christensen, *Useful Adversaries: Grand Strategy, Domestic Mobilization, and Sino-American Conflict, 1947-1958* (Princeton, N.J.: Princeton University Press, 1996), 161에서 재인용.

42 William Stueck, *Rethinking the Korean War: A New Diplomatic and Strategic History* (Princeton, N.J.: Princeton University Press, 2002), 71과 Kathryn Weathersby, "The Soviet Role in the Korean War," in *The Korean War in World History*, ed. William Stueck (Lexington: University Press of Kentucky, 2004), 67과 Thomas J. Christensen, *Worse than a Monolith: Alliance Politics and Problems of Coercive Diplomacy in Asia* (Princeton, N.J.: Princeton University Press, 2011), 45를 참조할 것.

43 Omar N. Bradley and Clay Blair, *A General's Life: An Autobiography* (New York: Simon and Schuster, 1983), 535.

44 William Stueck, *Rethinking the Korean War: A New Diplomatic and Strategic History* (Princeton, N.J.: Princeton University Press, 2002), 78-79와 William Stueck and Boram Yi, "'An Alliance Forged in Blood': The American Occupation of Korea, the Korean War, and the U.S.-South Korean Alliance," *Journal of Strategic Studies* 33, no. 2 (2010): 179-180을 참조할 것.

한의 침공을 둘러싼 정보 분석가들의 토론은 거의 정례적으로 있었다.[45] 미국 중앙정보국(CIA)은 북한은 미군이 철수할 경우 남한을 침공할 수 있다고 보고했다.[46] 북한의 침공이 있기 직전, CIA는 북한이 군사적 능력에서 남한보다 우위에 있으며 서울을 점령할 수 있다고 보고했다.[47] 1950년 5월초 미 상원 외교관계외원회 의장은 미국이 "원하든 원하지 않든"[48] 공산주의자들이 남한을 전복시킬 가능성이 있다고 말했다. 공격의 가능성은 충분히 인지되고 있었다. 1950년 1월 어떤 기자가 미 국무부 장관 딘 애치슨(Dean Acheson)에게 남한이 북한의 공격을 버틸 수 있는지를 질의했을 때, 애치슨은 국방부가 이에 답변하도록 했다.[49] 후에 애치슨은 비공개된 자리에서 남한은 스스로를 방어할 수 있었지만, 만약 상황이 악화된다면 미국은 오직 국제연합(UN)을 통해서만 개입할 수 있다고 말했다. 애치슨은 소련의 거부권이 유엔의 개입을 불가능하게 만든다고 믿었기 때문에 한국을 구하기 위한 미국의 개입도 마찬가지로 실현되기 어렵다고 봤다.[50] 북한의 공격 가능성은 공공연히 논의되었지만 자체 방어를 할 수 있는 남한의 능력은 불확실했으며 남한을 구하기 위한 미국의 어떠한 개입은 현실성이 없었다.

45 William Stueck, *The Road to Confrontation: American Policy Toward China and Korea, 1947-1950* (Chapel Hill: University of North Carolina Press, 1981), 164.

46 U.S. Central Intelligence Agency, "Consequences of U.S. Troop Withdrawal from Korea in Spring," February 28, 1949, 1, http://www.foia.cia.gov/KoreanWar/EstimatesMisc/NIEEstimates/1949-02-28.pdf.

47 U.S. Central Intelligence Agency, "Current Capabilities of the Northern Korean Regime. 19 June 1950," 13, http://www.foia.cia.gov/KoreanWar/EstimatesMisc/NIEEstimates/1950-06-19.pdf, 1.

48 William Stueck, *The Korean War: An International History* (Princeton, N.J.: Princeton University Press, 1995), 36에서 재인용.

49 Robert L. Beisner, *Dean Acheson: A Life in the Cold War* (Oxford, UK: Oxford University Press, 2006), 328.

50 위의 책, 329.

스탈린은 미국의 신호를 검토하고 미국이 북한의 공격에 대응하지 않을 것이며, 만약 대응한다면 김일성의 군대를 저지할 시간이 부족할 것이라고 판단했다. 북한이 우월한 군사적 역량으로 몇 주 안에 빠른 승리를 할 수 있다고 예측한 것이었다.[51] 다른 요인들 또한 스탈린에게 중요했다. 마오쩌둥이 성공해낸 혁명은 스탈린에게 마오쩌둥이 아시아의 티토(Josip Tito)가 될 수도 있다는 우려를 안겨주었다. 따라서 스탈린은 소련에 대한 마오쩌둥의 의존도를 높이고 싶어 했다. 더구나 당시 소련은 핵무기를 가지고 있었다. 스탈린은 김일성의 공격을 승인했지만 여전히 미국의 개입에 대해 우려했으며, 전세가 좋지 않을 경우 중국이 개입할 수 있다는 것을 확실히 함으로써 위험을 회피하고자 했다.[52] 미국의 어떤 전문가도 전쟁이 임박했음을 알지 못했다.[53] 1950년 6월 25일의 남침은 놀라운 소식이었다.

2. 미국의 대응 설명하기

미국 트루먼 행정부는 기존의 정책을 뒤집고 남한을 방어하기 위한 군대를 파견하기로 결정했다. 트루먼의 개입 결정은 더글라스 맥아더(Douglas MacArthur) 장군이 동료에게 "난 믿을 수 없어. 난 이해할 수 없어!"라고 말할 정도로 놀라운 일이었다.[54] 역사가인 슈나벨(James F. Schnabel)과 왓슨(Robert J. Watson)은 북한의 공격 당일 미군의 브래들리 장군은 "미

51 Allan R. Millett, *The War for Korea, 1950-1951: They Came from the North* (Lawrence: University Press of Kansas, 2010), 37.

52 Kathryn Weathersby, "The Soviet Role in the Korean War," in *The Korean War in World History*, ed. William Stueck (Lexington: University Press of Kentucky, 2004), 67-70.

53

54 Allan R. Millett, *The War for Korea, 1950-1951: They Came from the North* (Lawrence: University Press of Kansas, 2010), 118에서 재인용.

국은 초기 결정을 뒤집고 남한을 구하기 위해 싸울 것이라고 전혀 생각하지 않았다"고 썼다.[55] 미국의 참모총장 또한 정책을 바꿀 이유를 찾지 못했고, 따라서 6월 28일까지 군대 파견을 반대하고 있었다. 역사가 바이스너(Robert L. Beisner)는 미국의 개입 결정은 다른 누구보다도 스탈린을 경악시켰다고 말했다.[56] 스탈린의 실수는 미국이 김일성의 공격을 실제로 경험했을 때 미국 정책결정자들의 감정이 어떻게 그들의 선호를 변화시킬지 예측하지 못한 것이었다. 미국의 정책결정자들은 적국과 동맹국들이 미국을 과단성 없는 우유부단한 국가라고 생각할 수 있다는 사실을 두려워하였다. 이것이 미국이 마음을 바꾼 이유를 설명해준다. 첫째, 나의 주장은 북한의 공격에 (미국의 평판이 훼손될지 모른다는) 두려움을 느낀 미국 정책결정자들의 경험에 기반하고 있다. 둘째, 나의 주장은 미국의 정책결정자들이 다른 국가의 정치지도자들이 어떻게 생각하는가에 대한 판단 근거로서 이 감정을 활용했다는 사실을 입증하는 것에 주안점을 두고 있다.

1) 위기에 빠진 미국의 평판!

스탈린은 그가 미국을 우유부단하다고 생각하고 있다고 미국의 정책결

55 James F. Schnabel and Robert J. Watson, *The History of the Joint Chiefs of Staff. The Joint Chiefs of Staff and National Policy: The Korean War*, Vol. 3, Part 1. (Wilmington, Del.: Scholarly Resources, 1979), 71.

56 Robert L. Beisner, *Dean Acheson: A Life in the Cold War* (Oxford, UK: Oxford University Press, 2006), 333과 Allan R. Millett, *The War for Korea, 1950-1951: They Came from the North* (Lawrence: University Press of Kansas, 2010), 85와 Zhihua Shen, "China and the Dispatch of the Soviet Air Force: The Formation of the Chinese-Soviet-Korean Alliance in the Early Stage of the Korean War," *Journal of Strategic Studies* 33, no. 2 (2010): 213과 Thomas J. Christensen, *Worse than a Monolith: Alliance Politics and Problems of Coercive Diplomacy in Asia* (Princeton, N.J.: Princeton University Press, 2011), 19를 참조할 것.

정자들이 믿고 있었다는 사실을 알고 놀랐을 것이다. 북한의 공격 당일 일본에 있었던 특별보좌관 존 덜레스(John Dulles)와 국무부의 존 앨리슨(John Allison)이 주고받은 전문에서 미국의 반응을 확인할 수 있는데, 그들은 "정당하지 않은 무장 공격에 의해 한국이 점령당하는 것을 방관한다면, 이는 세계 전쟁으로 발전할 수 있는 재앙의 연쇄 반응을 만들 것이다"라고 말했다.[57] 역사가 밀레(Millett)에 의하면, 트루먼은 북한의 공격에 격노했다고 한다.[58] 공격 당일 트루먼은 전화를 통해 애치슨에게 "딘(Dean), 우리는 반드시 그 빌어먹을 녀석들을 막아야 하네."라고 말했으며,[59] 후에 "맹세코 나는 그들에게 본때를 보여 주겠어."라고 말했다고 한다.[60] 트루먼은 또한 자신의 부인에게는 "그리스와 터키가 손쉽게 우리 편이 된 이후로 이렇게 화가 난 적이 없다"고 말했다고 한다.[61] 놀라움은 반응을 격렬하게 만들었고 북한의 공격이 비도덕적이라는 느낌을 만들어냈다.[62] 브래들리 장군은 후에 "도덕적 분노라는 강렬한 감정"이 그 공격에 어떻게 대응할지에 대한 대화를 규정했다고 설명했다.[63] 8월 초 미국 주재 영국 대사는 당

57 Elsey Papers, "Telegram Extract, John Foster Dulles and John Allison to Dean Acheson and Dean Rusk," June 25, 1950, 1, http://www.trumanlibrary.org/whistlestop/study_collections.koreanwar/documents/index.php?documentdate=1950-06-25&documentid=ki-1-6&pagenumber=1.

58 Allan R. Millett, *The War for Korea, 1950-1951: They Came from the North* (Lawrence: University Press of Kansas, 2010), 111.

59 Robert L. Beisner, *Dean Acheson: A Life in the Cold War* (Oxford, UK: Oxford University Press, 2006), 340에서 재인용.

60 위의 책.

61 1950년 6월 26일자 트루먼의 편지에서 인용. Robert H. Ferrell, ed. *Dear Bess: The Letters from Harry to Bess Truman, 1910-1959* (New York: Norton, 1983), 562.

62 Adam Barsky, Seth A. Kaplan, and Daniel J. Beal, "Just Feelings? The Role of Affect in the Formation of Organizational Fairness Judgments," *Journal of Management* 37, no. 1 (2011): 248-279.

63 Omar N. Bradley and Clay Blair, *A General's Life: An Autobiography* (New York: Simon and Schuster, 1983), 535.

시 미국의 분위기를 "현실 문제에 대한 명백한 도덕적 문제가 제기되었다고, 그래서 죄인들을 벌하는 소명이 주어졌다고 느낀 청교도적인 복수의 천사들이 미국의 분위기를 지배하고 있었다."고 묘사했다.[64] 트루먼 행정부는 북한의 공격을 미국의 위신과 신뢰를 방어하기 위해 대응을 요구하는 소련의 도전으로 간주했다. 트루먼은 의회 지도자들에게 다음과 같이 경고했다. "우리가 맞서 싸우지 않으면, 우리는 아시아 전체를 잃게 될 것입니다. 만약 아시아를 잃게 된다면, 근동(近東) 지역이 무너질 것이고 유럽에서 무슨 일이 벌어질지 알 수 없게 될 것입니다... 우리가 인도차이나, 필리핀, 타이완에 방어선을 구축하는 것 역시 필요합니다."[65] 애치슨은 무대응이 미국의 적을 고무시키고 미국의 동맹을 실망시킬 것을 우려했다. 영국 외무장관 어니스트 베빈(Ernest Bevin)에게 보낸 전보(電報)에서 애치슨은 중국이 다음에 인도차이나, 버마(미얀마), 필리핀, 말라야(말레이시아), 홍콩, 시암(태국), 인도, 그리고 일본을 공격할지도 모른다고 우려했다.[66] 바이스너는 이를 "공황의 징후"라 평가했다.[67]

공격을 경험하는 것이 미국의 신뢰성에 대한 관료들의 우려를 새롭게 야기한 것은 아니었다. 이러한 우려는 사실 오래된 것이었다.[68] 대신에 감정은 평가에 영향을 미치고 이와 같은 평가의 근거로 작용하여 분석가들

64 Matthew Jones, *After Hiroshima: The United States, Race and Nuclear Weapons in Asia, 1945-1965* (New York: Cambridge University Press, 2010), 59에서 재인용.

65 Elsey Papers, "Notes Regarding Meeting with Congressional Leaders," June 27, 1950, 4, http://www.trumanlibrary.org/whistlestop/study_collections/koreanwar/documents/index.php?documentdate=1950-06-27&documentid=ki-2-40&pagenumber=1.

66 딘 애치슨이 어니스트 베빈에게 1950년 7월 10일에 보낸 전보. Robert L. Beisner, *Dean Acheson: A Life in the Cold War* (Oxford, UK: Oxford University Press, 2006), 335.

67 위의 책, 335.

68 William Stueck, *The Road to Confrontation: American Policy Toward China and Korea, 1947-1950* (Chapel Hill: University of North Carolina Press, 1981), 156, 169.

이 미국의 위신과 신뢰도가 위협에 처해 있다는 확신을 갖게 만들었다. 국무부의 분석가들은 소련의 도전에 대한 무대응은 아시아 전역에서 "미국의 위신"에 "심각한 손상"을 야기하고 그로 인해 생성된 "감정은 소련이 노리는 동남아시아에 크게 번져 '편승(bandwagon)에 대한 강한 충동'을 갖게 만들 것"이라고 보고했다.[69] 국무부는 중국이 타이완을 공격할 수도 있음을 미국이 주의해야 한다며, 다음과 같이 경고했다. "만약 한국에서 미국 정책의 실패가 극동의 다른 지역에서 만회되지 않는다면 한국에서의 상황은 중국 공산당 지도자들이 아시아의 다른 지역에서 공산주의를 확대하기 위한 보다 대범하고 군사적인 조치들을 채택하도록 만들 것이다. 한반도 사태에 미국이 효과적으로 개입한다면, 세계 여론과 중국 공산주의자 지도부의 마음에 분명한 심리적 반응을 야기할 것이다."[70] 유럽에서의 전망 역시 다음과 같이 상당히 비관적이었다. "소련의 지원을 받은 남침의 성공은 서유럽에서 미국의 위신을 크게 손상시킬 것이다. 군사적 모험에 참여하여 미국의 힘과 의지에 도전하고 있는 소련의 소규모 위성국가들의 역량은 미국의 힘과 의지에 대한 유럽인들의 의구심을 증대시킬 수 있다."[71] CIA는 북한의 남침이 미국의 세계 리더십에 대한 "도전"이라고 보고했다.[72] 1948년과 1949년 베를린 위기(Berlin Crisis)에서의 트루먼의 단호한 행동은 이미 오래전 일이 되어 있었다.[73] 정보부서와 핵심 정책결정자들의 사이에서 분석은 거의 일치했다. 즉, 미국에 대한 신뢰가 위기에 빠졌다는

69 U.S. Department of State, "Intelligence Estimate, 25 June 1950," in *Foreign Relations of the United States, 1950*. Vol. 7, Korea (Washington, D.C.: U.S. Government Printing Office, 1950), 150.

70 위의 문서, 153.

71 위의 문서, 154.

72 CIA 보고서. Robert L. Beisner, *Dean Acheson: A Life in the Cold War* (Oxford, UK: Oxford University Press, 2006), 342에서 재인용.

73 Deborah Welch Larson, "The Origins of Commitment: Truman and West Berlin," *Journal of Cold War Studies* 13, no. 1 (2011): 180-212.

것이었다.

위기 초기에 트루먼은 사적인 자리에서 "한국은 극동의 그리스이다. 만약 우리가 지금 충분히 강하다면, 그리고 만약 3년 전 그리스에서 우리가 했던 것처럼 이번에도 한반도에서 침략자들과 맞선다면, 그들은 다음 단계를 취하지 않을 것이다"라고 말했다.[74] 트루먼은 스탈린이 자신을 우유부단한 정치인으로, 미국을 과단성 없는 국가로 보고 있다고 생각하기 때문에, 계속해서 자신과 미국에 도전해 왔다고 믿었다. 트루먼은 미국의 북대서양조약기구(NATO) 가입과 중국 국민당의 붕괴를 둘러싸고 공화당 고립주의자들을 압도하기 위해 애를 써왔지만, 스탈린이 자신의 유약함을 감지하고 유고슬라비아, 터키, 또는 이란을 다시 공격할지도 모른다고 의심했다.[75] 트루먼은 다음과 같이 말했다. "만약 우리가 아무것도 하지 않고 가만히 있는다면, 그들은 이란으로 가서 전체 중동을 집어삼킬 것이다."[76] 역사가 밀레는 "스탈린이 한국전쟁 전 8개월간 미국의 외교적 행위를 토대로 미국을 겁쟁이로 간주했기 때문에 북한에 공격을 지시한 것"이라는 최악의 상황을 트루먼이 가정했다고 주장했다.[77] 영국의 총리 네빌 체임벌린(Neville Chamberlain)은 만주, 에티오피아, 그리고 오스트리아에서 히틀러의 도전에 대응하는 데 실패했었다. 트루먼은 후에 그가 체임벌린과 비슷한 실수를 하지 않으려 했다고 회고했다.[78] 이러한 비교가 냉혹한 인

74 1950년 6월 26일 트루먼이 했던 말. Steven Casey, *Selling the Korean War: Propaganda, Politics, and Public Opinion in the United States, 1950-1953* (Oxford, UK: Oxford University Press, 2008), 30에서 재인용.

75 Allan R. Millett, *The War for Korea, 1950-1951: They Came from the North* (Lawrence: University Press of Kansas, 2010), 111.

76 위의 책 116에서 재인용.

77 위의 책 111.

78 James F. Schnabel and Robert J. Watson, *The History of the Joint Chiefs of Staff. The Joint Chiefs of Staff and National Policy: The Korean War*, Vol. 3, Part 1. (Wilmington, Del.: Scholarly Resources, 1979), 74.

식의 산물처럼 보일지 몰라도, 감정은 정치지도자가 결정을 내리는 데 핵심적인 역할을 수행하기에 설득력이 있다. (도덕적 판단을 포함한) 감정은 이러한 비교(또는 추론)가 어떻게 작동되는지를 설명해준다.[79]

의회와의 만남을 요청한 트루먼은 애치슨에게 상황을 요약하도록 했다. 애치슨은 미국이 확고한 태도를 취해야 하는 두 가지 이유를 말했다. 첫째, 남한 지도부가 유약하고 우유부단하기 때문에 전쟁에서 질 수 있다는 것이었다. 둘째, 미국의 평판에 손상이 갈 수 있다는 것이었다. 애치슨은 "미국이 행동을 할지 안 할지를 지켜보며 많은 서유럽 국가들은 거의 공황상태에 빠질 것"이라고 말했다.[80] 트루먼은 이어진 발언에서 애치슨이 미국의 지원이 6월 25일 유엔 안보리 결의안에 상응하는 것임을 언급하지 않았다고 지적했다. 기록에 따르면, 애치슨은 "유엔에 관해 언급하지 못한 점에 대해 꽤 당황하는 것처럼 보였다"고 한다.[81] 애치슨에게 가장 중요한 것은 서유럽 국가들이 미국을 우유부단한 국가라고 느낄 수도 있다는 사실이었다. 미국의 우유부단함은 서유럽국가들에겐 공포였다. 애치슨은 만약 미국의 개입이 실패할지라도 "우리가 무엇인가를 하는 것이 중요했다"고 말했다.[82] 소련과 중국에 맞서는 것은 미국의 위신에 핵심적이었으며 공산주의자들을 낙담시키고 동맹 국가들을 고무시킬 수 있었다.

79 Jonathan Haidt, *The Righteous Mind: Why Good People Are Divided by Politics and Religion* (New York: Pantheon Books, 2012), 27-51과 Stephen P. Rosen, *War and Human Nature* (Princeton, N.J.: Princeton University Press, 2005), 22-70을 참조할 것.

80 Elsey Papers, "Notes Regarding Meeting with Congressional Leaders," June 27, 1950, 3, http://www.trumanlibrary.org/whistlestop/study_collections/koreanwar/documents/index.php?documentdate=1950-06-27&documentid=ki-2-40&pagenumber=1.

81 위의 자료, 4.

82 U.S. Department of State, "Acheson Papers, Memorandum of Conversation, June 26, 1950," 6, http://www.trumanlibrary.org/whistlestop/study_collections/koreanwar/documents/index+php?documentdate=1950-06-26&documentid=ki-12-3&pagenumber1.

미국의 핵심 정책결정자에게 접근할 수 있었던 한 언론인은 다음과 같이 보도했다. "위기 초기 많은 관찰자들은 대통령과 참모들이 우유부단하다고 느꼈거나, 그들이 분열되어 있다는 인상을 받았다… 우방국의 한 외교관은 본국에 '엉클 샘(Uncle Sam)'이 개입을 하든 철수를 하든 선택을 할 때가 오겠지만 개인적으로 어느 것도 하지 않을 것이라고 생각한다고 보고했다."[83] 이 언론인은 "세계 모든 정부, 특히 서유럽은 미국이 당하고만 있을지 말지를 궁금해 하며 불안과 공포 상태에 있다. 만약 그냥 두고 본다면 다른 공격이 연이어 벌어질 것이고 이는 세 번째 세계대전으로 이어질 것이다"는 애치슨의 생각을 보도했다.[84] 훗날 애치슨은 힘과 위엄을 가진 미국이 끔찍한 시간을 보내고 있을 때 전 세계적으로 심각한 충격이 뒤따라 일어났다고 회고했다.[85] 트루먼은 다른 국가들이 어떻게 느끼고 있는가를 우려했으며, 본인은 "어떠한 두려움에도 사로잡히지 않도록 최선을 다할 것이며, 또한 사람들도 공포에 빠지지 않도록 최선을 다할 것"이라고 말했다.[86]

미국의 정책결정자들은 스탈린과 마오쩌둥에 대한 그들의 믿음과 판단이 잘못되었음을 몰랐을 수 있다. 그들은 유럽이 어떻게 대응할 것인가에 대한 그들의 믿음이 잘못되었음을 알았을 수도 있다. 사실 유럽인들은 미국의 우유부단함에 대해 걱정하지 않았다. 미국의 정책결정자들은 미국의 동맹국들이 어떻게 생각하고 있는가 판단 내리기 위해서 자신들의 패

83 Beverly Smith, "Why We Went to War in Korea," *Saturday Evening Post*, November 10, 1951, 80. 비벌리 스미스가 그 보고를 직접 인용한 것은 아니다.

84 위의 기사, 82.

85 애치슨이 1953년 10월 11일, 프린스턴 세미나에서 한 말. Dean Acheson, *Papers of Dean Acheson: Princeton Seminars* (Independence, Mo.: Harry S. Truman Library, 1953), box 80.

86 트루먼이 1950년 6월 28일에 NSC 회의에서 한 말. Allan R. Millett, *The War for Korea, 1950-1951: They Came from the North* (Lawrence: University Press of Kansas, 2010), 123에서 재인용.

닉과 공포라는 감정을 판단의 근거로 활용했다.

2) 미국의 의지를 의심하며 불안해하는 동맹국들?

영국의 내각은 6월 27일이 되어서야 회동을 가졌다. 한국은 네 번째 회의 의제였으며 큰 관심 사항은 아니었다. 앤서니 파라-호클리(Anthony Farrar-Hockley)의 영국 공식 전쟁 역사에 따르면 의제를 토의한 모든 장관들이 한국이 극동 어디에 있는지 정확히 알지 못했다. 고위 관료들 중 몇몇은 아예 정보가 없었으며 누군가가 중국과 일본 사이에 있다는 설명을 했다.[87] 파라-호클리는 2차대전으로 인한 막대한 부채, 말레이에서의 대반란에 대한 대응을 포함한 과도한 제국주의적 행동, 독일의 재무장과 같은 다른 문제들을 고민해야 했으므로, 영국 정부가 전쟁 초기에 한국에서의 전쟁을 다른 국가들이 해결하도록 내버려 두어야 할 문제라고 생각한 것은 놀랄 만한 사실이 아니라고 썼다.[88] 영국은 2차 대전 이후 한국에 이익이 없다고 느꼈으며 어떤 형태라 하더라도 참전은 "결코 바람직하지 않은 것"으로 생각했다.[89]

영국은 북한의 침공을 비난했지만 공격을 "모스크바에 의해 지도되는 공산주의 제국주의"로 규정하고자 하는 미국에 즉각적으로 반박했다.[90] 미국이 공격적 자세를 견지하는 것을 원하지 않았기 때문에 영국은 주의

87 Anthony Farrar-Hockley, *The British Part in the Korean War*. Vol. 1, *A Distant Obligation* (London: HMSO, 1990), 1.

88 위의 책.

89 영국 내각 공식 보고서의 표현. 위의 책, 7.

90 Anthony Farrar-Hockley, *The British Part in the Korean War*. Vol. 1, *A Distant Obligation* (London: HMSO, 1990), 32.

할 것을 요구했으며, 이는 홍콩에서 중국의 보복 가능성에 대한 그들의 우려 또는 유럽에서 미국의 관심을 유지하고자 하는 의도에서 기인한 것이었다. 프랑스 주재 미국 대사는 애치슨에게 프랑스는 "영국이 한국 문제에 침묵한다"고 보고했으며, 영국 주재 프랑스 대사는 "냉정한 영국의 태도에 실망했다"고 보고했다.[91] 영국 내각 비서는 영국 수상 클레멘트 애틀리(Clement Attlee)에게 "한국은 우리의 거리가 먼 의무"라고 말했고, 애틀리는 이에 "거리가 먼 것은 맞지만, 여전히 의무"라고 대답했다.[92]

영국은 계속된 미국의 지지에 의지했다. 그들은 신중하게 미국을 지지하면서도 억지시키고자 했다. 8월 말, 외무장관 베빈(Ernest Bevin)은 비밀 보고서에서 "미국의 의견은 지나치게 감정적이다. 그런 마음의 상태에서, 미국과 우리의 정책이 갈라질 때 미국의 여론은 우리에 대해 비이성적이 될 가능성이 있다."고 기술했다.[93] 위기 초반부터 영국 정책의 목표는 갈등을 한국에 제한시키고 미국의 관심을 유럽에 묶어두는 것이었다.[94] 그들에게 미국의 우유부단함에 대한 우려는 애초에 없었다.

캐나다 지도부는 북한의 공격에 대한 미국의 대응을 예상하지 못했다. 역사가인 데니스 스테어즈(Denis Stairs)는 북한의 남침 다음 날 캐나다 외무장관 레스터 피어슨(Lester Pearson)이 비공개회의에서 한 발언을 다음과 같이 정리했다.

91 U.S. Department of State, "The Ambassador in France (Bruce) to the Secretary of State, June 26, 1950," in *Foreign Relations of the United States, 1950*. Vol. 7, Korea (Washington, D.C.: U.S. Government Printing Office, 1950), 175.

92 1950년 6월 27일에 열린 영국 내각 회의에서 나온 말. Anthony Farrar-Hockley, *The British Part in the Korean War*. Vol. 1, *A Distant Obligation* (London: HMSO, 1990), 33에서 재인용.

93 William Stueck, *Rethinking the Korean War: A New Diplomatic and Strategic History* (Princeton, N.J.: Princeton University Press, 2002), 99에서 재인용.

94 Saki Dockrill, *Britain's Policy for West German Rearmament, 1950-1955* (Cambridge, UK: Cambridge University Press, 1991), 21.

한국은 특별한 케이스였다. 소련이 분명히 선택한 지역으로 보였기에 그러했다. 한편 냉전의 전략적, 정치적 균형에 있어 한국의 중요성은 모호했다. (예를 들어, 북대서양과 같은 핵심적인 지역에서는 분명하게 정의된 국제적 경계를 가로질러 공격 행위가 발생하지 않았을 것이다.) 피어슨은 미국의 개입이 잘못된 것이라고 생각했다. 왜냐하면 이는 소련, 그리고 아마도 중국과의 적대 상황을 만들어낼 수 있기 때문이었다.[95]

미국의 개입 결정은 캐나다 지도부를 놀라게 했다.[96] 영국처럼, 캐나다는 미국의 개입이 유엔의 권위 아래 이루어져야 한다고 생각했다. 유엔을 통해 그들은 미국의 정책을 적절히 통제하기를 원했다.[97]

프랑스의 반응은 복합적이었다. 프랑스 외무장관은 한국을 잃는 것은 "서구의 위신을 되돌릴 수 없이 손상"시킬 것이며, "한국이 공산주의자들에게 넘어간다면, 인도차이나에도 영향을 미칠 것이라고 심각한 우려"를 표명했다.[98] 조르주 비도(Geroges Bidault) 전 수상은 한국의 상황이 "1938년과 1939년 히틀러의 전략"을 연상케 하며, "여러 겹으로 이루어진 아티초크(artichoke)의 잎을 차례차례 뽑는 것"과 비슷하다고 말했다.[99] 대

95 Denis Stairs, *The Diplomacy of Constraint: Canada, the Korean War, and the United States* (Toronto: University of Toronto Press, 1974), 41.

96 전(前) 총리 윌리엄 킹(William King)의 1950년 6월 30일자 일기를 참조할 것. William King, *The Diaries of William Lyon Mackenzie King*, http://collectionscanada.gc.ca/databases/king/index-e.html.

97 Denis Stairs, *The Diplomacy of Constraint: Canada, the Korean War, and the United States* (Toronto: University of Toronto Press, 1974), 43, 53, 68.

98 인용한 문장은 다소 각색한 것이다. U.S. Department of State, "The Ambassador in France (Bruce) to the Secretary of State, June 26, 1950," in *Foreign Relations of the United States, 1950*, Vol. 7, Korea (Washington, D.C.: U.S. Government Printing Office, 1950), 175-176.

99 위의 문서.

통령의 특별보좌관 애버렐 해리먼(Averell Harriman)은 6월 28일 트루먼에게 프랑스는 (그리고 유럽은) 미국의 단호한 의지에 대해 의심하고 있었기 때문에 단호한 개입 의지를 드러낸 미국의 정책 방향에 안심하고 있다고 보고했다.[100] 역사가 윌리엄 스툭(William Stueck)은 "프랑스에서 유엔군이 한국을 방어하지 않는다면 큰 전쟁이 발생할 것이라는 소문이 퍼지고, 주부들이 생필품을 사기 위해 정신이 없을 때 공포가 절정에 달했다."고 기록했다.[101] 그러나 이러한 불안은 미국의 우유부단함 때문이 아니라 미국의 단호함 때문이었다. 프랑스는 공산주의자들의 한국 장악을 두려워하지 않았다. 그들은 미국이 한국을 잃었을 경우, 그들이 어떤 태도를 취할까 두려워했다. 프랑스 외무성의 관료들은 "부산을 방어할지 여부는 중요하지 않지만, 바다로 밀려난다면 큰 전쟁은 피할 수 없다"고 말했다.[102] 프랑스 시민들은 미국의 핵무기 사용에 대해 우려했기 때문에 한국전쟁 발발 몇 주 후 핵무기 사용을 저지하기 위한 스톡홀름 청원에 4백만 명 이상이 서명을 하기에 이른다.[103]

한국전쟁에 관한 『르몽드』의 첫 사설은 전쟁이 소련에 의해 발발됐음을 언급하며, "미국 정책의 비일관성과 우유부단함"을 지적했다. 또한 미국이 "한국의 모호한 전략적 가치" 때문에 1948년 한반도에서 철수했다고 보도했다.[104] 계속해서 해당 사설은 프랑스가 유엔에서 미국을 지지할 것이기는 하지만, "미국과 유엔의 위신이 가장 불행한 방식으로 전쟁과 연계되게 되지는 않았는지" 의문을 던졌다.[105] 다음 날 『르몽드』의 사설은 미국

100 Glenn D. Paige, *The Korean Decision* (New York: Free Press, 1968), 225.

101 William Stueck, *The Korean War: An International History* (Princeton, N.J.: Princeton University Press, 1995), 79-80.

102 Alexander Werth, *France 1940-1955* (New York: Henry Holt, 1956), 472에서 재인용.

103 위의 책, 473.

104 위의 책, 471에서 재인용.

105 위의 책에서 재인용.

인들이 한국과 대만에서의 피해를 줄이고 인도차이나에 더 관심을 가져야 한다고 요구했다.[106] 프랑스의 반공주산주의자들은 한국 문제에 미국이 지나치게 개입했기 때문에 유럽의 경기 회복에 악영향을 미치고 미국의 관심이 유럽 안보 문제에서 멀어지게 될 것이라고 우려했다. 프랑스 좌파들은 그리스, 스페인, 대만, 남한의 파시스트 정권을 지지하는 미국을 비판했다. 유명한 한 좌파 잡지는 1938년 뮌헨협정에서 영국과 프랑스가 독일 나치에게 많은 이익을 주었던 일에 빗대어 미국을 뮌헨주의자(Munichites)라고 조롱하며, 미국의 대응을 비난했다. 프랑스인들이 보기에 "미국은 자신의 이기적 이익에 지나치게 치중한 결정을 합법화하기 위해 수상할 정도로 서둘러 유엔을 이용하고" 있었다.[107] 그날 이후 프랑스는 갈등을 한국에 국한시키고 미국의 관심을 유럽에 집중시키는 데 몰두했다. 공격 당일, 유엔 주재 프랑스 대사는 북한이 아닌 양쪽 모두가 공격을 멈추도록 미국이 유엔 결의안을 수정하도록 요구했다.[108] 미국의 우유부단함에 대한 프랑스의 우려를 보여주는 사례이지만 더 일반적인 우려는 미국의 결의로 인해 프랑스의 이익과 상관이 없는, 전략적으로 중요하지 않은 지역에서 큰 전쟁이 일어날 수 있다는 것이었다.

네덜란드는 북한의 침공이 "전체 아시아 상황"에 가져올 중대한 함의를 프랑스가 이해하지 못했다고 비판했다.[109] 네덜란드는 인도네시아에 대

106 위의 책, 471-472에서 재인용.

107 프랑스의 좌파 잡지 『에스프리(Espirit)』의 논설. 위의 책 474에서 재인용.

108 U.S. Department of State, "Memorandum of Conversations, by Mr. Charles P. Noyes, Adviser on Security Council Affairs, United States Mission at the United Nations, June 25, 1950, in *Foreign Relations of the United States, 1950*. Vol. 7, Korea (Washington, D.C.: U.S. Government Printing Office, 1950), 145.

109 U.S. Department of State, "The United States Representative at the United Nations (Austin) to the Secretary of State, 26 June 1950," in *Foreign Relations of the United States, 1950*. Vol. 7, Korea (Washington, D.C.: U.S. Government Printing Office, 1950), 191.

해 가장 우려했다. 네덜란드 외무장관은 "미국이 남한이 무너지도록 내버려 둔다면 이는 전체 아시아 특히 동남아시아에 재앙적 결과를 가져오게 될 것이라고 우려"했다. 계속해서 그는 "서양은 모든 지역을 잃을 수 있다"고 주장했다.[110] 주네덜란드 미국 대사관의 한 관료는 "예전에도 그랬던 것처럼 미국의 무관심 때문에, 미국은 한국을 잃게 될 것이라는 생각이 네덜란드의 여론을 형성하고 있다"고 본국에 보고했다.[111] 네덜란드의 반응은 공포의 한 사례일 수 있지만, 인도네시아에서 네덜란드의 정책에 대한 미국의 정책이라는 더 넓은 맥락에서 고려해볼 필요가 있다. 1949년 미국 국무부는 네덜란드가 인도네시아의 독립을 허락하도록 압력을 가했다.[112] 네덜란드는 미국의 이러한 동남아시아 정책에 반대했는데, 인도네시아에 개입하지 말라는 미국의 우유부단하고 무기력한 태도가 한국에서도 재연되고 있다고 보았다.[113]

독일의 분단은 한국의 분단과 피상적인 공통점만 가질 뿐이지만(미국과 소련의 독일 주둔은 이 두 국가가 전쟁을 벌이기라도 하면 그 전쟁은 곧 세계 전쟁이 될 것이라는 사실을 의미했다) 소련이 전쟁을 일으킬지도 모른다는 미국의 공포는 독일의 재무장을 가능하게 할 수 있었다. 다시 말해, 미국의 소련에 대한 공포 덕분에 독일 총리 콘라트 아데나워(Konrad Adenauer)는 독일의 경제적 독립과 재무장을 이뤄낼 수 있었다.[114] 아데나

110 U.S. Department of State, "The Ambassador in the Netherlands (Chapin) to the Secretary of State, June 26, 1950," in *Foreign Relations of the United States, 1950*, Vol. 7, Korea (Washington, D.C.: U.S. Government Printing Office, 1950), 185.

111 위의 문서, 186.

112 Matthew Jones, *After Hiroshima: The United States, Race and Nuclear Weapons in Asia, 1945-1965* (New York: Cambridge University Press, 2010), 46.

113 Robert J. McMahon, *Colonialism and Cold War: The United States and the Struggle for Indonesian Independence, 1945-49* (Ithaca, N.Y.: Cornell University Press, 1981), 251-303.

114 Craig Parsons, *A Certain Idea of Europe* (Ithaca, N.Y.: Cornell University Press,

워는 자신의 회고록에서 미국이 한국에서 강하게 대응하지 않는다면 공산주의자들의 공격에 놀란 서독인들은 미국에 대한 신뢰를 잃고 소련의 공격에 중립적 입장을 취할 수 있었다고 회고했다.[115] 사실 아데나워가 기대했던 (북한의 남침에 대한) 미국의 반응은 미국의 한국전 참전이 아니라 독일을 재무장시켜주는 것이었다. 독일에 주둔한 영국 판무관은 독일인들이 얼마나 공포에 빠져 있었는지에 대해 다음과 같이 말했다. "독일에서 북한의 남침이 가져온 충격은 실로 엄청났다… 불안이 서독 사회를 휩쓸었으며, 많은 이들이 소련과의 관계를 더 확실히 해놓으려 했다."[116] 하지만 역사가 윌리스(F. Roy Willis)는 이와는 반대되는 주장을 했다. 투표 결과가 보여주듯, 대부분의 독일인들은 재무장에 반대했고, "한국의 상황은 그들의 태도에 큰 변화를 야기하지 않았다"는 것이었다.[117] 독일의 사민당원들은 재무장에 반대했고 한국에서의 상황을 독일과 무관한 것으로 생각했다. 대신에 그들은 독일의 주권이 재무장을 대가로 회복될 것이라는 연합국 측의 "협박"을 의식하고 있었다.[118] 독일인들은 소련의 공격 가능성을 무시하지는 않았지만, 그들이 선호한 해결책은 서독 내 주둔군의 증가를 통한 공격 억제였다. 한 유력한 독일 신문은 북한의 공격이 긍정적인 면을 가진다고 평가했다. 왜냐하면 한국에서 했던 것처럼 미국이 서독에서 군대를 영구적으로 철수하는 실수를 반복하지 않을 것이라 봤기 때문이었

2003), 60.

115 Konrad Adenauer, *Memoirs 1945-1953*, trans. Beate Ruhm von Oppen (Chicago: Henry Regnery, 1966), 273과 Saki Dockrill, *Britain's Policy for West German Rearmament, 1950-1955* (Cambridge, UK: Cambridge University Press, 1991), 22를 참조할 것.

116 Ivone Kirkpatrick, *The Inner Circle: The Memoirs of Ivone Kirkpatrick* (London: Macmillan, 1959), 238.

117 F. Roy Willis, *France, Germany, and the New Europe 1945-1967* (Stanford, Calif.: Stanford University Press), 147.

118 위의 책, 152.

다.[119] 당황한 동맹국들을 안심시키는 것은 애치슨이 전쟁을 선호한 두 가지 이유 중 하나였기 때문에 (서독처럼) 유럽에서 가장 취약한 국가들에서 혼란이 없었다는 점은 놀랄 만하다.

미국의 정책결정자들은 한국전쟁이 미국의 평판을 위협하고 있다는 믿음을 갖고 있었다. 하지만 이러한 믿음은 단순히 추측에 근거하고 있었다. 나는 미국 정책결정자들이 국무부나 CIA에 미국 정부의 단호한 대응에 대한 동맹들의 입장을 평가하도록 요청했다는 근거를 찾지 못했다.[120] 애치슨의 결정은 부분적으로 자기 숙고의 결과였다. 그는 "25일 오후 나는 상황을 심사숙고하는 한두 시간 동안 모든 사람과 메시지들을 내 사무실 안에 들이도록 허락하지 않았다"고 말했다.[121] 다음 날에도 그는 홀로 여러 시간을 보내며, 그 다음 날 트루먼이 의회 지도부와 미국 국민들에게 제시할 대응책을 만들어냈다.[122] 미국의 정책결정자들은 그들이 가진 느낌과 감정을 다른 사람들이 미국의 단호한 태도에 대해 어떻게 느끼는지를 판단하기 위한 근거로 사용했다. 사실 심지어 미국에 의존하는 아주 작은 나라들도 미국의 개입을 독려하지 않았다. 덴마크 외무장관 구스타브 라스무센(Gustav Rasmussen)은 세계전쟁의 가능성을 우려하는 한편, 남한 정부를 부패한 반(半)파시스트 정부로 규정했다. 그래서 덴마크 주재 미국대사는 미국의 입장에 대한 라스무센의 태도에 불만을 느꼈고, 그래서 덴마크 정부를 향해 더욱 적극적인 지지를 요구했다.[123] 만약 자신들의 불안

119 뮌헨 소재 『남독일 신문(Süddeutsche Zeitung)』 1950년 6월 28일자의 논평이다. 위의 책 147에서 재인용.

120 다른 사례를 대상으로 한 비슷한 조사결과가 다음의 연구에도 나온다. Li Zhang, "Reputation and War" (Ph.D. diss., Harvard University, 2011).

121 Dean Acheson, *Present at the Creation: My Years in the State Department* (New York: Norton, 1969), 405.

122 위의 책, 407과 Glenn D. Paige, *The Korean Decision* (New York: Free Press, 1968), 158, 161을 참조할 것.

123 Kristine Midtgaard, "National Security and the Choice of International Humanitari-

과 공포 때문에 미국의 동맹국들이 미국의 우유부단함(충분한 반대주장이 있더라도)에 대해 불안해한다고 미국의 정책결정자들이 믿게 되었다면, 그러한 감정은 자신들의 적에 대해 평가하고 판단할 때 더 큰 힘을 발휘했을 것이다.

3. 스탈린의 딜레마: 미국의 미래 선호 예측

스탈린은 두 가지 도전에 직면했다. 첫째, 미국의 대응을 예측하는 것은 미국이 현재 가지지 못했지만 북한의 공격 후에 가지게 될 선호에 대한 상상을 요구했다.[124] 둘째, 미래에 미국이 가지게 될 선호를 예측하기 위해서는 스탈린 자신이 해본 적은 없으나 앞으로는 할 수도 있는 생각을 미국이 어떻게 예측할까 상상해야만 했다. 스탈린은 트루먼이 생각했던 것처럼 미국이 우유부단하다고 판단했기 때문이 아니라 다른 여러 이유로 김일성의 공격을 승인했다. 미국의 대응을 예측하기 위해 스탈린은 미국이 대응하지 않는다면 그가 미국을 우유부단하다고 판단할 것이라고 미국이 생각할 것이라고 상상해야 했을 것이다. 그러나 미국의 우유부단함은 스탈린이 전쟁을 지지한 근거가 아니었기 때문에 그가 미국이 가지고 있는 위신 손상에 대한 두려움을 상상하는 것은 쉽지 않았을 것이다. 전략은 상대가 어떻게 느끼는지와 더불어 상대가 자신의 결단 이후 어떻게 느낄지를 상상하는 것에 의해 결정된다. 감정은 미국의 선호 전환, 자신들의 평판이 손상될 것이라는 미국의 잘못된 믿음, 그리고 한국전쟁에 대한 미국의 놀라운

an Aid: Denmark and the Korean War, 1950-1953," *Journal of Cold War Studies* 13, no. 2 (2011): 152에서 재인용.

124 Deborah Welch Larson, "Review," in *Dean Acheson: A Life in the Cold War Roundtable, H-Diplo Roundtable Review*, ed. Thomas Maddux (March 14, 2007), 17, http://www.h-net.org/~diplo/roundtables/PDF0Beisner-AchesonRoundtable.pdf.

결정(즉, 참전)을 설명해준다.

V. 압록강으로 전진: 미국과 중국의 계산

한국을 통일시키기 위해 유엔군과 남한군을 중국 국경까지 보낸 미국의 결정은 광범위하게 연구되어 왔다. 연구자들은 미국이 중국의 개입 위협을 허풍이라고 여겼다는 주장에 거의 모두 동의한다. 하지만 미국이 왜 중국이 허풍을 부린다고 판단했는지에 대해서는 명확한 이유를 제시하지 못했다. 몇몇 연구자들은 비용이 큰 신호를 보내는 데 실패했으며, 비용이 큰 신호를 보내본 적이 없으며, 대만을 침공할 것이라고 허풍을 부린 적이 있어 미국의 불신을 초래한 중국을 비난한다.[125] 다른 연구자들은 미국을 비난한다. 신호는 명확했지만 여러 심리학적, 정치적, 정책적 이유로 미국이 정확히 이를 해석하지 못했다는 것이다.[126]

1. 평판과 감정

미국의 정책결정자들은 마오쩌둥이 지속적으로 허풍(행동 없는 말뿐인 협박)을 부려왔기 때문에, 중국이 전쟁에 개입하지 않을 것으로 생각했다. 앤

125 다음을 참조할 것. Paul K. Huth, *Extended Deterrence and the Prevention of War* (New Haven, Conn.: Yale University Press, 1988), 144-148; Branislav L. Slantchev, "Feigning Weakness," *International Organization* 64 no. 3 (2010): 357-388; Anne E. Sartori, *Deterrence by Diplomacy* (Princeton, N.J.: Princeton University Press, 2005).

126 Richard Ned Lebow, *Between Peace and War* (Baltimore: Johns Hopkins University Press, 1981)과 Robert L. Beisner, *Dean Acheson: A Life in the Cold War* (Oxford, UK: Oxford University Press, 2006)과 Christopher P. Twomey, *The Military Lens: Doctrinal Difference and Deterrence Failure in Sino-American Relations* (Ithaca, N.Y.: Cornell University Press, 2010)을 참조할 것.

사르토리(Ann E. Sartori)는 "대만을 향한 중국의 계속된 위협은 실제 행동으로 이어지지 않았기 때문에 한국전쟁 초기 중국의 외교적 신뢰는 낮았다… 협박과 미이행이라는 중국의 외교적 행위는 왜 한국전쟁 개입에 대한 위협이 신뢰를 얻지 못했는지를 설명해준다."고 결론내렸다.[127] 중국은 국민당 장개석으로부터 대만을 해방시키겠다고 위협하며 연안의 섬들을 공격했지만, 대만을 차지하기 위한 실질적 행위의 부재는 중국의 한국전쟁 개입 위협의 신뢰성을 떨어뜨렸다. 하지만 이러한 주장은 두 가지 문제를 가진다. 첫째, 미국 정책결정자들은 1950년대 내내 중국의 대만 공격을 우려했다. 크리스토퍼 투메이(Christopher Twomey)가 말했듯이 "대만 지역에 미국 해군이 주둔한 이후에도 대만 해협에서 계속된 전쟁 위협은 일본과 미국의 큰 근심거리였다."[128] 둘째, 사르토리의 주장의 유일한 직접적 근거는 1972년 인터뷰에서 프랭크 페이스(Frank Pace) 육군성 장관이 중국을 자주 울부짖는 늑대로 비난하며, 어느 누구도 중국이 전쟁이 뛰어든다고 믿지 않았다고 말한 사실뿐이었다.[129] 21년이 지난 페이스의 회고는 맞을 수 있지만, 상당한 기록에 따르면 1950년대 백악관, 국무부, CIA, 국방부 중 누구든 중국이 대만을 차지하지 않았기 때문에 중국이 허풍쟁이라고 말했을 것이라고 추측할 수 있다. 미국은 그들 자신의 평판에 집착하고 있었다. 한편 왜 그들은 중국의 평판에 대해서 고려하지 않았는가 생각해볼 필요가 있다. 나는 미국의 평판에 대한 미국의 정책결정자들의 불안은 왜 그들이 중국을 허풍쟁이라고 믿었는지에 대한 이유를 설명해준다

127 Anne E. Sartori, *Deterrence by Diplomacy* (Princeton, N.J.: Princeton University Press, 2005), 34, 39.

128 Christopher P. Twomey, *The Military Lens: Doctrinal Difference and Deterrence Failure in Sino-American Relations* (Ithaca, N.Y.: Cornell University Press, 2010), 191.

129 Anne E. Sartori, *Deterrence by Diplomacy* (Princeton, N.J.: Princeton University Press, 2005), 36-37.

고 생각한다.

1) 자국 평판에 대한 미국의 계속된 불안

중국이 허풍을 부린다고 미국이 생각했던 이유는, 그들이 중국을 우유부단하다고 판단했기 때문이 아니라 그들이 중국은 미국 정부를 우유부단한 정부로 본다고 판단했기 때문이었다. CIA가 관찰했듯이, "중국 정부는 서양, 특히 미국이 너무 약하고 우유부단해서 위협적인 입장을 갖기 어렵다고 생각한다는 것"이 당시 "잘 알려지고 당연한 것으로 여겨지던 서구의 중국 공산당 지도부에 대한 생각이었다."[130] CIA에 따르면, 미국을 우유부단하게 여기는 중국의 시각은 "왜 서양이 공산주의의 힘 앞에 항복하게 될 수밖에 없다"고 중국이 믿는지를 설명한다.[131] CIA는 중국이 "미국의 군사력에 대해 현실주의적 전망"을 발진시킬 것이라고 예측했다.[132]

미군이 중국과 북한의 국경인 압록강으로 진군할수록 중국이 곧 전쟁에 개입할 것이라는 신호는 더욱 선명해졌으므로, 애치슨은 더욱 단호한 자세의 중요성을 강조했다. 중국이 개입할 것이라는 베빈(Ernest Bevin)의 우려에 대해 애치슨은 "더 큰 위기는 우유부단함과 소심함을 보여줄 때 발생할 것이며, 유일한 최적의 선택은 단호하고 용기 있는 태도를 보여주는 것이고 중국 공산주의자들의 허풍에 놀랄 필요가 없다."고 말했다.[133] 11

130 U.S. Central Intelligence Agency, *Propaganda Possibilities in the Korean Situation, CIA Research Reports Japan, Korea, and the Security of Asia, 1946-1976: Intelligence Memorandum*, Number 334, October 2, 1950. Reel 4, 19.

131 위의 문서, 19-20.

132 위의 문서, 20-21.

133 U.S. Department of State, "Memorandum of Conversation, by Mr. John M. Allison of the United States Delegation to the United Nations General Assembly, October 4, 1950," in *Foreign Relations of the United States, 1950*, Vol. 7, Korea (Washington, D.C.: U.S. Government Printing Office, 1950), 868-869.

월 애치슨은 중공군이 곧 개입할 것이라고 생각하면서도 오히려 다음과 같이 미국의 평판을 더 걱정했다. "만약 중국의 개입에 직면하여 어떤 것도 일어나지 않는다는 것을 중국이 알게 된다면 중국은 우리가 약하다는 판단하에 더 공격적이고 대범한 행동을 하게 될 것이다."[134] 애치슨은 중국에게 유엔의 의도를 다시 확신시키기 위해 완충 지대를 만드는 것에 관심이 있는지 확인해보자는 영국의 계획에 다음과 같이 반대했다. "그러한 시도는 그들에게 우리의 치명적인 약점을 드러내는 행동이 될 뿐이다. 협상으로 상황이 개선되기보다는 오히려 협상 시도로 인해 우리가 상처를 입게 될 것이다."[135] 애치슨은 맥아더의 작전에 대한 영국의 지원을 요구했으며, 이 작전은 중국의 의도를 시험해 볼 수 있는 기회가 될 것이라고 여겨졌다. "맥아더의 작전 결과는 중국군의 힘과 효율성, 그들을 지원하고 강화할 수 있는 공산주의 정권들의 의도와 역량 등 현재는 알기 어려운 문제들을 더욱 명확하게 확인해줄 수 있으며, 이를 통해 우리는 중국의 의도를 확인해 볼 수 있을 것이다."[136] 유엔군이 북한을 점령하기 위한 준비를 하고, 잘못된 판단을 할 경우 엄청난 결과를 초래할 수도 있는 위중한 상황을 애치슨이 대비하고 있을 때, 애치슨은 중국의 의도를 파악하기보다 미국이 유약하다는 신호를 중국에 보내게 될지도 모른다고 걱정했다.[137]

2) 단호함에 대한 미국의 평판

134 U.S. Department of State, "The Secretary of State to the Embassy in the United Kingdom, November 6, 1950," in *Foreign Relations of the United States, 1950*, Vol. 7, Korea (Washington, D.C.: U.S. Government Printing Office, 1950), 1053.

135 U.S. Department of State, "The Secretary of State to the Embassy in the United Kingdom, November 24, 1950," in *Foreign Relations of the United States, 1950*, Vol. 7, Korea (Washington, D.C.: U.S. Government Printing Office, 1950), 1229.

136 위의 문서.

137 위의 문서.

미국의 정책결정자들이 중국의 인식을 인식하기 위해 동맹국들의 관점을 참조하지 않았다는 사실은 감정의 역할이 왜 중요했는가를 보여준다. 미국은 미국의 평판이 위기에 처해 있다고 너무 강하게 믿었기 때문에 동맹의 시각을 고려하려 하지 않았다. 중국이 어떻게 미국을 평가하고 미국의 말과 행동이 일치하고 불일치하는가를 판단하려고 했는가? 이 질문에 대한 답을 얻기 위해 미국은 동맹국들에게 의견을 구하지 않았다. 미국의 정책결정자들이 동맹국의 의견을 구했다면, 미국의 동맹국들은 미국이 놀라고 겁을 먹어서 단호한 척하고 있다고 믿었을 것이다. 그렇게 하지 않았기에, 동맹국들은 미국이 세계 전쟁도 고려하고 있으며, 심지어 핵무기를 사용할지도 모른다고 생각했다.

캐나다, 호주, 뉴질랜드와 비슷하게 영국은 "특별한 관계"를 공고히 하기 위해 미국을 지원해야 한다고 느꼈지만, 미국의 반대에도 불구하고 한국전쟁을 외교적인 방법으로 끝내기 위해 계속해서 노력했다.[138] 미국의 핵무기 사용 가능성을 우려한 영국은 인도와 함께 1950년 7~8월에 중재 작업을 시작했다. 또한 중국의 개입을 막기 위해 10월에 남북한 양측에 협상을 제안했으며, 11월에는 비무장지대 설치를 요구했다.[139] 평화를 위한

138 Jeffrey Grey, *The Commonwealth Armies and the Korean War: An Alliance Study* (Manchester, UK: Manchester University Press, 1988).

139 다음을 참조할 것. Laura Belmonte, "Anglo-American Relations and the Dismissal of MacArthur," *Diplomatic History* 19, no. 4 (1995): 645; Robert L. Beisner, *Dean Acheson: A Life in the Cold War* (Oxford, UK: Oxford University Press, 2006), 347; Conrad C. Crane, "To Avert Impending Disaster: American Military Plans to Use Atomic Weapons During the Korean War," *Journal of Strategic Studies* 23, no. 2 (2000): 77; U.S. Department of State, "Memorandum of Conversation, by Mr. John M. Allison of the United States Delegation to the United Nations General Assembly, October 4, 1950," in *Foreign Relations of the United States, 1950*, Vol. 7, Korea (Washington, D.C.: U.S. Government Printing Office, 1950), 868-869; U.S. Department of State, "The Secretary of State to the Embassy in the United Kingdom,

노력은 캐나다에서도 계속되었다. 캐나다는 남북 간 완충지대를 제안하는 한편 중국을 안심시키기 위해 유엔군이 38선 이북으로 진군하는 것에 반대했다. 스테어스(Denis Stairs)에 따르면, 캐나다는 미국이 북한과 중국을 연결하는 압록강의 다리를 폭파했을 때 "경악"했다고 한다.[140] 동맹국들의 종전 시도는 애치슨은 불편하게 했다. 1950년 7월 초에 이미 그는 베빈에게 미국은 평화를 위해 "유화적인 태도"를 취하지 않을 것이라고 말했다고 한다.[141]

프랑스는 두 가지 점을 우려했다. 첫째, 만일 미군이 압록강까지 진군한다면, 전쟁은 중국과 소련과의 전쟁으로 확대될 수 있었다.[142] 둘째, 미국은 한국전쟁을 서독의 재무장을 위한 계기로 삼을 수 있었고 이는 곧 소련의 서독 침략을 야기할 수도 있었다.[143] 서독은 재무장에 대한 논쟁에 사로잡혀 있었다. CIA는 서독 정부가 "한국에서의 미국의 행동을 지지하고" 있으며 전쟁을 그들의 재무장을 위한 기회로 활용하고 있다고 보고했다.[144] 재무장을 지지하는 이들은 분단된 독일과 분단된 한국 사이에서 불길한 유사성을 발견했다. 재무장에 반대하는 독일인은 그 유사성이 말이 되지 않는다고 생각했다. 수천의 동맹군이 서독에 주둔하는 것을 지켜보며 한 사회민주당 지도자는 "나는 그들이 단순히 장식이 아니길 희망한다."라

November 24, 1950," in *Foreign Relations of the United States, 1950*, Vol. 7, Korea (Washington, D.C.: U.S. Government Printing Office, 1950), 1228-1229.

140 Denis Stairs, *The Diplomacy of Constraint: Canada, the Korean War, and the United States* (Toronto: University of Toronto Press, 1974), 129-130.

141 Robert L. Beisner, *Dean Acheson: A Life in the Cold War* (Oxford, UK: Oxford University Press, 2006), 354에서 재인용.

142 Alexander Werth, *France 1940-1955* (New York: Henry Holt, 1956), 473.

143 Robert L. Beisner, *Dean Acheson: A Life in the Cold War* (Oxford, UK: Oxford University Press, 2006), 359.

144 U.S. Central Intelligence Agency, *Propaganda Possibilities in the Korean Situation, CIA Research Reports Japan, Korea, and the Security of Asia, 1946-1976: Intelligence Memorandum*, Number 334, October 2, 1950. Reel 4, 9.

고 냉소적으로 말했다.[145] 독일 사회민주당원들은 (영국 정부, 그리고 프랑스 정부와 마찬가지로) 미국의 (그리고 아데나워의) 재무장 정책에 반대했다.[146]

미국의 정책결정자들이 공유하고 있는 잘못된 믿음, 즉 미국이 단호하지 못하고 우유부단하다는 인식을 중국이 갖고 있거나 갖게 될 것이라는 믿음은 그들(미국의 정책결정자들)이 그들 믿음에 대한 동일한 근거를 공유하고 있었음을 말해준다. 윌리엄 스툭(William Stueck)이 지적한 바와 같이, 이러한 믿음을 떠받치는 유일한 근거는 "미국이 유약한 모습을 보였을 때 생길지도 모를 일들에 대한 두려움"이었다.[147] 미국 정책결정자들의 느낌과 감정은 그들의 잘못된 믿음에 근거를 제공했다. 어떤 토론도 없었으며, 그래서 그들의 감정과 믿음은 재앙적인 실수를 초래했다.

2. 비용이 큰 신호와 감정

합리주의자들은 비용이 큰 신호 보내기를 기술적 문제로 다룬다. 누군가는 대규모 군대를 파견해야 하고, 실패한다면 재선을 어렵게 만들 대중적인 행동을 해야 한다. 또는 신뢰성을 전하기 위한 비용이 큰 다른 조치를 취해야 한다. 하지만 비용은 개인의 믿음에 근거하며, 이는 또한 감정에 근거한다는 것을 의미한다. 느낌은 신뢰성을 구성하기 때문에, 분석가들은 신호가 수신자에게 미치는 비용뿐만 아니라 상대에게 미칠 비용에 대해서

145 Ronald J. Granieri, *The Ambivalent Alliance: Konrad Adenauer, the CDU/CSU, and the West, 1949-1966* (New York: Berghahn Books, 2003), 40.

146 Saki Dockrill, *Britain's Policy for West German Rearmament, 1950-1955* (Cambridge, UK: Cambridge University Press, 1991), 23.

147 William Stueck, *Rethinking the Korean War: A New Diplomatic and Strategic History* (Princeton, N.J.: Princeton University Press, 2002), 116.

도 관심을 기울여야 한다. 대만해협에 제7함대를 보낸다는 미국의 결정에 대한 중국의 판단과 대규모 중국의 개입을 전후로 중국의 신호에 대한 미국의 해석은 전략에서 감정의 영향을 보여준다.

1) 신뢰할 수 있는 값싼 대화

마오쩌둥의 대만 해방을 단념시키기 위해 제7함대를 배치한 트루먼의 결정은 장개석의 본토 공격을 억제하기 위한 목적도 있었다.[148] 또한 애치슨은 7함대의 배치가 스탈린에게 힘을 보여주기 위한 일시적 조치가 될 것이라고 판단했다.[149] 트루먼은 미군의 사소한 방어 재조정을 중국이 어떻게 이해할지에 대해 큰 관심을 기울이지 않았다.[150] 스툭(William Stueck)은 이러한 위협을 허풍으로 판단했고, 투메이(Christopher Twomey)는 항공모함 한 대와 공중 초계기 몇 기로 구성된 "상징적인 배치"로 간주했다.[151] 미국의 군사 지도자들은 형식적인 초계기는 중국의 공격을 멈출 수 없다

148 Allan R. Millett, *The War for Korea, 1950-1951: They Came from the North* (Lawrence: University Press of Kansas, 2010), 206.

149 Robert L. Beisner, *Dean Acheson: A Life in the Cold War* (Oxford, UK: Oxford University Press, 2006), 350, 341.

150 다음을 참조할 것. Alexander Ovodenko, "(Mis)interpreting Threats: A Case Study of the Korean War," *Security Studies* 16, no. 2 (2007): 282; Robert Jervis, "The Impact of the Korean War on the Cold War," *Journal of Conflict Resolution* 24, no. 4 (1980): 582; David Halberstam, *The Coldest Winter: America and the Korean War* (New York: Hyperion, 2007), 317-318; Thomas J. Christensen, *Worse than a Monolith: Alliance Politics and Problems of Coercive Diplomacy in Asia* (Princeton, N.J.: Princeton University Press, 2011), 34, 87.

151 William Stueck, *The Road to Confrontation: American Policy Toward China and Korea, 1947-1950* (Chapel Hill: University of North Carolina Press, 1981), 196과 Christopher P. Twomey, *The Military Lens: Doctrinal Difference and Deterrence Failure in Sino-American Relations* (Ithaca, N.Y.: Cornell University Press, 2010), 172, 192를 참조할 것.

는 우려를 거듭 표했으며, 이를 토대로 투메이는 "군사적 신호의 힘이 최초에는 상당히 미약했다"고 판단했다.[152] 배치의 비용은 크지 않았고, 쉽게 전환될 수 있었으며, 상징적이었다. 우유부단한 국가는 그렇지 않은 국가만큼 쉽게 위협을 만들 수 있었다. 그것은 "값싼 대화"였다.

하지만 미국의 조치를 국공내전에서 보여준 불간섭주의의 폐기로 이해한 마오쩌둥에게는 전혀 값싼 것이 아니었다. 마오쩌둥과 그의 동료들은 제7함대의 배치를 전쟁의 선언으로 이해했다. 마오쩌둥은 대만해협에서의 미국의 개입에 격노했다. 단지 대만을 차지하겠다는 마오쩌둥의 계획을 방해한 것이었을 뿐 아니라 미국의 행동을 마오쩌둥 본인이 예상하지 못했기 때문이었다. 놀라움은 감정을 증폭시킨다.[153] 트루먼은 공개적으로 미국은 국공내전에 개입하지 않을 것이며, 대만에 군사기지를 설치하거나 장개석에게 군사적 지원을 제공하지 않을 것이라고 선언했다. 내셔널 프레스 클럽 연설 1주일 후 애치슨은 미국의 방어선에서 남한과 대만을 제외했다. 미국은 중국을 인정하는 쪽으로 기울어져 있었다.[154] 하지만 제7함대 배치로 인해 중국을 다시 통일하겠다는 마오쩌둥의 꿈은 뭉개졌다. 마오쩌둥은 일본이 20세기 초 중국을 공격하기 위해 조선을 이용했던 것처럼, 미국이 북한을 공격하고 이를 중국 공격을 위한 기회로 이용할 것

152 Christopher P. Twomey, *The Military Lens: Doctrinal Difference and Deterrence Failure in Sino-American Relations* (Ithaca, N.Y.: Cornell University Press, 2010), 195. 미국은 주둔군의 철수가 자국의 평판을 손상시킬 것이라 생각했을 것이다. 그래서 그러한 결정은 비용이 큰 신호였을 것이다. 그러나 중국이나 미국 모두 그러한 주장을 하지는 않았다.

153 James I. Matray, "Korea's War at Sixty: A Survey of the Literature," *Cold War History* 11, no. 1 (2011): 112와 Christopher P. Twomey, *The Military Lens: Doctrinal Difference and Deterrence Failure in Sino-American Relations* (Ithaca, N.Y.: Cornell University Press, 2010), 150을 참조할 것.

154 Matthew Jones, *After Hiroshima: The United States, Race and Nuclear Weapons in Asia, 1945-1965* (New York: Cambridge University Press, 2010), 60.

이라고 판단했다.[155] 밀레(Millett)에 따르면 미국의 한국으로의 군대 파견은 미국이 (심지어 핵무기를 사용해서라도) 중국의 혁명을 파괴할 것이라는 마오쩌둥의 믿음을 더욱 강화했다.[156] 대만과 중국의 전쟁을 억제하고 스탈린에게 미국의 힘을 보여주기 위해 행했던 미국의 '값싼' 조치는 마오쩌둥에게는 '미국이 중국의 혁명에 치명적인 위협을 가할 것이고, 미국에 이익이 된다면 어디서든 갈등을 피하지 않을 것'이라는 신호였다.[157] 신호를 어떻게 느끼는지가 신호가 어떻게 해석되는지를 결정했던 것이었다.

2) 신뢰할 수 없는 비용이 큰 신호 보내기

중국 측에서 보낸 신호에 대한 1950년 10월 중순의 CIA 평가를 요약한 후에 투메이는 다음과 같은 질문은 던졌다. "고위 관료들의 성명, 대규모의 군대 배치, 그리고 지역 주민들을 준비시키기 위한 선전이 충분하지 않은지에 대해 어떤 근거가 CIA를 확신시켰는지 궁금할 수밖에 없다."[158] 11월

155 Thomas J. Christensen, *Useful Adversaries: Grand Strategy, Domestic Mobilization, and Sino-American Conflict, 1947-1958* (Princeton, N.J.: Princeton University Press, 1996), 160-162와 William Stueck, *Rethinking the Korean War: A New Diplomatic and Strategic History* (Princeton, N.J.: Princeton University Press, 2002), 104, 108과 Allan R. Millett, *The War for Korea, 1950-1951: They Came from the North* (Lawrence: University Press of Kansas, 2010), 149를 참조할 것.

156 Allan R. Millett, *The War for Korea, 1950-1951: They Came from the North* (Lawrence: University Press of Kansas, 2010), 233.

157 Thomas J. Christensen, *Useful Adversaries: Grand Strategy, Domestic Mobilization, and Sino-American Conflict, 1947-1958* (Princeton, N.J.: Princeton University Press, 1996), 160-161과 Thomas J. Christensen, *Worse than a Monolith: Alliance Politics and Problems of Coercive Diplomacy in Asia* (Princeton, N.J.: Princeton University Press, 2011), 87과 Christopher P. Twomey, *The Military Lens: Doctrinal Difference and Deterrence Failure in Sino-American Relations* (Ithaca, N.Y.: Cornell University Press, 2010), 186-196을 참조할 것.

158 Christopher P. Twomey, *The Military Lens: Doctrinal Difference and Deterrence*

25일 시작된 (비용이 큰 신호로 보이는) 중국의 대규모 개입 후에도 분석가들은 중국의 의도를 두고 논쟁을 벌였다. 마오쩌둥은 공격의 목적을 위해 한국에 20만 명의 군대를 보냈을까, 아니면 단지 중국 국경의 방어가 목적이었을까?[159] 미국의 정책결정자들은 개입 전에 마오쩌둥이 스탈린의 지시가 있을 때만 개입할 것이라고 판단했으며, 중국이 개입할 경우 이를 중국이 "소련의 꼬나풀"로서 행동하는 것이라는 자신들의 판단 근거로 사용하려고 했다.[160]

신호를 보내고 해석하는 것은 창의성을 요구하지만, 감정의 영향을 과장할 필요는 없다. 심리학자 테트락(Philop E. Tetlock)은 더 많이 알수록 배우는 것이 더 어렵다는 것을 입증하기 위해 객관적 인식(cold cognition)를 활용한다.[161] 부분적으로는 믿음을 전환시키기 위해서 더 많은 근거가 필요하기 때문이기도 하지만, 모순되는 정보는 믿음에 부합하도록 만들어질 수도 있기 때문이기도 하다. 종종 믿음이 감정에 의존한다는 것을 인식할 수 있고, 종종 감정에 집중하지 않아도 믿음의 영향을 파악할 수 있다. 예를 들어, 중국이 전쟁에 뛰어들지 않을 것이라고 미국 정책결정자

Failure in Sino-American Relations (Ithaca, N.Y.: Cornell University Press, 2010), 103-104.

159 Barnes, Robert Barnes, "Branding an Aggressor: The Commonwealth, the United Nations and Chinese Intervention in the Korean War, November 1950-January 1951," *Journal of Strategic Studies* 33, no. 2 (2010): 238.

160 U.S. Central Intelligence Agency, "Estimate of Intentions in FE," October 12, 1950, 3, http://www.foia.cia.gov/KoreanWar/EstimatesMisc/NIEEstimates/1950-10-12.pdf 에서 재인용. Richard Ned Lebow, *Between Peace and War* (Baltimore: Johns Hopkins University Press, 1981), 209, 213과 Robert Jervis, "The Impact of the Korean War on the Cold War," *Journal of Conflict Resolution* 24, no. 4 (1980): 583과 Chen Jian, *China's Road to the Korean War: The Making of the Sino-American Confrontation* (New York: Columbia University Press, 1994), 171을 참조할 것.

161 Philip E. Tetlock, "Theory-Driven Reasoning About Possible Pasts and Probable Futures in World Politics: Are We Prisoners of Our Preconceptions?" *American Journal of Political Science* 43, no. 2 (1999): 335-66.

들이 믿었던 근거들은 타당성이 있었고, 실제로 중국의 비(非)참전 의견은 중국 정치국 내 많은 사람들에 의해 공유되고 있었다. 미국은 마오쩌둥이 전쟁과 혁명 후에 재건에 더욱 집중할 필요가 있다고 판단했으며, 전쟁은 스탈린에 대한 마오쩌둥의 의존을 더욱 심화시킬 것으로 믿었다. (스탈린은 전쟁을 원하지 않는 것처럼 보였다.) 또한 개입의 최적기는 지나갔으며 중국군은 전쟁에서 승리의 역량이 부족하다고 판단했다.[162] 중국 공산당 정치국의 대다수는 처음에는 비슷한 이유로 개입에 반대했다.[163] 스탈린처럼 마오쩌둥 역시 개입의 타당성을 확신하지 못했다.[164] 두 차례 스탈린은 김일성에게 다음과 같이 언급했다. "중국이 다시 군대를 보낼 것을 거부했다. 당신은 한국을 떠나 가능한 조속한 시일 내로 북쪽으로 후퇴해야 한다."[165] 마오쩌둥이 개입하지 않을 것이라는 미국의 믿음은 합리적이었으며 이는 미국의 상황 해석에 영향을 미쳤다.

세 가지 다른 사건에서 미국이 어떻게 중국의 신호를 이해했는지는

162 Alexander Ovodenko, "(Mis)interpreting Threats: A Case Study of the Korean War," *Security Studies* 16, no. 2 (2007): 262, 270과 William Stueck, *The Korean War: An International History* (Princeton, N.J.: Princeton University Press, 1995), 106-107을 참조할 것.

163 Zhihua Shen, "China and the Dispatch of the Soviet Air Force: The Formation of the Chinese-Soviet-Korean Alliance in the Early Stage of the Korean War," *Journal of Strategic Studies* 33, no. 2 (2010): 56과 Allan R. Millett, *The War for Korea, 1950-1951: They Came from the North* (Lawrence: University Press of Kansas, 2010), 293-296과 Chen Jian, "In the Name of Revolution: China's Road to the Korean War Revisited," in *The Korean War in World History*, ed. William Stueck (Lexington: University Press of Kentucky, 2004), 108-109와 Thomas J. Christensen, *Useful Adversaries: Grand Strategy, Domestic Mobilization, and Sino-American Conflict, 1947-1958* (Princeton, N.J.: Princeton University Press, 1996), 159를 참조할 것.

164 Kathryn Weathersby, "The Soviet Role in the Korean War," in *The Korean War in World History*, ed. William Stueck (Lexington: University Press of Kentucky, 2004), 75-76.

165 Allan R. Millett, *The War for Korea, 1950-1951: They Came from the North* (Lawrence: University Press of Kansas, 2010), 294에서 재인용.

감정의 중요성을 보여준다. 첫째, 미국은 마오쩌둥이 미국을 유약하고 우유부단하게 본다고 믿었기 때문에 중국의 개입 신호를 무시했다. 즉, 마오쩌둥이 허풍을 부리고 있다고 간주했던 것이다. 둘째, 중국이 미국을 직접적인 군사적 위협으로 간주할 수도 있다는 것을 미국은 알았지만 이러한 중국의 믿음이 현실성이 없다고 느꼈다. 심리학자들은 사람들이 자신의 입장이 잘못되었다고 느끼지 않는 한 그들의 마음을 바꾸지 않는다고 주장한다. "완벽하게 논리적인 주장이 있어도 사람들이 자신의 마음을 바꾸기 위해서는 그들의 입장에 반하는 상황을 매력적이라고 느껴야 한다."[166] 베이스너(Robert L. Beisner)에 따르면, 중국군이 대규모 공격 준비를 하던 1950년 11월 초가 되어서야 애치슨은 "드디어" 중국이 미국을 군사적 위협으로 간주한다는 것을 "인정"했다고 한다.[167] 베빈에게 보낸 전문에서 애치슨은 중국의 행동을 가능하게 한 10가지 요인 중 하나는 "유엔군이 만주 지역을 목적으로 하고 있다고 중국이 믿었기 때문이며, 현재 중국의 한국전 개입은 유엔군의 중국 침공에 대한 공포 때문인 것 같다."고 말했다.[168] 애치슨은 중국이 만주에서 제한된 유엔군의 개입을 두려워할 수 있다고 생각했지만, 미국의 의도에 대한 마오쩌둥의 공포를 이해하려고 하지 않았다. 애치슨은 미국이 중국을 침공하지 않을 것임을 알고 있었다. 그래서 중국이 미국의 의도에 대해 잘못된 믿음을 갖는 것은 가능하지 않다고 느꼈다. 마오쩌둥이 전쟁에 뛰어드는 것은 "완전히 미친 짓"이 될 것이

166 Gerald L. Clore and Karen Gasper, "Feeling Is Believing: Some Affective Influences on Belief," in *Emotions and Beliefs: How Feelings Influence Thoughts*, eds. Nico H. Frijda, Antony S.R. Manstead, and Sacha Bem (Cambridge, UK: Cambridge University Press, 2000), 25.

167 Robert L. Beisner, *Dean Acheson: A Life in the Cold War* (Oxford, UK: Oxford University Press, 2006), 408.

168 U.S. Department of State, "The Secretary of State to the Embassy in the United Kingdom, November 6, 1950," in *Foreign Relations of the United States, 1950*, Vol. 7, Korea (Washington, D.C.: U.S. Government Printing Office, 1950), 1051.

라고 애치슨은 판단했다.[169]

셋째, 미국의 정책결정자들은 위신에 대한 욕구가 마오쩌둥에게 미쳤을 영향력을 과소평가했으며, 중국의 평판에 대한 마오쩌둥의 우려가 그들 자신과 다르지 않을 것이라고 인정하지 않았다. 미국의 분석가들은 갈등에 개입하는 것이 마오쩌둥의 위신에 이익이 된다고 것을 이해했다. 국립정보평가(National Intelligence Estimate)는 개입의 비용이 이익을 압도한다는 점에서 현실성이 없다고 할지라도 유엔군을 물리치는 것이 "공산주의 중국의 위신에 큰 도움이 될 것"이라고 결론 내렸다.[170] 애치슨은 중국이 "아무 일도 안 하고 지켜보지 않을 것"임을 증명하기 위해 개입할 것이라고 이해했다.[171] 미국은 중국이 도미노 이론 또는 결의에 대한 평판을 갖는 것의 중요성을 어떻게 판단할지 고려하지 않았다. 중국의 외교부장 저우언라이(Zhou Enlai)의 언급은 도미노 이론에 대한 다음과 같은 중국의 생각을 보여준다. "만약 한국이 넘어간다면 다른 지역에서 균열이 계속될 것이다."[172] 마오쩌둥은 미국의 공격에 대응하지 못한다면 중국과 대만에서 반혁명주의자들을 고무시킬 수 있다고 생각했다. 그래서 마오쩌둥은 인도차이나반도를 혁명군과 반혁명군 사이의 갈등이 발생하는 지역으로 간주하며, 베트민(Viet Minh), 즉 월맹(越盟)에 대한 군사적 지원을 증가시

169 Jay Walz, "Acheson Doubts Peiping War Entry," *New York Times*, September 11, 1950, A1에서 재인용.

170 U.S. Central Intelligence Agency, "Estimate of Intentions in FE," October 12, 1950, 1, 4, http://www.foia.cia.gov/KoreanWar/EstimatesMisc/NIEEstimates/1950-10-12.pdf.

171 U.S. Department of State, "The Secretary of State to the Embassy in the United Kingdom, November 6, 1950," in *Foreign Relations of the United States, 1950*, Vol. 7, Korea (Washington, D.C.: U.S. Government Printing Office, 1950), 1051.

172 Chen Jian, *China's Road to the Korean War: The Making of the Sino-American Confrontation* (New York: Columbia University Press, 1994), 159에서 재인용.

켰다.[173] 역사가 장슈광(Shu Guang Zhang)은 12월 말 마오쩌둥이 38선을 넘는 데 집중하고 있었다고 주장했다. 즉 "38선을 넘는 것은 외부 압력에 맞서는 중국의 결의와 능력을 입증할 수 있는 반면, 38선 북쪽에서 멈춰서는 것은 그들이 유약하다는 신호를 보내는 것이라고 마오쩌둥은 믿었던 것이다.[174] 미국의 정책결정자들은 마오쩌둥이 유약하다거나 우유부단하다고 생각하지 않았으며 그렇게 평가를 받는 것에 대한 두려움이 마오쩌둥을 움직이게 할 것이라고 판단하지 않았다.

미국이 중국의 행동을 정확히 예측하기 위해서는 중국이 미국의 정책결정자들에 대해 갖고 있는 사실과 다른 믿음을 이해해야 했다. 미국은 중국과 이미 전쟁 중이라든가 미국은 중국의 반사회주의혁명을 지지할 것이라든가 하는 중국 측의 믿음은 미국의 정책결정자들의 관점에서는 사실이 아니었다. 미국의 평판을 스탈린이 어떻게 평가하고 있는가에 대해 미국은 나름의 판단을 내리고 있었지만, 그것은 실제 스탈린의 평가와는 달랐다. 또한 미국이 북한을 공격하지 않으면 마오쩌둥이 미국을 유약하고 우유부단하게 볼 것이라고 미국은 판단했지만, 마오쩌둥은 미국이 자신을 그렇게 평가했다는 사실을 알고 오히려 놀랐다. 이와 마찬가지로, 미국은 마오쩌둥이 미국의 의도에 대해 잘못 판단하고 있으리라는 가능성에 대해 예상했어야 했다. 마오쩌둥은 트루먼의 제7함대 파견에 격노했다. 미국이 예상하지 못했던 마오쩌둥의 이러한 감정은 왜 마오쩌둥이 미국과의 전쟁을 결심했는지, 그 이유를 설명해준다.

173 위의 책, 128, 132-133, 178.

174 Shu Guang Zhang, *Mao's Military Romanticism: China and the Korean War, 1950-1953* (Lawrence: University Press of Kansas, 1995), 153.

VI. 결론: 감정 파악하기

심리학자들은 통제된 경험이나 특정한 감정의 특징에 의존하여 감정을 이해하지만, 국제정치에서는 여전히 감정을 파악하기 힘든 것이라 규정한다. 하지만 정치학자들은 감정을 연구할 필요가 있다. 정치적이거나 전략적인 이익의 문제에 적합한 방식으로 감정을 연구하고, 정치적·전략적 문제의 분석을 용이하게 만들어주는 감정의 속성들을 활용할 필요가 있다. 감정의 속성에 관심을 갖는 것은 감정을 파악하고 전략을 더 잘 이해하기 위한 한 방법이다. 이러한 접근은 전략과 관련한 4가지 이론적 문제에 대한 이해를 높여준다.

첫째, 감정이 믿음의 근거라는 사실을 이해한다면, 우리는 행위자들이 그들의 평판이 손상될 수 있는 위험에 처해 있지 않음에도 불구하고 (그리고 그런 위험에 처해 있지 않다고 알려져 있음에도 불구하고) 그들이 왜 그렇다고 확신하게 되는지를 설명할 수 있다. 또한 우리는 그들이 왜 다른 행위자들이 다르게 행동할 수 있는지 이해하지 못하는 데 대해서도 설명할 수 있다. 사람들은 그들의 평판을 하나의 고정된 특성으로 생각하는 경향이 있다. 사람들은 자신이 어떻게 느끼는가를 다른 사람들이 그들의 평판에 대해 어떻게 느끼는지를 판단하기 위한 근거로 사용하기 때문이다. 한번 강하게 감정을 느끼게 되면 다른 근거를 감안하지도 않고 다른 이와 논의하지도 않은 채 그 감정 자체가 판단의 근거가 되어버린다. 트루먼은 스탈린이 그를 유약하고 우유부단한 사람이라고 생각한다는 것을 "알았고," 애치슨은 미국의 동맹이 혼란에 빠졌다는 것을 "알았으며," 미국 정책결정자들은 미국이 유약하고 우유부단하다는 평판을 얻지 않기 위해 38선을 넘어 전진해야 한다는 것을 "알았다." 감정이 너무 강해서 그들은 자신들 판단의 타당성을 따져보지 않았다. 감정 자체가 판단의 근거가 되어버렸던 것이다.

둘째, 감정은 비용을 이해하는 데 중요하다. 감정은 메시지의 발신자에서 그 수신자 혹은 (그 메시지의 발신과 수신을 지켜보는) 관찰자로 전략의 초점을 이동시킨다. 비용은 수신자 혹은 관찰자의 주관적 믿음에 따라 달라지기 때문이다. 감정은 수신자 혹은 관찰자가 비용을 어떻게 해석하지는 상상하는 데 도움을 줄 수 있다. 어떻게 느끼는가, 즉 감정은 생각의 일부분이기 때문이다. (공포, 화, 고통 등) 수신자가 신호를 어떻게 느끼느냐에 따라 수신자가 발신자의 신뢰도를 어떻게 평가하느냐가 결정될 수 있다. 미국의 제7함대 파견은 미국에게는 비용이 큰 결정은 아니었지만, 결국 그 결정은 마오쩌둥의 계획을 방해하게 돼서 마오쩌둥은 미국이 중국의 정치체제를 바꾸려한다고 믿게 되었다.

셋째, 감정은 급격한 선호의 변화를 설명해줄 뿐 아니라, 왜 사람들이 미래의 선호를 쉽게 예측하지 못하는지를 설명해준다. 개인의 선호는 감정에 의해 구성되는데, 미래의 감정과 그 감정의 정도를 정확히 예측하는 것은 쉽지 않은 일이다. 미리 예측한 감정은 실제만큼 충분히 강하지 않은 데다가, 강하다 하더라도 그것이 개인의 선호를 바꾸지는 못하기 때문이다. 위기 상황을 강렬하게 경험하고 나면 선호는 바뀔 수 있다. 북한의 남침 전에는 남한의 전략적 가치는 그다지 크지 않았지만, 남침 후 미국의 선호는 급격히 바뀌었다. 남한을 방어하기 위한 트루먼의 결정을 이해하기 위해서는 어떻게 위기가 선호를 구성하는 감정을 발생시켰는지를 파악해야만 한다.

넷째, 감정은 자기무효화 없이 전략적 문제에 대한 이해를 향상시킨다. 감정은 자기무효화(또는 전략에서 기만을 제거하는 기술적인 것들)라는 합리주의적 해결과 예측할 수 없는 창의적인 해결 사이의 중간지대에 위치한다. 창의적인 생각, 즉 셸링의 관점에서 시인이 되는 것은 정책결정자들에게는 낯선 일이다. 그러나 감정의 속성을 이해하고 합리적 행위자들이 생각하는 방식에 대응하는 법을 익힌다면, 정책결정자들은 더 좋은 전략가가 되도록 도울 수 있다. 전략가들은 평판과 비용, 어느 것도 신호를 믿을 수 있게 만들지 못한다는 것을 이해해야 한다. 사실 감정이야말로 사람이 무엇을 원하고 믿는지에 영향을 준다고 할 수 있다. 감정이 신호를 신뢰할 수 있게 만든다.

과학자들은 거의 20년 동안 감정을 경험하지 못하는 사람들은 비합리적이라고 믿어왔다. 감정의 경험은 무엇을 어떻게 생각하는지에 영향을 미치고, 전략적 환경에서 합리적이고 정확한 결정을 내릴 가능성을 증가시킨다. 셸링은 게임이론가들에게 전략을 마치 수학의 부분으로 다루지 말 것을 요구했다. 그는 "최종 분석에서 우리는 논리만큼이나 상상력을 다루게 되며, 논리는 그 자체는 궤변일 수 있다."고 말했다.[175] 논리는 도움이 될 수 있지만, 셸링은 전략은 감정을 요구하는 상상력, 창의력, 심지어 미학에 좌우된다고 생각했다.[176] 국제관계이론에서 인간미 없는 (감정을 무시한) 합리성에 대한 관심은 정책결정자들에게서 상상력을 제거하고, 그들을 무감각한 계산기 또는 비합리적 행위자로 전환시켰다. 전략을 이해하기 위해서는 합리적 행위자가 어떻게 생각하는지를 이해해야 한다. 그리고 또한, 감정을 이해해야 한다.

175 Thomas C. Schelling, *The Strategy of Conflict* (Cambridge, Mass.: Harvard University Press, 1960), 58, 10.

176 위의 책, 57과 Roland Bleiker and Emma Hutchison, "Fear No More: Emotions and World Politics," *Review of International Studies* 34, suppl. S1 (2008): 115–35를 참조할 것.

제2장

북·미 관계의 감정사(感情史): 북한의 미국 재현과 미국의 북한 인식

김성희(숭실대학교)

I. 서론

이 글은 미국 안보 엘리트(security elite)의 북한 인식과 북한의 문학작품 및 선전매체에 드러난 미국 재현 양상의 비교 연구이다. 미국과 북한의 외교안보전략이 어떻게 적국에 대한 인식과 관계가 있는지를 살펴보는 것이 이 연구의 목적이다. 주된 분석대상은 미국의 안보전문가들이 쓴 전략서, 역사서 등과 북한의 전략서, 그리고 미국을 묘사한 북한 문학작품 등이다. 보다 구체적으로 말해, 월터 러셀 미드(Walter Russell Mead), 로버트 스케일즈(Robert Scales, Jr.), 빅터 차(Victor Cha), 오공단(Kongdan Oh) 등 미국의 안보 엘리트(security elite)들의 저술과 송상원, 백보흠, 정기종 등의 북한 작가들의 작품이 주요한 분석대상이다.[1]

1 김성희, 2015, 「두 가지 힘 개념과 미국의 북한학 : 북한학의 마키아벨리주의와 스피노자주의」, 『사이間SAI』 18호, 311∽341쪽에서 필자는 빅터 차와 오공단의 북한 연구를 분석한 바 있다. 이 논문에서 필자는 빅터 차와 오공단의 북한 관련 예측이 정확하지 않을 수밖에 없는 이유를 지적했었다.

이 논문의 연구방법론적 특징은 이들 전략서, 역사서술, 문학작품 등을 모두 "서사문학" 텍스트로 취급한다는 것이다. 이들 텍스트 모두 이야기를 통해 전개되고 있다는 점에서, 서사 분석은 북미 외교안보전략을 분석하는 데 유의미한 방법이 될 수 있다.

서사분석은 1940년대 말 이래로 70여 년간 갈등해온 양국의 "감정"을 드러내는 방법이 될 수도 있다. 『마담 보바리(*Madame Bovary*)』(1857)와 『감정교육 (*L'Éducation sentimentale*)』(1869)의 작가이기도 한 19세기 프랑스 소설가 귀스타브 플로베르(Gustave Flaubert)는 서사문학, 특히 소설을 "감정의 역사"라고 지칭했다.[2] 플로베르는 이야기가 감정의 기록, 감정 교육의 수단이라고 생각했다. 본 연구는 플로베르의 문학과 감정에 대한 인식에서 출발한다. 이야기는 감정을 기록하는 가장 좋은 방법이 될 수 있다. 또한, 미국의 전략서, 역사서, 그리고 북한의 문학작품과 신문 논설 등에 드러난 "서사"를 분석하는 것은 양국의 감정, 특히 외교안보문제와 관련된 "감정"을 연구하는 유의미한 방법이 될 수 있다.[3] 따라서 이 연구는 국제관계의 감정사(感情史)라고 부를 수 있을 것이다.

2 Gustave Flaubert (1982), *The Letters of Gustave Flaubert*, Vol. 2, Edited and translated by Francis Steegmuller, Cambridge, MA: The Belknap Press of Harvard University Press, p. 78.

3 정치와 외교가 격렬한 감정의 생산과 교환의 장이 된다는 것은 이미 많은 연구자들이 지적해왔다. 이 정치외교사를 서술하는 역사가들 역시 감정적인 존재라는 점도 꾸준히 언급돼왔다. 예를 들면, 우테 프레베르트와 얀 플람퍼와 같은 연구자들이 감정의 생산·교환장으로서의 정치외교와 감정적인 존재로서의 역사가와 같은 주제로 연구를 수행한 바 있다. 국제관계나 국제정치에서 감정에 주목한 선구적인 연구로서는 네타 크로포드(Neta C. Crawford)의 「세계정치의 정념(The Passion of World Politics: Propositions on Emotion and Emotional Relationships)」이 있다. Ute Frevert (2011), *Emotions in History: Lost and Found*, Budapest: Central European University, pp. 3-13; Jan Plamper (2012), *The History of Emotions: An Introduction*, Translated by Keith Tribe, Oxford: Oxford University Press, pp. 277-293. Neta C. Crawford (2000), "The Passion of World Politics: Propositions on Emotion and Emotional Relationships," *International Security*, Vol. 24, No. 4, pp. 116-156.

지난 20년간 외교안보정책이 이성적 추론과 판단의 산물이라는 오랜 가정은 도전받아왔다. 여전히 국제관계 분야의 비주류이기는 하지만, 2000년 이래로 국제정치(international politics)를 이해하는 데 감정의 역할을 주목해야 한다는 연구자들이 등장하기 시작한 것이다.

국제관계 분야에 감정 연구를 처음 도입한 이들은 네타 크로포드(Neta C. Crawford)와 조나단 머서(Jonathan Mercer)였다. 이들은 외교안보의 정책적·전략적 결정이 이성뿐 아니라 감정의 영향을 받는다는 주장을 한 첫 연구자들이었다. 크로포드는 1941년 나치 독일의 소련 침공 당시, 스탈린은 "불안(anxiety)" 때문에 정보 수집 능력에 이상이 생겼다거나, 쿠바 핵위기 당시 미국의 정치가들이 느꼈던 "공포(fear)"가 케네디 대통령의 판단에 큰 영향을 미쳤다는 사실 등을 예로 들어, 국제정치학 분야에서 "감정(emotion)"이 연구되어야 한다고 생각했다.[4] 같은 맥락에서 머서는 심리학이 국제정치 연구에 중요한 이론적 틀이 되어야 한다고 주장했다.[5] 사실 의사결정(decision-making)이 이성뿐 아니라 감정에 영향을 받는다는 사실을 발견한 이는 미국의 포르투갈계 신경과학자인 안토니오 다마시오(Antonio Damasio)였다. 1990년대 초, 그는 미국의 철도건설 노동자 피니즈 게이지(Phineas Gage, 1823-1860)의 사례를 통해, 전두엽이 손상되어 감정을 가질 수 없게 되면 동시에 의사결정도 내릴 수 없게 된다고 주장하였다.[6] 21세기 들어서자 국제관계 연구자들이 이러한 신경과학 분야의 성과를 받아들여, 감정과 외교·안보 분야의 의사결정 사이의 관계를 연구하기 시작했다. 감정이 없으면 결정도 내릴 수 없다. 따라서 국제정치

4 Neta C. Crawford (2000), pp. 130-131, 138.

5 Jonathan Mercer (2005), "Rationality and Psychology in International Politics," *International Organization*, No. 59, pp. 77-106.

6 Damasio, Antonio. (1991), *Somatic Markers and the Guidance of Behavior. New York: Oxford University Press.* pp. 217-299.

에서의 전략적·정책적 결정을 이해하기 위해서는 감정을 연구해야 한다. 감정의 국제정치학은 국제관계 연구에서 가장 새로운(여전히 비주류이지만) 분야 중 하나이다.[7]

본 연구는 이러한 국제관계의 감정 연구를 북·미 관계에 적용하려는 시도이다. 특히 이 논문은 미국과 북한의 엘리트 집단이 자신들의 외교·안보 정책을 감정적으로 받아들이게 하는 것이 중요했다는 사실에 주목할 것이다. 결론적으로 말해, 이 연구는 북한과 미국의 외교·안보 엘리트들이 만들어낸 적국에 대한 선과 악, 그리고 무지의 삼분법이 대립의 에너지가 되는 증오뿐 아니라 화해의 심리적 원인이 되는 연민과 같은 다양한 감정도 가능하게 했음을 예증할 것이다.

감정사 연구에서 중요한 가정 중 하나는 감정은 교육될 수 있다는 것이다.[8] 북한의 경우, 소설과 신문 논설 등은 정권의 외교적 결정을 인민이 감정적으로 수긍할 수 있게 만드는 역할을 해왔다. 미국의 경우는 북한의 경우처럼 명확하지 않다. 하지만 외교·안보 문제를 전문적으로 연구하고 실행하는 소수의 집단, 즉 페리 앤더슨(Perry Anderson)이 안보 엘리트(security elite)라고 부르는 소수의 집단이 존재하고, 이들은 정부의 외교적 결정에 지대한 영향을 끼쳐왔다. 그뿐만 아니라 방송 인터뷰, 신문 기고 칼럼 등을 통해 대중을 설득하는 역할도 수행해왔다.[9] 미국에서 중요한 것은 이들 안보 엘리트와 심리학자들이 협업으로 군인과 시민들의 감정 및

7 앞서 언급된 논문 이외에 감정의 국제정치학에 대해서는 다음과 같은 연구들을 참조했다. Emma Hutchison and Roland Bleiker, (2014), "Theorizing Emotions in World Politics," *International Theory*, Vol. 6, No. 3, pp. 491-514; Yohan Ariffin, Jean-Marc Coicaud, and Vesselin Popovski, eds. (2017), *Emotions in International Politics: Beyond Mainstream International Relations*, New York: Cambridge University Press.

8 Ute Frevert (2011), p. 194; Neta Crawford (2000), p. 132.

9 Perry Anderson (2013), "Consilium," *New Left Review*, pp. 113-114.

심리교육 프로그램을 만들었다는 것이다. 그 프로그램을 통해 미국의 안보 엘리트는 적국 포로들에게는 무기력함을 반면, 자국민들에게는 행복을 가르치려 했다. 이렇게 볼 때, 북·미 관계의 감정사를 연구하는 데 주목해야 할 점은 결국 정치 엘리트와 일반시민 혹은 인민 사이의 관계라고 말할 수 있을 것이다. 외교안보정책은 정치엘리트들에 의해 수립되기는 하나, 대중의 (감정적) 동의 없이 이것이 실행되기 어렵다.

따라서 이 글은 감정교육의 수단인 양국의 외교와 전략의 "서사"를 살펴보고, 어떻게 양국의 엘리트가 대중의 동의를 구하려 했는지도 분석하고자 한다.

II. 선과 악, 그리고 무지의 삼분법

무지(無知)와 악(惡)의 차이, 미국의 북한 재현은 이 차이를 드러낸다. 정권은 "악의 축"이지만, 북한 사람들 대부분은 그저 무지할 뿐이다. 바깥세상, 즉 자본주의 세계의 사정이 어떤지 알게 된다면 그 평범한 사람들이 북한 사회를 변화시킬 것이다. 이런 인식이 미국 내 북한 전문가들에게는 일반적이었다.[10] 북한의 미국 인식도 별반 다르지 않다. 자본주의 세계의 인민들은 저항하지만, 올바른 지도를 받을 수 없기 때문에 항상 패배한다. 부르주아 제국주의 지배계급이 사악한 것이지, 인민은 어찌해야 할 바를 모르고 어디로 가야 할지를 모르는 무지한 존재들일 뿐이다. 이렇게 북한과 미국의 적국 재현은 선악 이분법이 아닌, 선과 악과 무지의 삼분법을 표현

10 Victor Cha (2012), *The Impossible State: North Korea, Past and Future*, New York: Harper Collins Publishers; Hassig, Ralph, and Kongdan Oh, (2009), *The Hidden People of North Korea: Everyday Life in the Hermit Kingdom*, Lanham: Rowman & Littlefield Publishers.

하는 것이었다. 그리고 이 삼분법은 감정을 전장(戰場)으로 만드는 이유가 되었고, 물리적·군사적 충돌 없는 문화적 전쟁의 전제가 되었다. 자유시장 경제의 우월함을 입증하는 것은 자본주의와 사회주의 체제를 동시에 살아볼 수 없는 일반인들, 즉 적국의 대중에겐 미디어 등을 통한 문화전쟁의 형식으로 이루어질 수밖에 없었다. 반대로 사회주의 체제의 우수성을 강변하는 것 또한 문화선전의 방식일 수밖에 없었다. 적국민 감정의 혼란을 목적으로 한 이 심리전쟁은 냉전 시기의 성격을 규정하는 중요한 전쟁방식(warfare)이었다.

적국 국민에 대한 심리작전뿐 아니라, 자국민을 대상으로 한 설득에도 이 삼분법은 중요한 역할을 하였다. 적국의 인민, 시민들이 무지하다는 선전은 자국 일반인들에게 상대국의 체제가 왜 오랫동안 변화하지 않는가에 대한 설명이 되기도 했다. 그리고 이것은 적국에 대한 혐오와 분노를 적국 인민들에 대한 연민으로 바꾸기도 했다. 정치적 지도자들은 이 감정을 이용해 혐오와 분노로 전쟁을 일으키기도 하고, 연민으로 평화를 유지할 수도 있었다. 민주주의 국가는 물론, 아무리 권위주의 국가라도 전쟁과 평화는 대중의 감정적 동의가 있어야 가능한 것이었다. 특히 근현대의 전면전은 대중의 동원 또는 참여 없이는 수행이 불가능한 시스템이었다.

따라서 이 "비군사적 전쟁방식(non-kinetic warfare)"[11], 즉 자국과 적국의 감정(感情)을 대상으로 한 작전은 두 개가 하나의 세트가 되어 동시에 수행되었다. 자국민의 감정은 전쟁과 외교정책의 실행을 위해 조절과 통제가 필요한 대상이었다. 한편 적국 대중의 감정도 작전의 대상이었다. 적국 대중에게 군사적인 힘을 전시해서 공포를 주기도 하고, 경제적·문화적 우수성을 과시해서 자국에 대한 선망과 동경을 심어주기도 하였다. 미

11 "비군사적 전쟁방식(non-kinetic warfare)"은 심리전뿐 아니라, 경제봉쇄, 사이버공격 등 모든 비물리적 전쟁방식을 포함하는 개념이다.

국의 군사학자 로버트 스케일즈(Robert Scales, Jr.) 소장(少將)은 적국 국민에 대한 감정조작을 3차 세계대전, 자국민에 대한 감정통제 및 교육을 4차 세계대전이라고 불렀다.[12]

1차 세계대전은 생화학전이었다. 1차 세계대전은 생화학무기가 처음 실전에 투입되었고, 이 군사 기술적 혁신으로 전쟁의 양상이 결정되었다. 반면 2차 세계대전은 물리학자들의 전쟁이었다. 핵무기가 실전에 도입되어 히로시마와 나가사키를 폐허로 만들고 나서야 전쟁이 마무리되었던 것이다. 스케일즈는 정보전쟁이 곧 3차 세계대전이라고 했다. 이는 냉전(Cold War)을 지칭하는 다른 개념이기도 했는데, 미국이 정보를 상대 진영의 일반인들, 즉 동유럽의 인민들에게 주어 사회주의적 가치체계를 무너뜨리고 냉전을 승리로 이끌었다는 것이 스케일즈의 생각이었다. 냉전은 일견 미소(美蘇) 간 평화의 시기였지만, 치열한 정보전쟁이 양국 간에는 벌어지고 있었다는 것이다.

탈냉전 시대, 즉 소련의 붕괴 이후에도 끝나지 않는 또 하나의 전쟁이 있다고 스케일즈는 생각했고, 이 전쟁을 그는 "인간전쟁(human war)"이라고도 규정지으며, 4차 세계대전이라고 명명했다. 적국 시민의 감정이 우리의 공격대상이 된다면, 반대로 자국민의 감정은 방어의 대상이 되어야만 했다. 4차대전은 심리학자들의 전쟁이었다. 자국민의 감정을 잘 통제하고 그들에게 긍정적인 세계관과 낙천적인 기질을 심어주는 것이 이 4차 세계대전의 핵심이었다. 곧 미군 당국자들에게 군인뿐만 아니라 민간인들의 감정교육이 주된 과제로 떠오르게 되었다.

북한은 3차 세계대전의 참전국이었지만, 소련과 달리 이 전쟁에서 패배한 것은 아니었다. "고난의 행군"을 거쳐 북한 정권은 결국 체제를 지켜

12 Robert H. Scales (2006), "Clausewitz and World War IV," Armed Forces Journal. Retrieved from http://armedforcesjournal.com/clausewitz-and-world-war-iv/

내고야 말았다. 3차대전 즉, 정보전쟁을 치러내는 가운데에서도 북한은 동시에 4차대전, 즉 인간전쟁도 함께 치러내고 있었다. 인민들의 심리·정서를 조절하며, 1990년대 초반 거의 모든 동유럽 국가들이 겪었던 인민의 동요를 막아낸 것이다.

III. 1967년: 인간전쟁의 시작

1. 대홍수와 대숙청

흔히 인민에 대한 사상통제가 1990년대 체제위기를 견뎌낸 저력이라고 말하기도 하지만, 감정교육(특정한 감정의 통제와 앙양) 또한 북한 정권의 성공요인이라고 해야 할 것이다. 문학과 영화는 서사적 설득을 통해 이 감정교육에서 중요한 역할을 하였다. 사실 김정일은 이 분야의 전문가였다. 아직 20대이던 1967년, 조선로동당 선전선동부 문학예술부문의 부부장으로 임명되면서 공식적인 정치활동을 시작한 김정일은 문학과 영화 및 기타 예술부문의 최고책임자가 되면서 김일성의 후계자로서의 입지를 다졌다.[13] 문학 부문에서는 4·15문학창작단, 영화 부문에서는 백두산창작단의 설립을 주도하며, 김일성 1인 지배체제 확립의 정치적 정당성을 서사적으로 설명하는 데 기여했다. 소설로는 김일성의 전기소설인 『1932년』, 『혁명의 려명』 등의 창작에, 영화로는 〈유격대의 오형제〉, 〈피바다〉, 〈꽃파는 처녀〉 등의 제작에 직간접적으로 관여했다.

김정일에게 문학과 영화는 문자를 매체로 하느냐 영상을 수단으로 하느냐의 차이일 뿐, 사실상 동일한 서사 장르였고, 실제로 자신의 첫 저술이

13 이종석, 2000, 『새로 쓴 현대북한의 이해』, 역사비평사, 497~503쪽.

라고 알려진 『영화예술론』에서도 문학에 대한 설명에 상당 부분을 할애했다.[14] 하지만 문학은 이미 카프 출신 작가들에 의해 어느 정도 김일성의 선전매체로서의 역할을 충실히 하고 있었다. 해방이 되자마자 조기천, 한설야 등이 김일성의 항일유격대 활동을 찬양하는 작품들을 써냈던 것이다.[15] 김일성의 입장에서 보면, 개인숭배의 기구로서 매우 잘 작동하고 있던 문학 부문을 왜 자신의 아들에게 맡기려고 했을까? 그리고 어떻게 이 작업은 진행됐을까?

김정일이 북한로동당의 선전선동 부문을 장악하기 시작한 1967년은 매우 기묘한 해였다. 평양은 큰 홍수를 겪고 있었고, 관료들은 수해를 수습하기 위해 바쁘게 움직일 수밖에 없었다. 하지만 그 와중에도 관료들은 숙청의 공포에 떨어야 했다. 1967년의 상황을 구체적으로 알 수는 없지만, 많은 이들이 숙청이냐 부활이냐의 갈림길에 놓여 있었던 것만은 분명했던 것 같다. 문학예술부문에선 많은 작가들이 "부르주아적", "복고주의적", "형식주의적"이라는 이유로 비판을 받거나 숙청을 당했다. 김일성 유일지배체제 확립을 위한 이른바 "반종파투쟁"이 시작된 것이었다.[16]

그해 황장엽은 모든 것을 체념한 채 고립된 기분으로 여름을 보내고 있었다고 한다. 자신이 곧 숙청될 것이라는 불길한 생각을 떨쳐버리지 못하고 있었다는 것이다. "5.25 교시"로 불리는 조선로동당 중앙위원회 제4기 제15차 전원회의[17] 혹은 그 즈음의 김일성의 발언 이후, 많은 엘리트가 숙청당했고, 황장엽 본인 또한 김일성의 부름을 받지 못한 채 불안한 삶을

14 『영화예술론』의 영문판 *On the Art of Cinema*를 보자면, 총 332쪽 중 첫 111쪽이 문학에 대한 내용이다. 이 영화 서적의 삼분의 일이 문학에 대한 기술인 것이다. Kim Jong Il. (1989), *On the Art of Cinema*. Pyongyang: Foreign Languages Publishing House.

15 신형기·오성호, 2000, 『북한문학사-항일혁명문학에서 주체문학까지』, 평민사, 98∞105쪽.

16 김재용, 1994, 『북한 문학의 역사적 이해』, 문학과지성사, 157쪽.

17 와다 하루키에 의하면 제15차 전원회의는 5월 4일에서 8일 사이에 열렸다고 한다. 和田春樹, 1998, 『北朝鮮：遊擊隊國家の現在』, 東京：岩波書店, 125쪽.

이어가고 있었다고 한다. 그러나 그에게 새로운 기회를 준 이가 있었으니 그가 바로 김정일이었다. 김정일은 1965년 이미 황장엽을 김일성종합대학교 총장으로 추천한 바가 있었다. 그리고 대숙청의 광풍 속에서 그는 황장엽을 한 번 더 도와준다. 1968년 12월 31일, 젊은 지도자는 이 중년의 관료·학자에게 주석궁에서 열리는 신년회의 초대장을 보낸다.[18]

해방 후 승승장구하고 있던 중진 작가 천세봉(1915-1986)의 경우도 마찬가지였다. 1966년 김정일은 이미 천세봉의 작품세계에 관심을 표명한 바 있었다. 그리고 곧 그는 1967년의 대숙청의 광풍 속에서 천세봉을 구원해낸다. 새롭게 결성되는 4.15창작단의 핵심작가로 기용한 것이다. 하지만 되돌아보자면 1967년 문학계의 숙청은 그를 중심으로 이루어지는 듯했다. 문제의 발단은 김일성이 1967년 1월 천세봉의 소설 『안개 흐르는 새 언덕』을 원작으로 한 영화 〈내가 찾은 길〉을 관람한 일이었다. 김일성은 영화를 본 후 이 작품을 신랄하게 비난한다. 원작이 잘못돼서 영화가 잘못됐다고 비판하고, 이는 작가가 역사 공부를 하지 않아서라고도 지적한다. 사실 소설이 처음 나온 1966년 북한 평단의 반응은 대체로 좋았다.[19] 하지만 김일성의 비난은 기존의 모든 평가 기준을 뒤흔들어버린다. 어떻게 역사 공부를 해야 하고, 어떻게 소설을 써야 하는가? 작가들은 혼란스러울 수밖에 없었다. 이에 대한 답을 준 것은 김정일이었다. 답은 "주체사상으로 무장한" "주체형의 작가"가 되어야 한다는 것이었다.[20] 이는 곧 김일성과 자신에게 충성하는 작가가 되라는 의미였다.

18 황장엽, 1999, 『나는 역사의 진리를 보았다』, 한울, 151∽163쪽.

19 천세봉의 『안개 흐르는 새 언덕』을 호평한 논자로는 현종호와 안함광을 들 수 있다. 현종호, 1968, 「항일의 혁명력사와 인간운명에 대한 영웅서사시적 화폭」, 『조선문학』; 안함광, 1966, 「영광스러운 혁명전통에 대한 송가 : 장편소설 『안개 흐르는 새 언덕』」, 『문학신문』. 신형기·오성호, 『북한문학사』, 257쪽과 김재용, 『북한 문학의 역사적 이해』, 160쪽에서 재인용.

20 Kim Jong Il. (1989), p. 13.

김정일은 자신의 첫 저술로 알려진 『영화예술론』에서 주체시대의 문학은 "인간학(humanics)"라고 규정하고, 사상 개조의 수단이 되어야 한다고 주장했다. 인민들의 감정을 사실적으로 묘사해야 한다는 주문을 하기는 했지만, 독자의 감정에 대해서는 자세하게 기술하지는 않았다.[21] "감정교육"으로서의 문학의 역할을 강조한 것은 『주체문학론』(1992)에서였다.

> 우리의 문화정서교양은 자주시대의 미감에 맞는 혁명적 생활감정과 민족적 정서를 키우는 사업이다. 문학은 사람들에게 아름답고 고상한 생활정서를 안겨주며 그들의 문화성과 인간성을 높여주는 데 이바지하여야 한다.[22]

그는 "정치사상교양"과 함께 "문화정서교양"을 강조한다. 문학의 역할은 사상뿐 아니라 감정의 교육이 되어야 한다는 것이다. "주체형의 인간"은 "사상성이 건전할 뿐 이니라 문화성이 높고 정서가 가장 풍부한 인간"이다. 그렇게 되기 위해서는 "시"와 "소설"을 읽어야 한다고 한다. 문학의 독자가 되지 않으면 "목석같은 사람", "심장이 뜨겁지 못한 사람"이 되고, 이들은 제대로 일터에서 역할을 다할 수 없고, 집단생활도 할 수 없다고 주장한다.

문학이 감정의 교육이 되어야 한다는 것은 앞서 언급한 플로베르는 물론, 쓰보우치 쇼요(1859-1935), 이광수 등 동아시아의 문학이론가들도 주장해왔던 바였다. 김정일의 시도는 "정치사상교양"을 "문화정서교양"과 함께 문학의 목표로 삼은 것이었다. 물론 이런 사상교육과 감정교육을 결합하려는 시도는 이미 스탈린이 했었다. 소련에서 사상교육과 감정교육의 결합은 냉전이 시작될 무렵 완성되었다. 그리고 스탈린은 이 작업에서

21 Kim Jong Il. (1989), 3-13.

22 김정일, 1992, 『주체문학론』, 조선로동당출판사, 20쪽.

주도적인 역할을 한 안드레이 즈다노프(Andrei Zhdanov)를 후계자로 삼았다. 정확히 말해, 1946년과 1947년 상반기 동안 즈다노프는 소련공산당 중앙위원회 비서국과 정치국을 사실상 이끌어갔다.[23] 하지만 스탈린의 권력승계 계획은 평소 과음을 즐겼던 즈다노프의 건강악화로 수포로 돌아가고 만다.

사상교육과 감정교육을 문학과 예술을 통해 실현하는 것은 북한 사회주의 정권에게 매우 중요한 과제였다. 냉전이 장기화될수록 민간인들에 대한 선전전이 격화될 것은 뻔한 일이었기 때문이었다. 스탈린의 실패를 반면교사 삼아, 김일성은 자신의 젊고 건강한 아들을 후계자로 삼는다. 그 첫 단계가 김정일에게 문학예술 및 선전선동 부문을 맡긴 것이었다.

미군 소장 스케일즈가 2006년에야 인간전쟁 혹은 4차대전이라고 불렀던 인간개조 프로젝트를 김일성은 1967년 대규모 숙청과 후계구도 정리를 통해서 본격화하고 있었다.

2. "행복은 교육될 수 있다."

감정은 교육될 수 있다. 이 주장을 가장 설득력 있게 전개했던 이들 중 하나가 바로 미국 심리학계의 거두 마틴 셀리그만(Martin Seligman)이었다. 그는 1967년에 행한 동물실험을 통해 명성을 얻었다. 여러 마리의 개에게 전기충격을 가하는 실험이었는데, 그는 한 그룹을 전기충격으로부터 벗어날 수 있게 디자인한 환경에 두었고, 다른 그룹은 그 고통에서 벗어날 수 없는 우리에 가뒀다. 당연히 전자의 그룹은 전기충격에서 벗어나려고 하는 행동을 보였다. 하지만 후자의 그룹은 몇 번의 시도 후에 모든 것을 체

23 Ethan Pollock (2006), Stalin and The Soviet Science Wars, Princeton: Princeton University Press, 44.

념하게 되었다. 놀라운 일은 후자의 그룹에게 전자와 똑같은 환경을 제공했을 때 발생했다. 충분히 고통스러운 환경에서 벗어날 수 있는데도, 후자의 개들은 이미 절망이 교육되었기 때문에 우리에서 벗어나려는 시도를 하지 않았던 것이다. 이를 셀리그만은 "학습된 무기력(learned helplessness)"이라고 불렀다.[24]

1967년의 지식은 2001년 9.11 테러 직후 갑자기 미국 중앙정보국 CIA와 국방부의 주목을 받게 된다. 테러와의 전쟁이 한창이던 2002년, 셀리그만은 CIA 소속의 브루스 제센(Bruce Jessen)과 제임스 미첼(James Mitchell)이라는 2명의 심리학자에게 자신의 "학습된 무기력(learned helplessness)" 실험에 대해 강연을 하였다.[25] 셀리그만은 그렇게 될 줄 몰랐다고 하지만, 이 실험은 곧 미군의 고문 프로그램에 그대로 적용된다. 테러 용의자, 죄수들을 실험 속 개처럼 만들어 무기력 상태에 빠지게 만든다는 것이 이 고문 프로그램의 의도였다.[26]

셀리그만에게 재정지원이 쇄도하기 시작한 것은 그가 미국 심리학회(American Psychological Association: APA) 회장에 선출된 1997년부터라고 한다. 그의 마지막 저술이라고 할 수 있는 『번창(Flourish: A Visionary New Understanding of Happiness and Well-Being)』의 초반부는 APA 회장직에 선출된 후로 저자 자신의 연구가 얼마나 많은 관심을 받았는지에 대한 자랑으로 가득 차 있다. 셀리그만에 의하면, 일주일 만에 15만 달러, 그리고 한 달이 지나 200만 달러, 몇 번의 인터뷰를 거쳐 거액의 수

24 Martin. E. P. Seligman (1972), "Learned Helplessness," Annual Review of Medicine Vol. 23, No. 1, pp. 407-412.

25 Steven Fink (2017), "Settlement Reached in C.I.A. Torture Case," The New York Times, August 17, 2017. Retrieved from https://www.nytimes.com/2017/08/17/us/cia-torture-lawsuit-settlement.html

26 Gary Greenberg (2010), "The War on Unhappiness: Goodbye Freud, Hello Positive Thinking," Harper's Magazine, pp. 32, 34-35.

표들이 차례로 자신의 책상으로 배달되었다고 한다.[27]

많은 이들의 주목을 끈 것은 셀리그만의 "행복"과 "웰빙"에 대한 연구였다. 무기력과 절망이 교육될 수 있다면, 반대로 행복도 교육될 수 있다. 2008년에 이르게 되면, 미군과 정보당국은 그의 웰빙 프로그램에도 관심을 가지게 된다. 미국의 원로 심리학자인 개리 그린버그에 의하면 2009년 12월 미 육군 참모총장 조지 케이시(George W. Casey, Jr.)가 셀리그만을 만나 50억에서 100억 달러 규모의 연구비를 지원하기로 약속했다고 한다. 이것은 아프가니스탄과 이라크에서 외상후 스트레스 장애(post-traumatic stress disorder: PTSD)를 얻은 병사들을 위한 프로그램을 만들어줄 것을 요청하면서 한 약속이었다고 한다.[28] 케이시 참모총장이 원한 건 "문화적 변화(cultural transformation)"였다. 심리훈련을 통해 새로운 형태의 인간, 심리적 고통에 내성을 지닌 인간을 주조해 내는 것이 그의 목표였다. 그 즈음에는 셀리그만도 로버트 스케일즈의 "4차대전" 개념에 영향을 받았던 것으로 보인다. 그는 케이시 참모총장의 제안을 받아들여, "인간전쟁(human war)"에서 미국이 이길 수 있도록 군인뿐 아니라 민간인들까지 포함하는 심리교육 프로그램을 만들기로 한다. 군인과 시민들을 대상으로 행복이라는 감정을 교육하기로 한 것이다.[29]

27 Martin. E. P. Seligman (2011), Flourish: A Visionary New Understanding of Happiness and Well-Being. New York: Free Press, pp. 5-9.

28 Gary Greenberg, p. 34.

29 Martin. E. P. Seligman (2011), pp. 127-128.

IV. 한국전쟁 시기 북한의 미국 인식와 미국의 공산주의 인식: 세뇌와 악마

군인과 민간인의 마음(mind)이 적의 공격대상이 되고 있다는 공포는 미국의 안보 엘리트가 냉전 초기부터 가지고 있었다. 예를 들어, 한국전쟁에서 미군 포로들이 중국에 의해 사상개조가 되었다고 선전이 되었을 때, 미국 정부는 그 사태를 아주 심각하게 받아들이고 있었다. 특히 민간인들에게 왜 그런 일이 군인들에게 벌어지고 있는지 설명할 필요를 느끼고 있었다. 마침 1951년 미국의 저널리스트 에드워드 헌터(Edward Hunter)는 『붉은 중국에서의 세뇌(Brain-washing in Red China: the Calculated Destruction of Men's Minds)』라는 책을 발간하여 미국 독자들에게 큰 충격을 주었다. 이 책에서 처음 세뇌(brainwashing)이라는 개념이 소개되었다.

세뇌에 대한 공포는 미국에서 반공정서가 강화되는 데 중요한 역할을 했다. 1959년 미군 병사가 한국전쟁에서 중공군에게 붙잡혀 만주까지 끌려가 세뇌당한다는 내용의 소설, 『만추리안 캔디데이트(Manchurian Candidate)』는 미국 대중들의 관심을 끌었다. 그리고 1962년 프랭크 시나트라와 자넷 리가 출연한 동명의 영화는 할리우드에서 큰 성공을 거두기도 했다.

훗날 밝혀진 바에 따르면, 전쟁포로가 세뇌되었다는 주장 그리고 인간이 세뇌될 수 있다는 주장은 미국 중앙정보국이 반공 프로파간다를 위해 과장하고 조작한 것이었다고 한다. 미국의 심리학자 딕 앤서니(Dick Anthony)는 『붉은 중국에서의 세뇌』의 저자 에드워드 헌터가 CIA의 전신이었던 미 전략사무국(the Office of Strategic Services)의 비밀요원이었다는 사실을 밝혀냈다. 미국인들의 마음(mind)이 공산주의자들에 의해 공격당하고 조작되고 있다는 공포를 심어주기 위해 미 정보당국이 비밀요원에게 과학적으로 검증되지 않은 주장을 하게 했다는 것이 앤서니의 추론이다.[30]

한편 비슷한 시기 북한에서는 미국을 "야만적"인 존재, 짐승, 또는 "악마"로 묘사했다.[31] 북한의 작가들이 기대고 있었던 것은 선과 악과 무지의 삼분법이 아니라 선과 악의 이분법이었다. 이 즈음 북한에서는 적국의 인민을 교육할 수 있다는 개념 자체가 존재하지 않았던 것으로 보인다. 흔히 즈다노프 독트린이라 불리는, 즈다노프에 의해 확립된 사회주의 리얼리즘의 원칙에 따르면, 세계는 미국을 중심으로 한 "제국주의"와 소련과 동유럽의 "민주주의"로 나뉜다. 1950년 『문학예술』에 실린 한식(韓植)의 「로동계급과 문학」은 즈다노프 독트린을 그대로 차용한 평문이다. 한식은 이 글에서 "미제국주의를 두목으로 한 반민주진영의 탐욕적 팟쇼도배들"과 "쏘련 및 인민민주주의국가들"의 대립구도를 보여준다. 그의 글에서 미국은 "각종 군사뿌럭을 조작하며 세계각처에서 전쟁도발 행위를 로골적으로 기도하고 있으며 약소민족국가들의 내란을 도발하며 내정간섭의 류혈적 흉책을 계속"하는 거악으로 묘사되고 있다.[32] 이는 당시 활발하게 번역되고 있던 소련과 동유럽의 평론의 영향을 받은 것이었다. 실제로 북한의

30 Dick Anthony (1999), "Pseudoscience and Minority Religions: An Evaluation of the Brainwashing Theories of Jean-Marie Abgrall," Social Justice Research, Vol. 12, No. 4, pp. 424-425. Weiner, Tim. (2008), "Mind Game: Remembering Brainwashing," The New York Times, July 6, 2008, Retrieved from https://www.nytimes.com/2008/07/06/weekinreview/06weiner.html.

31 북한문학 속 미국 표상에 대해 가장 심도 있게 논의한 이는 오태호일 것이다. 그는 한국전쟁 이전, 김일성 시대(1948년∽1970년대 중반), 김정일 시대(1970년대 중반∽2011년), 김정은 시대(2011년 이후)의 미국표상을 통시적인 관점에서 분석했다. 그에 따르면, 김일성 통치기 북한문학 속 미국 재현의 특징은 "야만적 침략자"로 미국이 표상된다는 것이다. 오태호, 2014, 「북한문학에 나타난 미국표상의 시대별 고찰」, 『한국근대문학연구』, 29집, 85~115쪽.

32 한식, 1950, 「로동계급과 문학 - 오·일절을 맞이하여」, 『문학예술』, 3호, 7쪽.

문예잡지에서는 동유럽권의 평문을 주기적으로 번역·소개하고 있었는데, 가령 『문학예술』 1950년 2월호는 엘리쓰 뜨라또와의 「戰后各國文學界의 動向, 米國文藝學에있어서의 反動的傾向」을 소개하고 있다. 이 글에서 뜨라또와는 미국이 "자국력사의 독존성, 미국에 있어서의 현대 부르쥬아 문명의 독특한 우월성, 세계의 운명을 결정함에 있어서" 자국이 "수행해야 할 구세주적 사명"을 가지고 세계를 지배하려고 음모를 꾸미고 있다고 비난한다.[33] 이러한 소련과 미국의 선악이분법은 문학작품에도 그대로 반영된다.

초기 북한문학에서 미국인은 "악마" 혹은 "승냥이"로 불린다. 국가와 그 구성원, 다시 말해 미국과 미국인이 동일하게 악당으로 묘사되는 것이다. 전쟁 시기 문학이야 말할 것도 없고, 전쟁 이전 문학에도 미국인은 이상하리만치 잔인하고 사악한 존재들로 그려진다. 리갑기의 「두세계-삼팔월경록」에서 한 미군은 젊은 여성인 "승원"을 희롱한다.[34] 리북명의 「악마」에서의 미군은 "작크"라는 이름으로 등장한다. 이름이 있는 악인인 만큼 그의 악행은 "박첨지"의 며느리를 불태워 죽이고, 그의 둘째 아들의 목을 잘라 그에게 보내는 등 꽤 구체적으로 묘사된다.[35] 한설야의 「승냥이」는 2000년대 영화로도 제작되고 2004년에는 다시 『조선문학』에 소개될 정도로 이후에도 북한의 미국 재현에 지속적인 영향을 끼친 작품이다. 한 언론의 보도에 따르면 2015년에는 연극으로도 상연되었다고 한다.[36] 「승냥이」의 미국인은 군인이 아니라 선교사이다. 미국인 선교사의 아들 "시몬"은 자신보다 어린 조선인 "수길"를 때린다. 그의 공을 훔쳤다고 의심했기

33 엘리쓰 뜨라또와, 1950, 「戰后各國文學界의 動向, 米國文藝學에있어서의 反動的傾向」, 한재호 역, 『문학예술』, 2호, 106-107쪽.

34 리갑기, 1950, 「두세계 - 삼팔월경록」, 『문학예술』 3호, 100쪽.

35 리북명, 1951, 「악마」, 『문학예술』 1호, 51-65쪽.

36 「북한, 한설야 소설 '승냥이' 연극화... '반미·반종교' 고취」, 『연합뉴스』, 2015년 8월 31일.

때문이다. 결국 수길이 죽자 시몬의 아버지인 미국인 선교사는 병원과 짜고 수길이가 전염병으로 죽은 것으로 꾸며낸다.[37]

이렇게 선악이분법이 분명했던 것은 전쟁을 수행해야 하기 때문이기도 했지만, 북한에게는 적국, 특히 미국의 시민들에게 교육할 만한 자신들의 "사상"이 없었기 때문이었다. 비록 마르크스레닌주의가 사회주의 국가들의 이념적 기반이긴 했지만, 건국기의 북한 또한 이 사상을 수입해서 배우는 처지였기 때문에 "무지"한 미국인을 설정하기 어려웠을 것으로 추측된다. 그래서 1960년대 후반은 북한의 선전·선동 부문에 있어서 중요한 시기였다. 주체사상의 확립은 "무지"한 미국을 그려낼 수 있게 만들었기 때문이었다. 김정일이 선전선동 부문을 맡았던 1967년이 본격적인 4차대전의 시작이었다면, 이 즈음은 또한 북한이 자신들만의 사상을 가지고 3차대전, 즉 적국의 인민을 교육하겠다는 동서 간 전쟁에 뛰어든 시기이도 했다. 황장엽이 맡았던 국제부가 바로 이러한 국가 간 사상전을 담당했던 부서였는데, 아무래도 재정적인 한계가 있다 보니 미국을 상대로는 이러한 정보·사상전을 펼치기는 어려웠다.

하지만 미국의 시민들을 교육하겠다는 시도 자체를 하지 않은 것은 아니었다. 가령 미국의 사회학자 조지 카치아피카스(George Katsiaficas)는 1970년 6주간 감옥에 갇혀있다 석방된 후, 자신의 가장 친한 "동지"가 "주체(Juche)"라는 집단과 일하고 있다는 걸 알게 됐다고 증언한다. 이 "주체"는 미국 흑인운동 지도자이자 블랙팬서당(Black Panther Party) 당원이기도 했던 엘드리지 클리버(Eldridge Cleaver)가 "북아메리카 대표단"과 함께 평양을 방문한 후 조직명으로 채택한 것이었다고 한다.[38]

37 한설야, 1951, 「승냥이」, 『문학예술』, 1호, 2-34쪽.

38 조지 카치아피카스(1999), 『신좌파의 상상력 – 세계적 차원에서 본 1968』, 이재원·이종태 역, 이후, 36-37쪽(George Katsiaficas, 1987, The Imagination of the New Left: A Global Anaysis of 1968, South End Press).

1960~1970년대 미국 흑인민권운동 단체 중 가장 급진적이고 폭력적이었던 블랙팬서당이 북한의 주체사상에 큰 관심을 보인 것은 흥미로운 사실이다. 1971년 블랙팬서당의 설립자이자 최고지도자였던 휴이 뉴튼(Huey P. Newton)이 중국을 방문해 저우언라이(周恩來)를 만날 때까지, 블랙팬서당은 김일성의 연설과 주체사상에 관한 글을 자신들의 기관지(*The Black Panther*)에 종종 신곤 했다.[39] 흑인들에 대한 경찰의 폭력에 대한 문제의식으로 출발한 이들은 자신들의 설립이념인 자기방어(self-defense)와 북한의 주체(self-reliance)가 맥락을 같이한다고 믿었다. 특히 엘드리지 클리버는 북한 주체사상의 열혈한 추종자여서, 1971년 뉴욕의 그로스먼 출판사가 영어로 출간한 『주체! 김일성의 연설과 저작』이라는 책의 서문에서 김일성의 연설과 글이 전세계 피압박 민중들에게 무엇이 옳은 것인지에 관해 가르쳐주고 있다고 적기도 했다.[40]

엘드리지 클리버는 1969년과 1970년, 두 번에 걸쳐 북한을 방문했는데, 두 번째 방문에서 그의 부인은 평양에서 딸을 낳았다. 클리버는 진심으로 북한의 사상과 제도를 선망했던 것으로 보인다. 자신의 딸의 이름을 "자주 영희 클리버(Joju Younghi Cleaver)"라고 지은 것을 보면 말이다. 하지만 조직 내 갈등으로 클리버가 블랙팬서당에서 쫓겨나고 주체사상은 미국에서 더 이상 영향력을 발휘할 수 없게 돼 버린다.[41]

39 Benjamin Young (2015). "Juche in the United States: The Black Panther Party's Relations with North Korea, 1969-1971," Japan Focus: The Asia-Pacific Journal, Volume 13, Issue 13, Number 3, Article ID 4303.

40 김성희, 2021, 「평양으로 간 블랙팬서」, 『교수신문』, 2021년 4월 27일.

41 Benjamin Young (2015).

V. 1990년과 그 후: 1차대전의 종식과 외교를 통한 감정교육

질주학(dromology)의 창시자이기도 한 프랑스 철학자 폴 비릴리오(Paul Virilio)는 1990년의 제1차 걸프전쟁을 CNN 화면으로 지켜보며, 3차산업혁명, 즉 정보화 혁명과 함께 전쟁의 형태가 바뀔 것이라고 예언했다. 보다 정확하게 말하면, 냉전 시기 동안 미국에 의해 정교화돼 온 정보전쟁의 형태가 더 강화될 것이라고 말했다. 이는 미국의 반(反)가치전략(anti-value strategies)[42]이 완전히 성공했고, 새로운 실시간 커뮤니케이션 기술을 활용해 이 전략은 더 폭넓게 채용될 것이라는 주장이었다.[43]

이라크의 쿠웨이트 침공 후에 벌어졌던 1차 걸프전쟁은 비릴리오에게는 미국이 주장하는 것처럼 선과 악의 대결이 아니었다. 그는 1990년의 중동전쟁이 핵무기와 생화학무기의 전쟁이라고 말했다. 핵무기를 보유한 미국에 의해 생화학무기로 이스라엘 등 미국의 동맹국들을 위협하던 이라크가 완전히 패배한 전쟁이었다. 1차대전에서 처음 도입되어 파괴적인 위력을 보였던 생화학무기는 냉전 기간 동안 핵무기에 버금가는 무기로 간주되곤 했다. 하지만 생화학무기는 1차 걸프전을 통해 더 이상 전쟁억제력이 없음이 입증되었다. 로버트 스케일즈의 표현을 빌리자면, 1차대전, 즉 "생화학자들의 전쟁"은 이로써 완전히 종결된 것이었다.

북한에게 이라크의 패배는 소련의 붕괴만큼 충격적인 사건이었다. 핵무장 없는 체제 보장은 불가능하다고 느꼈을 가능성이 크다. 이후 북한은 핵 개발에 열을 올린다. 2차대전, 즉 물리학자들의 전쟁은 아직 끝난 게 아니었다. 한편으로 미국은 소련과 동유럽 국가들을 무너뜨린 방법, 즉 정보

42 반(反)가치전략(anti-value strategies)은 대(對)군사전략(anti-forces strategies)에 반대되는 개념이다. 적국 민간인들의 가치체계를 무너뜨리기 위한 전략이라고 할 수 있다.

43 Paul Virilio (2005), *Desert Screen: War at the Speed of Light*, Translated by M. Degener, New York: Continuum, pp. 6-7.

전쟁 혹은 3차대전의 방식으로 북한을 무너뜨리고자 하였다. 클린턴 행정부는 제네바 합의를 통해 북한의 장기적인 핵무장 해제를 기도했다. 하지만 직접 북한과의 협상에도 참여했던 리언 시걸(Leon V. Segal)의 말처럼 행정부와 의회 내에서는 실제로 그 협상을 실행하고자 하는 사람들만 있는 것은 아니었다.[44] 부시 행정부 기간 동안 미국의 북한 전문가들은 정부를 향해 대북(對北) 정보작전(information operation)을 실행할 것을 요구하였다. 국가안보회의와 백악관에서 아시아 문제를 담당했던 빅터 차, 브루킹스 재단에서 대북전략에 대해 연구하던 오공단 등의 생각은 모두 같았다. 북한 인민은 경제적으로 더 나은 생활과 정치적으로 더 많은 자유를 원하지만, 이들은 그렇게 될 가능성이 있다는 사실을 모른다. 그들에게 정보를 제공한다면, 북한 정권은 무너질 것이다.[45]

부시 행정부와 오바마 행정부 기간 동안 미국 안보엘리트들의 생각은 거의 동일했던 것 같다. 그들은 정보작전을 통해 북한 사회가 변화할 수 있을 것이라 믿었던 것이다. 이는 2010년 후반부터 중동에서 시작된 "아랍의 봄"의 영향이 컸다. "아랍의 봄"은 소셜미디어를 통해 중동의 시민들이 서로 소통하여 그들이 함께 권위주의 정권을 무너뜨리고 자신들의 국가를 민주화할 수 있을 것이리라는 전망을 가능하게 했다.[46] 물론 이는 섣부른 전망임이 드러난다. ISIS나 알카에다와 같은 이슬람 원리주의자들이 그 기회를 이용했던 것이다.

한편 북한 정권에게 "충격과 공포" 작전과 CNN을 통해 보도된 이 군사작전의 이미지는 큰 충격을 주었던 것 같다. 1990년대부터 북한의 작가

44 리언 시걸(1999), 『미국은 협력하려 하지 않았다 – 북한과 미국의 핵외교』, 구갑우·김갑식·윤여령 역, 사회평론, 15-16쪽(Leon V. Sigal. 1997, *Disarming Strangers: Nuclear Diplomacy with North Korea*, Princeton University Press).

45 Ralph Hassig and Kongdan Oh, pp. 183-195.

46 Victor Cha, pp. 437-445.

들은 미국의 안보엘리트가 위성 텔레비전을 통해 정보를 얻는 모습을 묘사하기 시작한다.

> 토마스가 나가자 그(클린턴)는 자리에서 일어나 … 중앙정보부에서 보내온 극비서류만은 금고 안에 넣고 … 벽면을 꽉 채운 서고를 바라보았다. 그 서고의 중간은 모두 텔레비죤 수상기들로 차있었다. 닉슨대통령때에만 해도 미국의 3대텔레비죤방송국(에이비씨, 엔비씨, 씨비에스)의 화면들이 비쳐졌는데 카터시기엔 그후 비약적으로 발전한 씨엔엔방송국을 위한 텔레비죤이 하나 더 늘었다. … 인제는 대통령이 임의의 시각에 세계의 모든 지역에서 일어나는 사변들은 물론 로씨야의 한 농촌에서 밀을 수확하는 농부의 얼굴에 떠오른 수심어린 기색까지 볼수 있게 되었다.[47]

김정일의 전기소설인 〈불멸의 향도〉 총서 중 하나인 『력사의 대하』의 작가 정기종은 세계를 스펙타클로 만드는 "씨엔엔방송국"을 자신들의 스펙타클로 만들어버린다. 미국의 백악관을 들여다볼 테크놀로지는 없지만, CNN채널이 고정돼있는 백악관을 그려낼 수 있는 상상력은 가지고 있었다. 더욱이 이 소설은 부통령 앨 고어의 입을 빌려 북한이 구경거리나 관찰대상으로 전락하지 않고 있다고 주장하기도 한다.[48]

이 소설의 더 흥미로운 점은 미국 대통령 빌 클린턴과 그의 행정부 사람들을 자세하게 묘사한다는 것이다. 미국 중앙정보국(CIA) 국장이었던 짐 울지(Robert James "Jim" Woolsey Jr.), 백악관 비서실장이었던 토마스 맥 맥클라티(Thomas "Mack" McLarty III), 국방장관이었던 레슬리 애

47 정기종, 1998, 『력사의 대하』, 문학예술종합출판사, 116쪽.

48 "영국의 비비씨방송이나 미국의 씨엔엔텔레비죤방송만 하더라도 세계의 모든 나라들에 자기네 지부나 특파원을 두고있지만 유독 북조선에만 뚫고 들어가지 못했습니다" 정기종, 위의 책, 226쪽.

스핀(Leslie Aspin), 합동참모본부장이었던 존 샬리카쉬빌리(John Shalikashvili) 등 행정부와 백악관 내 주요인사들이 등장한다.

여기에서 빌 클린턴은 고집 세고 어리석은 인물로 그려진다. 『력사의 대하』는 빌 클린턴을 "승냥이"나 "악마"로 묘사하지 않는다. 불우했던 어린 시절의 고난을 이겨내고 성공했지만, 아직 북한의 저력을 모르는 어리석은 자로 그려낸다.

그의 무지를 깨우쳐주는 이는 그의 부인인 힐러리 클린턴, 당시 프랑스 대통령이었던 프랑수아 미테랑, 그리고 김정일이다. 우선 힐러리 클린턴은 다른 북한 문학작품에서도 흔히 볼 수 있는 현모양처형 인물이다. 예를 들자면, 백남룡의 『계승자』에서 폭력사건에 연루돼 청년전위대에서 힘든 노동을 하는 순봉에게 바른길을 알려주는 석화와 같은 인물인 것이다. 힐러리 클린턴은 그의 남편이 부통령 부부와의 만찬에서 계속 북한을 무시하는 듯한 발언을 하자, "아무래도 오늘 만찬은 정치적인 료리로 배를 불리게 됐은즉 나도 한몫 끼우자요."라고 말하며 빌 클린턴에게 영국 국방부가 작성한 문건에 나오는 북한에 대한 내용을 읽어준다. 그 책자는 북한이 짐바브웨에 소수의 군사고문을 파견해 무가베의 정부군에게 승리를 안겨주었다는 정보를 담고 있었다. 힐러리 클린턴은 "북조선 사람들"에게 "어떤 힘"이 있다고 말하나, 그의 남편은 가정주부에 불과한 힐러리의 말을 무시해버리려고 노력한다.[49]

프랑수아 미테랑은 빌 클린턴을 만나 북한은 굴복시킬 수 없는 나라라고 경고한다. 그 이유로 미테랑은 첫째 북한은 "자주성이 매우 강한 정치대국"이라는 점, 둘째 "수령, 당, 대중의 일심단결된 힘"을 지닌 나라라는 점, 셋째 군사적인 힘을 지닌 나라라는 점을 든다.[50]

49 정기종, 위의 책, 227쪽.

50 정기종, 위의 책, 474-475쪽.

결정적으로 우매한 빌 클린턴을 깨우쳐준 것은 "섬광" 작전이라 불리는 북한군의 군사작전이다. 그는 이 군사훈련에서 김정일의 "지략과 공격정신, 비상한 결단"력을 읽어낸다. 한마디로 공포에 질린 것이다.

> 비록 클린톤은 전략전술적문제들에서는 문외한이였지만 그 역시 보고 느끼는 것이 있었다. 그것은 불의 소나기로 퍼부어진 그 타격전의 리면에서 울리고있는 힘찬 리듬이였다. 음악에 조예가 있고 섹스폰연주가이기도 한 그는 흔히 많은 사람들이 음악을 들을 때 전체로서의 울림과 선율밖에 듣지 못하나 전문가들은 그속에서 울려나오는 개별적악기들의 소리와 장단 특히 전체의 조화를 이루는 리듬에도 귀를 기울인다는 것을 잘 알고 있었다. 그런데 그 리듬이야말로 얼마나 중요한것이랴. 그것은 음악의 성격을, 그의 속도와 감정과 특징을 규정해주는 것이다.
> 클린톤은 위성통신자료를 보면서 그 훈련의 특징을 말해주는 거센 리듬, 다시말하여 힘찬 박력과 번개불같은 비타협적성격을 보고 듣고 느끼게 되었다. 그것은 그가 상대하고있는 북조선군 최고사령관의 지략과 담력과 의지를 그대로 과시한것이였다.[51]

다소 길게 인용한 위의 두 문단은 빌 클린턴이 어떻게 교육되는가, 왜 굴복하는가에 대한 부분이다. 이제 미국의 대통령은 집무실에서 CNN이나 다른 영상자료를 보며 세계를 지배하는 인물이 아니라, 북한의 군사훈련이 만들어내는 "힘찬 리듬"을 느끼며 공포에 떠는 인물이다. 보는 자가 아니라 보여지는 자, 다시 말해, 스펙테이터(spectator)가 아니라 스펙타클(spectacle)이 주도권을 쥔다. 말하자면, 1차 걸프전과 정보화 혁명을 비틀어서 조롱한 것이다.

51 정기종, 위의 책, 466쪽.

북한문학은 김일성과 김정일, 혹은 김정은을 만나기만 해도 사람들이 행복과 감격에 젖는다는 식으로 묘사해왔다. 가령 송상원의 『총검을 들고』에서 소련의 마지막 원수(元帥) 드미트리 야조프(Dmitry Yazov)는 김정일을 만나자 희망을 느낀다. 소련이 붕괴된 후, 자살 시도까지 했던 야조프는 김정일을 만나 그의 인간적인 매력에 매료되고 만다.[52] 후에 야조프는 미국 공화당의 대선후보이기도 했던 밥 돌(Bob Dole)을 만나 북한이 얼마나 강성한 나라인지를 말하다가 흥분하여 "북조선"의 총대는 "붉은 총대"라며 밥 돌에게 고함을 지른다. 어째서인지 "붉은 총대"라는 말에 충격을 받아 밥 돌은 불구가 되고 만다. 백보흠과 송상원이 함께 쓴 『영생』에서도 마찬가지이다. 지미 카터(Jimmy Carter)는 1994년 북한을 방문하여 김일성을 만난다. 카터는 김일성을 만나기 전부터 흥분을 느낀다. 결국 김일성을 보게 되자 감동하여 끝없이 수다를 늘어놓는다.[53]

외교는 교육의 장이 된다. 우월한 우리의 지도자가 우매한 적국의 정치가들에게 감동을 주고, 그들을 가르치는 과정이 되는 것이다. 하지만 실제로는 외교는 적국 정치가를 교육하는 장이 아니라 자국민을 위한 퍼포먼스였다. 지루하게 길었던 선군시대 동안 왜 전쟁을 하지 않는가? 외교라는 퍼포먼스를 통해 드러나는 선과 악과 무지의 삼분법은 소설의 독자들(북한 외교 퍼포먼스의 관객들, 즉 북한인민들)의 부정적인 감정을 억누르는 감정교육으로 기능한 것이었다.

> 핵문제를 법률실무적으로가 아니라 정치군사화하고 미국이 가장 아파하는 정통을 찌르면 움직이지 않을 수 없다고 타산하신데 기초하여 미국의 세계

52 김정일의 말을 듣고 감동하거나, 그의 운전 솜씨에 놀라거나(앞도 보지 않고 질주한다) 하는 식의 일화가 나열된다. 송상원, 2002, 『총검을 들고』, 문학예술종합출판사.

53 백보흠·송상원, 1997, 『영생』, 문학예술종합출판사, 170-259쪽.

> 제패전략의 기둥을, 그 명줄을 끊어버리신 경애하는 장군님, 드디여 조약탈퇴를 지레대로 하여 미국을 끌어내시였다. 전쟁을 울부짖던미국이 더는 어쩌지 못하고 코가 꿰여 끌려나왔다. 미국이 굴복하였다. 전쟁이 끝났다. 경애하는 장군님께서 미국을 굴복시키고 전쟁도 막으시였다! …[54]

『력사의 대하』의 말미에 핵협상의 북한 측 책임자인 문선규[55]는 감격하여 이렇게 부르짖는다. 하지만 말이 꽤 모순적이다. 김정일이 전쟁을 막았다고 하면서 한편으로는 전쟁이 끝났다고 한다. 전쟁이 있었다는 건지 없었다는 건지 표현은 모호하지만, 어쨌든 중요한 사실은 "미국이 굴복하였다"는 것이다.

영국 총리였던 토니 블레어의 외교정책 고문이기도 했고, 전쟁·전략사 연구자이기도 했던 로렌스 프리드먼(Lawrence Freedman)은 외교의 지루한 과정이 대중들에게 인기가 없다고 말했다. 프리드먼은 데탕트 시기 중요했던 개념인 "억제(*deterrence*)"를 설명하면서, 냉전시대 핵전쟁에 대한 영화는 많았지만, 전쟁 억제(deterrence)와 그 외교 협상 과정에 대한 영화는 거의 없었다고 지적했다. 대중에게는 평화보다 전쟁이 더 흥미로울 수 있다는 것이다.[56] 하지만 정기종의 『력사의 대하』와 같은 북한의 소설들은 외교 협상 과정을 전쟁으로 묘사한다. 그리고 합의 결과를 전쟁에서의 승리로 선포한다.

북한에서 문학은 "문화정서교육" 즉, 감정교육의 수단이었다. 전쟁도 인민의 동의가 있어야 하지만 평화도 그들의 동의가 있어야 했다. 아무리 권위주의 국가라도 총력전 체제에서는 대중의 감정에 거스르는 전쟁과 평

54 정기종, 위의 책, 486쪽.

55 강석주(1939-2016)가 실제 모델이다.

56 Laurence Freedman (2004), Deterrence, Malden: Polity, p. 25

화는 불가능했던 것이다. 한편으로 북한은 체제 안정을 위해 이 감정교육을 이용하기도 했다. 외교협상이 인민들에게 모멸감을 준다면 정권은 유지될 수 없다. 그래서 정기종의 『력사의 대하』를 비롯한 미국의 안보엘리트가 등장하는 소설에서는 외교적 합의가 전쟁의 승리로 선언되었던 것이다.[57]

VI. 결론

지난 2018년과 2019년은 정말 놀라운 시기였다. 북한과 미국의 정상이 만나고, 양국관계의 근본적인 변화가 일어날 것 같았기 때문이다. 도널드 트럼프는 자신의 인기를 위해서라면 기존의 외교안보 정책을 변형하는 데 주저함이 없었디.

월터 러셀 미드는 도널드 트럼프 대통령이 2016년 미 대선에서 승리를 거두자 미국의 외교안보정책이 바뀔 것이라고 내다봤다. 그에 따르면 미국의 외교안보정책은 네 가지 사상적 조류가 있다고 한다. 첫째, 윌슨주의자(Wilsonian)들은 미국의 가치(자유와 민주주의)를 해외에도 전파해야 한다고 믿는다. 둘째, 해밀턴주의자(Hamiltonian)들은 미국이 외국과의 무역을 통해 상업적 이익을 증대해야 한다고 주장한다. 셋째, 제퍼슨주의자(Jeffersonian)들은 미국이 해외에 관심을 갖기보다는 국내에서 공화국적인 가치를 실현하는 데 힘써야 한다고 역설한다. 넷째, 잭슨주의자(Jacksonian)들은 미국이 (전쟁을 통해서라도) 용기와 위대함을 보여줘야

57 기본적으로 북한소설은 국내의 독자들을 위한 것이지만, 한국어를 읽을 줄 아는 미국인 독자들에게 이와 같은 묘사는 불쾌감을 유발하기도 했다. 예를 들면, B. R. Myers (2010), *The Cleanest Race: How North Koreans See Themselves and Why It Matters*, Brooklyn: Melville House, p. 161.

한다고 믿는다. 미드에 따르면, 미국의 외교는 오랫동안 윌슨주의와 해밀턴주의가 주류였다고 한다.[58]

하지만 월터 러셀 미드는 트럼프 행정부의 등장과 함께 미국의 외교가 용기(valor)와 위대함을 보여주는 잭슨주의 포퓰리즘(Jacksonian populism)을 따라 변화하리라 예측했다.[59] 흔히 "valor"라고 하면, 전장(戰場)에서의 용기를 말하는 것이었다. 하지만 도널드 트럼프의 "valor"는 물리적 전쟁에서의 용기는 아니었다. 그는 갈등을 두려워하지 않았지만, 군사적 충돌을 선호하는 것도 아니었다. 그래서 정상회담으로 교착된 북미관계를 타개해나가려고 했던 것이다. 하지만 코로나 바이러스 대유행을 포함한 일련의 위기에서 보여준 대통령의 불안한 리더십으로 인해 그는 자신의 용기를 입증할 기회를 잃고 말았다.

2018년의 변화에 대해 말하자면, 북한은 이미 제7차 당대회가 열렸던 2016년부터 이 변화를 준비했던 것으로 보인다. 아니, 그보다 더 일찍, 선군노선에서 '경제건설과 핵무력건설 병진노선'을 채택했던 2013년부터 이러한 변화를 준비했다고 말해야 옳을 것이다. 36년만에 열렸던 2016년의 당대회에서 김정은은 군부의 세대교체를 이뤄내고, 전국가를 군사부문보다는 경제부문을 중심으로 개혁하고 발전시키려 했다. 이런 맥락에서 김정은 정권이 2018년 4월 '병진노선'을 폐기하고, '인민대중제일주의'와 같은 민생과 경제 중심의 체제로의 전환을 선언한 것은 당연한 수순이라고 할 수 있었다.[60]

58 Mead, Walter. R. (2002), Special Providence: American Foreign Policy and How It Changed the World. New York: Routledge, pp. 3-29.

59 Mead, W. R. (2017), "The Jacksonian Revolt: American Populism and the Liberal Order," Foreign Affairs. Retrieved from https://www.foreignaffairs.com/articles/united-states/2017-01-20/jacksonian-revolt.

60 김동엽, 「김정은 시대 북한의 군사분야 변화와 전망」, 『경제와 사회』 122호, 76~103쪽.

당연히 대외 정책에서도 변화가 있었다. 2018년 4월 20일 제4차 전원회의에서 '병진노선'의 결속(마무리)를 선언하고, 일주일 후인 4월 27일 김정은은 남북정상회담을 통해 판문점에서 남한의 대통령과 만난다. 그리고 불과 두 달도 되지 않은 6월 12일 싱가포르에서 북미의 정상은 회담을 갖게 된다. 이렇게 아찔한 속도로 진행된 변화를 북한 정권은 인민들에게 어떻게 설명하고 있었을까?

2018년 8월 『조선문학』에는 이 변화를 설명하는 방식을 드러내는 소설이 게재됐다. 군(軍)이 민(民)에게 군사시설 부지를 휴양시설을 위해 양보하는 내용의 소설이 실린 것이다. 김정일 시대 북한소설에서 군(軍)은 가장 우선시되는 존재였다. 김정은이 핵·경제병진노선을 채택한 이후로도 한참동안 문학작품에서 이러한 경향은 쉽게 변하지 않았다. 하지만 남북정상회담과 북미정상회담이 열린 후인 2018년 8월『조선문학』에 실린 럼길명의 「백사장의 붉은 노을」은 매우 놀라운 변화를 보여준다.

김정은은 어느 날 두언해수욕장에 방문하게 된다.[61] 김정은이 방문했을 때, 두언해수욕장의 솔숲은 포대방어진지로 사용되고 있었다. 게다가 정두철 대대장을 비롯한 그곳의 군 관계자들은 군사훈련을 하기를 원하고 있었다. 반면 유원지 관리소 측은 그 솔숲에 샤워장을 건립하는 등 해수욕장 전체를 "개건"하기를 원한다. 당연히 정두철은 지도자가 군의 요구를 들어줄 것이라고 기대한다.

> 그런데 해수욕장에 도착하시여 승용차에서 내리신 김정은동지께서는 포진지생각은 까마득히 잊으신 듯 곧장 백사장쪽으로 걸음을 옮겨가시였다. 백사장에 이르신 김정은동지께서는 사색에 잠기신 듯 하얀 모래불에 발자욱

61 지난 2013년 5월 31일 조선중앙통신에 보도됐던 김정은의 함흥 마전해수욕장 방문에 기초한 소설이다.

을 찍으시며 천천히 거닐기 시작하시였다.[62]

김정은은 군의 요구를 까맣게 잊은 듯 모래밭을 거닌다. 결국 소설은 도(道)도시설계연구소의 "처녀 설계사" 주혜숙의 요구대로 해수욕장이 인민들의 유원지로 개건되는 것으로 끝난다. 물론 군과 민은 서로 갈등하는 것은 아니다. 군민(軍民)의 화해와 사랑은 김정은이 주혜숙과 정두철을 연결해줌으로써 다시 한번 확인된다. 여기에서 중요한 사실은 김정은이 군(軍)의 요구가 아닌 민(民)의 요구를 들어줬다는 것이다.

북한이 각각 군사적 갈등의 시대를 끝낼 감정적 준비를 하고 있다고 하면 너무 성급한 것일까? 미국도 당분간은 전쟁을 원하지 않는다. 미국이 아프가니스탄에서 철군한 것은 불과 몇 달 전이었다. 그러고 보면 애초에 미국에서 4차대전을 준비해야 한다고 말한 로버트 스케일즈는 군축론자였다. 그가 미국 군인과 시민을 심리적, 감정적으로 훈련시키고 "인간전쟁"에 대비해야 한다고 말한 이유는 군대의 규모를 줄이자는 의도에서 나온 말이었다. 더 이상의 군사적 갈등이 불필요하니 군대를 작고 효율적으로 운영하자는 주장이었던 것이다.

본 연구의 한계는 명확하다. 상황은 계속하고 변화하고 있고 미북관계라는 연구대상은 연구자의 손을 미끄러져 빠져나가듯 벗어난다. 하지만 본 연구가 양국의 외교 서사를 통해 예증했듯, 선과 악 그리고 무지의 삼분법은 미북 양국이 증오의 대립으로만 내달리는 것이 아니라, 외교적 해결책을 통한 화해의 관계로 전환할 수 있다는 가능성도 보여준다.

62 림길명, 2018, 「백사장의 붉은 노을」, 『조선문학』, 8호.

2부 마음통합의 실제
: 세계의 분단된 마음들

제3장

독일 통일 30주년과 사회통합: 이주민에 대한 동-서독 지역 차이와 지배문화[1]

장희경(뒤스부르크-에센 대학교 정치학과)

I. 서론

메르켈 수상은 독일 통일 30주년 기념사에서 독일 통일이 큰 성과를 이루어가는 과정에 있지만, 여전히 사회 결속(Zusammenhalt)의 요구를 대담하게 추진해야 한다고 평가하였다. 통일 30년 동안 구연방주와 신연방주 사이의 삶의 조건을 둘러싼 차이는 급격히 감소했지만, 여전히 구조적 차이(strukturelle Unterschiede)는 남아있고, 따라서 이를 극복하고 통일(Einheit)을 이루는 것이 중요한 과제라고 강조하였다[2].

독일 통일은 급격한 변화였다. 베를린 장벽의 붕괴와 구 동독 체제의 해체, 그리고 동독 인민선거를 통해 연방공화국으로 급속히 편입한 격변(Umbruch)이었다. 그에 따라 구 동독 시민들은 정치적, 경제적, 사회적,

1 이 글은 『한국정치연구』(30권 2호, 2021)에 실린 논문이며, 2017년 정부(교육부)의 재원으로 한국연구재단의 지원을 받아 수행된 연구임(NRF-2017S1A3A265782).

2 https://www.bundesregierung.de/breg-de/aktuelles/30-jahre-deutsche-einheit-1794882 (검색일: 2021. 1. 24.)

문화적 뿐만 아니라 감정적으로 엄청난 변화를 겪어야 했다. 1989년 평화적 혁명의 희열, 기대감이라는 감정은 이후 급격히 두려움과 탈진이라는 감정으로 바뀌었다. 그러나 지금까지 독일 통일에 대한 평가가 주로 독재로부터 민주주의로, 계획 경제로부터 시장경제로의 전환과 같은 '거대 서사' 중심으로 이루어졌다. 이것은 주로 연방공화국이나 서유럽이 규정하는 틀이었다고 비판하며 동독의 대항서사에도 같은 무게로 고려해야 한다는 주장이 제기되었다(Schröder & Buhr, 2020).

독일 통일 30년이 되면서 동독 사람들의 입장과 그들이 일상사에서 겪게 되는 변화까지 동등하게 고려하고 연구되어야 한다는 평가가 나왔다. 왜냐하면 일상사의 관점에서 겪는 이 격변이 사고방식에 차이를 가져오기 때문이다. 독일이 아직 사회 결속이나 통합이 이루어지지 않고 있다고 느끼는 지점은 아직도 동독인과 서독인 사이에 통일이라는 체제의 변화가 개인의 사고방식에 어떤 영향을 미쳤는지를 이해하지 못하기 때문이다. 사회통합을 위해서는 개인의 사고방식과 가치관, 정서의 차원에서 나타나는 차이들까지 주목할 필요가 있다.

이런 관점의 변화가 없이는 통일 직후에 형성된 동독인과 서독인에 대한 정형화된 담론은 다시 재생하고 순환될 수밖에 없다. 2015년 유럽 난민 위기 이후, 독일 내에 이민을 둘러싼 입장 차이가 나타나기 시작하면서 동독인과 서독인에 대한 정형화된 담론이 재현되고 있다. 이민에 반대하는 입장들이 구 동독 지역을 중심으로 확산되고, 이것이 극우파의 지지율까지 끌어올리면서 이주민에 대한 동-서독 지역 차이는 통일 독일의 사회통합에 걸림돌로 부각되고 있다. 통일 이후 통합을 주도해 온 에너지경제부가 독일 통일 30주년을 평가하면서 여전히 동서독 사이에 차이가 두드러지게 나타나는 부분은 이주민에 대한 태도라고 보고하였다(BMWi 2020; Weisskirscher 2020). 구 동독 지역에서 나타나고 있는 반이민적 행태와 극우 정당의 지지율 확산을 독일 민주주의의 위기로 인식하면서 구 동독 지역에 문제의 원인을 돌리는 경향이 나타나고 있다. 왜 구 동독 지역에서 그러한 현상이 나타나는지에 대한 원인 분석보다 구 동독 지역을 문제의 원인으로 지목하는 것 자체가 사회통합을 저해하는 현상이라고 본다. 따라서 이주민에 대한 동-서독 지역 차이를 현재 독일은 어떻게 이해하고 있는지, 왜 다시 구 동독 지역이 사회통합의 걸림돌로 주목받고 있는지를 고찰할 필요가 있다. 따라서 이 연구에서는 이주민 정책에 대한 동-서독 지역의 차이가 어떻게 독일 사회통합을 저해하는 것으로 인식되는지를 살펴보고자 한다.

II. 기존문헌 검토 및 이론적 자원

1. 기존문헌 검토: 독일 사회통합

독일 통일과 통합에 대한 연구는 독일이나 한국에서 오래 지속되어 왔다. 대체로 독일 통합을 얘기할 때, 정치적, 경제적 측면의 체계통합 혹은 제도적 통합(system integration)과 사회통합(social integration)을 구분하여 설명한다. 체계통합이 노동시장과 교육기구가 상호 호환적 관계가 이루어지고 있는지와 정치적 참여를 보장하고 이해조정이 이루어지고 있는지에 관한 것이라면, 사회통합은 일상생활에서 접촉이 생겨나는 모든 공간에서 감정적으로 연결되는지의 문제이다(문태운, 2012).

트롬스도르프와 코나트(Trommsdorf & Kornadt)는 사회통합을 내적통합(Innere Einheit)으로 표현하며, 내적통합을 측정하는 지표로 경제사회적 조건과 같은 객관적 조건 뿐만 아니라 삶의 만족도, 가치관과 같은 주관적인 특성, 그리고 동서독 사람들 사이의 상호작용과 서로에 대한 인식과 평가와 같은 공통의 인식, 마지막으로 국가와 사회체계의 구성원으로서 공통적인 목적, 가치, 규범을 함께 공유하는지 제시하였다 (Trommsdorf & Kornadt, 2001: 368-369).

경제적 차원에서는 통일 30년의 시간이 지나면서 신연방주와 구연방주 사이에 어느 정도 격차가 줄어들었다. 그러나 독일 통일 30주년을 맞아 여전히 문제로 제기되는 것은 사회통합이다. 통일 직후에 동서독인들은 급작스런 통일에 따른 불만을 동독인을 지칭하는 '오씨(Ossi)'와 서독인을 지칭하는 '베씨(Wessi)'라는 용어를 사용하여 상대 집단을 폄하하는 방식으로 드러냈다. 이는 통일된 독일 사회통합 문제를 제기할 때 항상 등장하는 대표적인 사례이다. 하지만 통일 30주년이 지난 지금도 여전히 사회통합은 해결해야 할 과제이다.

특히 이주민에 대한 태도 차이가 사회통합에 가장 걸림돌로 평가되고 있다. 구 동독 지역에서 이주민에 대한 반대 성향이 더 높고, 그에 따라 극우정당에 대한 지지도가 높아지는 원인에 대해 최근에 연구가 확대되고 있다. 이주민에 대한 태도의 차이는 곧 통일 이후 사회통합이 난항을 겪고 있는 이유에 대한 연구와 같은 맥락에 있다. 사회통합에 대한 연구가 곧 왜 구 동독 사람들이 잘 적응하지 못하고, 예전의 동독의 제도와 상품들을 그리워하는 '오스탈기(Ostalgie)'가 발생하고 있는지, 왜 구 동독 지역에 반이주민 정서가 강한지에 대한 연구이기 때문이다.

지금까지 연구에서 독일 통일 이후 사회통합이 지체되고 있는 원인에 대한 연구는 크게 세 가지로 분류할 수 있다(김누리, 2006). 먼저 사회 갈등이 발생하는 것은 분단 상황에서 겪은 상이한 사회화 과정에서 비롯되는 것으로 특히 동독 체제의 권위주의적이고 비민주적인 속성 때문에 민주주의에 적응하기 어렵고, 타자에 배타적인 반이민 정서를 내면화했기 때문에 차이가 발생한다는 주장이다(Maaz, 1992). 둘째, 통일 이후 체제의 전환 과정에서 발생한 불투명한 관료제, 심각한 범죄와 실업, 미흡한 사회보장과 같은 문제 때문에 동독인들이 차별을 겪었기 때문이라는 설명이 있다(Pollack, 1997). 셋째, 독일 통일의 본질이 서독이 동독을 식민화한 것이라는 설명이다. 신탁청을 통해 구 동독의 경제를 완전히 서독에 통합시키면서 동독 시민들에게 서독의 가치와 생활방식, 노동양식을 가능한 빨리 내면화하라고 기대하는 것 자체가 식민지 지배자적 사고방식이라는 분석이다(Christ & Neubauer, 1993). 김누리는 이러한 식민화 테제를 발전시켜 서독이 동독을 편입시키는 과정을 유럽 통합과 세계화의 과정의 한 국면으로 보고, 동서독 사이의 갈등을 세계화의 문제와 연결시켜 분석한다(김누리, 2006).

이 글에서는 식민화 테제의 문제의식을 수용하면서도 구조적 권력관계가 어떻게 개인에게 영향을 미치는지 상호 관계를 종합적으로 설명할 수 있는 '지배문화(Dominanzkultur)' 개념을 분석의 틀로 사용하고자 한다.

2. 지배문화: 힘의 불균형과 문화적 차이의 상호작용

로멜스파허(Rommelspacher)는 처음에 여성주의, 인종주의 및 이주 연구에서 소수자 집단을 연구하기 위한 이론으로 '지배문화(Dominanzkultur)' 개념을 제시하였다. 지배문화 개념은 서로 다른 사회집단에 속한 개인이 왜, 어떻게 구조적인 권력관계 속에서 상호 소통하는지에 대한 심리적 메커니즘을 조명한다. 그에 따르면 근대사회에서 권력이 사회적인 절차와 개인의 규범적인 지향 속에서 자체로 전유되는 구조로 권력의 소재가 명확하지 않고 권력관계는 더욱 불투명하다(Rommelspacher 1995, 23).

로멜스파허는 지배(Dominanz)와 통치(Herrschaft)를 구분된다. 통치가 자원의 배분에 나타나는 비대칭적 특성을 인정하고, 의무와 금지와 같은 억압 기제에 기초하는 것에 비해, 지배는 동의에 기반하는 것으로 사회적 구조와 내면화한 규범을 연계하여 부드럽게 정치적, 사회적, 경제적 위계를 재생산한다(Rommelspacher 1995, 26). 따라서 사회적 위계는 다수자들에게는 의식적인 측면에서 거의 인지되지 않는다. 동시에 다수자라는 의미는 고정된 실체가 아니라 사회적 조건 속에서 변화한다. 예를 들어 동독인들은 권리의 측면에서 이주민에 비해 다수자라고 할 수 있지만, 정치적 대표나 대중매체에서 재현되는 모습이나 '2등 국민'이라는 용어에서도 드러나듯 서독인에 비해 소수자로 나타난다. 여기에 동독인, 서독인이라는 존재 외에 나이, 성별, 장애, 인종과 범주가 복잡하게 작동하고 있고, 이를 교차성(sectionality) 개념으로 이해한다. 이런 교차성 때문에 개인 혹은 사회집단 사이에 서로 다른 권력의 차원들이 존재하게 되고, 따라서 개별적 차원에서 권력에 따른 차별이 강화되기도 하고 상대적으로 약화되기도 한다.

로멜스파허가 말하는 지배문화는 한 축으로 수입, 재산 혹은 직업상의 지위와 같은 힘의 불균형(power imbalance)과 다른 한 축으로 서로 다른 가치와 영향력에 의해서 발생하는 문화적 차이라는 두 가지 축의 상호작용 속에서 발생한다. 그는 독일 통일의 과정에서 초기에 "동-서독 형제자매들 사이의 민족적 단일성, 문화적 공통성, 사회적 통합에 기초한 평등한 통합을 기대했다. 하지만 지배적인 규범이 서독적인 것으로 결정되면서 비대칭적인 힘의 관계를 경험하게 되었다"고 평가했다(Rommelspacher, 2002: 15, 67).

독일 통일은 서독 기본법 23조에 따라 서독 외 지역이 기본법에 편입(Beitritt)되는 방식과 서독 기본법 146조에 따라 전체 독일 민족의 자유로운 결정으로 새로운 헌법을 제정하는 방식이 있었지만, 선거를 통해 연방공화국에 편입되는 방식으로 이루어졌다. 새로운 헌법을 제정할 것인지를 놓고 의견이 분분했지만 결국 서독의 기본법을 따르는 것으로 결정되면서 모든 법적, 정치적, 경제적, 사회적 구조에서 서독이 지배문화가 되었다.

경제적인 차원에서도 신탁청(Treuhandanstalt)이 동독 국유재산을 관리하는 방식으로 급격한 사유화, 민영화의 방식을 택하게 되었다. 그리하여 1994년 12월 31일 신탁청이 해체될 때까지 15,102개의 기업체를 매각하고 4,358개의 기업을 재사유화하였으며, 호텔, 식당, 약국 및 서점 등 소규모 사업장 25,030개를 사유화하였다. 사유화된 15,000여 기업 중 구 동독인들에 의한 매입은 6%에 지나지 않았고, 외국인 투자자 매입도 사유화 전체 기업 중 9%에 머물렀다(송태수 2009).

동독인들이 영토적으로나 정치적 차원에서 서독의 기본법 23조로 편입된 것은 양면적이라고 평가한다. 왜냐하면 개혁과 맥락을 회피한 제도적 전이가 상황에 따라 기능적이고 효율적일 수 있지만, 동독 주민들에게는 거대한 격동을 가져다 주었기 때문이다. 예를 들어, 통화 통합은 동독 사람들에게 효율적이었던 고유한 통화적 배치를 무시하였고, 서독 사람들에게도 부분적으로 기능적이었던 제도들을 개혁없이 전이한 것으로서 몇 년에 걸쳐 전 독일에 개혁 지체를 가져왔다(Schröder und Buhr 2020, 136).

잉그리트 미테(Ingrid Miethe)는 로멜스파허의 지배문화 개념을 적용하여 '동-서독의 차이'를 또 하나의 교차성으로 설정하고 동독인들이 통일된 독일의 서독식 지배문화 속에서 어떻게 피지배집단이 되었는지를 설명한다. 그는 로멜스파허의 지배문화 연구가 동-서독 사이의 역동성에 대해 심층적으로 분석하지 못한 한계를 지적하며, 동-서독 사이의 위계적 차이가 지속되고 있는 이유가 무엇인지, 이 위계적 차이가 문화적 차이로 영향을 미치는지를 분석하였다. 미테는 경제적 차원의 불평등, 불평등한 엘리트 충원 구조, 패권적인 서독 중심의 대중매체의 담론이 여전히 서독 중심의 위계구조를 보여주고 있고, 그에 따라 동독인들이 여전히 차별을 받는다고 지적한다. 특히 동독인에게 지배가 관철되는 기제로 경제적이고 문화적인 차별을 고찰하는 것이 아니라 그 결과, 즉 그 변동에 직면한 동독 사람들이 충분히 대처하지 않았기 때문이라고 문제의 관점을 이동시킨다고 비판한다. 그 예로 동독 지역에 이주민에 대한 적대나 인종적 공격이 나타나는 것에 대해 그 원인을 분석하기보다 동독인 전체가 '인종 차별적인 군중'이라고 일반화하거나, 우익 극단주의도 근본적 사회문제로 드러내는 것이 아니라 동독 지역의 문제로 설정한다는 것이다(잉그리트 미테 2020, 179).

이러한 맥락에서 본 연구는 독일 사회통합에서 현재 가장 걸림돌이라고 인식되고 있는 이주민에 대한 동-서독 지역의 차이를 지배문화 개념에 입각해서 설명하고자 한다. 동독 지역에서 이주민에 대해 반대하는 성향이 강한 것이 구 동독이 권위주의적이고 인종주의적 체제였기 때문에 그 체제 안에서 내면화된 동독인들이 폐쇄적이고 인종주의적 성향을 갖는 것이라는 설명 자체가 구 동독 지역의 문화 차이를 인식하려 하지 않는 지배문화가 여전히 존재한다는 의미이다. 지배문화의 틀을 깨고 문화 차이를 수용하고 인식하는 것이 사회통합에 가장 중요한 과제라고 본다.

연구방법으로는 먼저 경제적 힘의 불균형이 지속되고 있는지를 조사하기 위해 독일 에너지경제부가 매년 제출하는 보고서를 분석하였으며, 통일 이후 문화적 차이에 대한 분석은 독일 내에서 진행한 많은 설문조사들과 문헌들을 분석하는 방식으로 이루어졌다.

III. 독일 통일 30주년 평가

독일 통일에 대한 평가는 앞서 얘기했듯이 정치, 경제적 측면의 제도적 통합과 사회통합에 대한 측정 간 차이가 있다. 경제적 측면의 평가는 독일 경제에너지부(Bundesministerium für Wirtschaft und Energie, BMWi)가 주무부처로 매년 보고서를 작성해오고 있다. 이번 통일 30주년을 맞이하여 내무부(Bundesministerium Innern, für Bau und Heimat, BMI)에서 '평화 혁명과 독일 통합 30년'이라는 이름으로 22명의 전문가로 위원회를 조직하였다. 이 위원회는 전환과 통일 과정을 보다 사회통합의 관점에 맞추어 시민들을 직접 찾아가, 혹은 동-서독 시민들 사이의 대화를 통해 평가하였다.

1. 구조적 불균형 속 힘의 불균형 완화

독일 통일 30주년에 대한 평가는 보는 관점에 따라 상이한 부분이 있지만, 대체적으로 동독의 경제가 통일 직후보다 성장했다는 것에 동의한다. 독일 경제에너지부의 2020년 보고서에 따르면 2019년, 동독 지역 거주인의 다수(71%)가 전반적인 경제 상황에 만족한다고 대답했고, 서독 지역 거주인의 75%가 만족한다고 대답함으로써 경제 상황에 대해 동-서독 지역 사이에 차이를 발견할 수가 없다. 구 동독 (신연방주) 지역 사람들의 재정적 상황에 대한 만족도도 2017년에 비해 8%가 오른 57%이다. 구 서독(구연방주) 지역 사람들이 63%인 것에 비하면 낮지만 재정적 상황에 대한 만족도가 증가하는 추세이다 (BMWi 2020).

독일 헌법 72조 2항에 의하면 독일 연방 내 모든 주(州)들 간 "동등한 생활 조건(gleichwertige Lebensverhältnisse)"을 보장하게 되어 있다. 따라서 독일은 통일 이후 균형있는 발전을 위해 신연방주에 재정적 지원을 추진하는 연대 패키지(Solidarpakte 1, 2)를 1990-2019년까지 유지하였다. 그 결과 구연방과 신연방주 차이를 감소시키는 것에 기여했지만 불평등이 해소되지는 않았다.

통일 이후 경제적 통합 부분을 맡은 독일 경제에너지부의 평가에 따르면, 시장경제가 동독에 도입된 지도 30년이 지났고, 과제가 남아있지만 전반적으로 실업률도 줄었고 기술적 발전이 있었다고 평가한다. 신연방주의 경우 1인당 GDP가 2019년에 전체 독일 규모의 73%에 가깝고, 베를린의 경우 79.1%에 이른다. 1990년에 37%였던 것에 비하면 큰 발전이다. 또한 동독 지역의 총생산은 유럽 국내 총생산에 비해서 84% 수준으로 나타나고 있다. 특히 동독 지방의 경우, 프랑스 시골이나 폴란드 시골에 비해 훨씬 높은 경제력을 가지고 있다(BMWi 2020).

아래 **그림 1**의 1인당 총생산량은 내년 변화하는 독일의 평균 1인당 총생산량을 100으로 설정했을 때, 각 주별로 생산량이 얼마인지를 상대적으로 평가한다. 1991년 통일 직후, 독일의 평균 1인당 총생산량에 비해 신연방주의 1인당 총생산량이 40에도 미치지 못하는 수준이었다. 이후 신연방주의 평균은 1995년까지 급격히 증가하고 이후 완만한 증가세를 보여 독일 평균의 70에 가깝고, 베를린을 포함한 신연방주의 평균은 80에 수렴하고 있다. 신연방주(브란덴부르크, 작센)의 1인당 가처분 소득은 서독연방에서 가장 소득이 낮은 자를란트(Saarland)보다 높다. 전반적으로 신연방의 1인당 가처분 소득은 2018년에 평균의 88.3%에 이르렀다. 이러한 추격은 신연방주의 기술에 기반한 중소 미래산업에 기인하는 바가 크다.

그러나 경제력(economic strength)으로 볼 때는 아직 베를린조차 서독의 경제력이 가장 낮은 주보다도 낮다. 이러한 경제적 격차에 대해 연방경제에너지부는 구조적 요인에 기인하고 있다고 분석하였다. 첫째, 신연

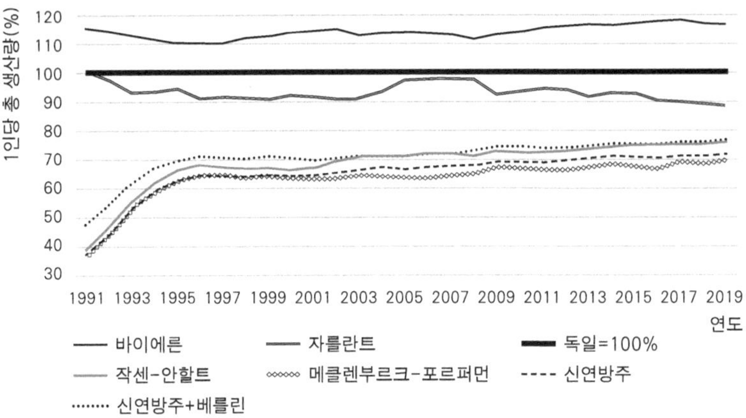

그림 1. 1인당 총 생산량 (Bruttoinlandsprodukt in je Einwohner)
출처: Statistisches Bundesamt (Destatis), 2020

방주 지역은 아직 정착 밀도(settlement density)가 낮아 기본적으로 메트로폴리탄보다는 전통적인 농촌 성격을 갖고 있고, 둘째, 신연방주는 대체로 소규모 경제로 대기업 본사나 큰 규모의 중소기업이 부족하다. 따라서 투자나 연구, 혁신이 부족하기 때문으로 본다(BMWi 2020, 17).

또한 신연방의 경제가 많이 발전했지만 여전히 신연방주와 구연방주 사이에 구조적 불균형(strukturelle Ungleichgewichte)이 존재한다. 수입(Einkommen), 자산(Vermögen), 부동산 보유, 월급, 노동시간 등에서 신연방주가 구연방주에 미치지 못한다. 예를 들어, 서독 지역의 월평균 임금이 3,526유로인 것에 비해 동독 지역은 2,827유로이다. 이에 반해 일하는 시간은 서독이 연간 1,377시간인 것에 비해 동독이 연 1,428시간으로, 동독 사람들이 더 많이 일하면서도 더 적은 임금을 받는 것으로 나타난다. 이러한 격차를 줄이기 위해 2017년 1월 1일부터 최저임금을 시간당 8.84유로로 모든 주에서 동일화하였지만[3] 기본적으로 동-서독 지역 사이에 접근할 수 있는 직종의 차이(고임금, 저임금)가 있어 실질적으로 벌어들이는 시간당 수입(Bruttostundenverdienst)은 신연방주와 구연방주 사이에 차이가 있다. 2019년 독일의 시간당 수입이 22.60유로인데 반해, 베를린을 포함한 구연방주는 23.30유로, 신연방주는 18.33유로로 나타났다(Bundeszentrale für politische Bildung 2021, 171)

자산의 경우, 동독 주민이 서독 주민보다 상대적으로 자산 축적의 가능성이 적다. 동독 지역의 평균 순자산은 서독 지역의 절반에도 미치지 못한다. 더 큰 자산은 경제적이고 정치적인 권력을 부여하며 엘리트를 형성하고 재생산하는 데 기여한다(Grabka, 2014: 959). 나아가 축적된 자산은 다음 세대에 전수되면서 부가 세습된다. 이러한 자산의 양극화가 동-서독 사이에서 불균형을 재생산하는 하나의 구조로 여전히 작동하고 있다(Ahbe, 2005: 270).

2. 통일에 대한 인식의 차이

앞서 본 것처럼 경제적 불균형은 통일 30년이 지나면서 상대적으로 많이 완화한 것을 볼 수 있다. 그러나 여전히 수입, 자산, 부동산 보유, 월급, 노동시간 등에서 구조적인 불균형이 남아있다. 하지만 통일 30주년을 맞아 독일이 겪고 있는 가장 큰 문제는 사회통합이다. 30년이 지났지만 여전히 마음 속에 차이는 지속되고 있다.

먼저 통일에 대한 인식에서부터 차이가 난다. 동독인들의 관점에서 통일은 개인적인 전환점으로, 1989년 11월 9일 자신들의 힘으로 장벽을 무너뜨리고 평화적 수단으로 전환을 이룩한 평화적 혁명이 핵심서사가 된

3 https://www.bmas.de/DE/Arbeit/Arbeitsrecht/Mindestlohn/mindestlohngesetz.html (검색일: 2021. 5. 21.)

다. 반면에 서독인의 관점에서 통일은 역사적 사건으로 인식된다. 즉 동독이 정치적, 경제적 부적절성 때문에 실패한 것으로 인식하고 정치적으로 더 우월한 서독의 체제를 동독의 재건에 도입한 중요한 사건으로 인식하지, 개인적으로 연계되는 것으로 생각하지는 않는다. 이러한 서사의 차이는 1989/90년의 변화를 지칭하는 용어에서도 드러난다. 동독 출신 응답자들은 변화나 방향의 전환을 의미하는 "전환(Wende)"라는 용어를 더 많이 사용하는 반면, 서독 출신 응답자들은 "통일 (Wiedervereinigung)"이라는 용어를 더 자주 사용하였다 (Faus et al. 2020: 5-6).

동독인들은 1989/90년의 평화적 시위를 통해 독일 사회주의 통일당(Sozialistische Einheitspartei Deutschland; SED 이하 사통당)의 독재를 무너뜨리고 통일로 이어지는 일련의 변혁을 통해 긍정적 변화를 기대하고 있었다. 그러나 급격한 경제 통합 정책으로 곧바로 실직자가 되고 새로운 일자리와 재교육의 기회를 찾아 헤매게 되면서 긍정적 기대는 고통이라는 것으로 각인되었다.

또한 '전환'의 속도가 너무 빨라서 동독이 가진 긍정적 제도조차 너무 빨리 제거되었다. 동독의 제도나 관행 중에 서독에서 계승한 것은 여성정책이 거의 유일하다. 전환 과정에 참여한 원탁회의 내의 동독 출신 여성운동가들이 '낙태법'을 서독 수준으로 낮출 수 없기 때문에 동독 수준으로 법 개정을 요구하였다. 동독에서는 교육과 직업, 가정생활에서 여성의 동등한 권리를 위해 임신과 출산에 대한 여성의 자기결정권을 인정해주고 있었다. 서독에서는 기독교 문화에 기반한 생명존중 문화 때문에 낙태에 대해 부정적이었다. 결국 많은 논의 끝에 1992년 5월 15일 낙태법을 통과시켰다. 더불어 통일 이후에 서독이 동독의 영향을 받은 부분(서독의 동독화: Veröstlichungen)은 여성과 가족 영역에서 나타났다. 예를 들어 한부모 가정의 의미가 중요해지고, 고용에서 젠더 차이가 줄어들고, 가정에서 해방적 젠더 역할이 늘어난 것이다(Tom Mannewitz 2020, 151).

그러나 기본적으로 서독식으로 제도가 정비되면서 동독의 긍정적인 제도나 관행조차 폐지된 경우가 많다. 이에 대해 많은 동독인들은 동독의 제도나 관행을 승계했어야 한다고 생각하는 반면, 서독인들은 그렇게 생각하지 않는 경우가 많았다. 예를 들어 '동독의 제도나 관행 중에 서독보다 더 잘 작동되는 것들이 있어서 통일된 독일에서 승계했어야 한다'는 문장에 서독 출신은 48%만 동의한 반면, 동독 출신들은 84%가 동의했고, 이민 배경을 가진 사람은 51% 긍정했다(Faus et al. 2020, 22).

브릿쉐(Britsche)의 설문조사에 따르면 베를린 장벽 붕괴 30년 동안 서독과 동독 사이에 문화적 차이와 사고방식의 차이가 그대로 지속되고 있다고 보냐는 질문에 서독 지역 거주인들의 78%가 그렇다고 대답했고, 동독 지역 거주민들은 83%가 그렇다고 대답했다. 사회적 결속이 증가했다고 응답한 비율은 33%, 그대로 21%, 줄었다고 응답한 비율이 43%로 나타났다. 또 동독과 서독지역의 사람들이 하나의 민족으로 함께 융합될 수 있다고 생각하냐는 질문에는 세대별로 상이한 응답이 나왔다. 1975년생을 기준으로 나이가 많은 사람들은 부정적으로, 나이가 적은 사람은 긍정적으로 대답했다. 구체적으로 살펴보면 14~29세에서 융합될 수 있다는 응답이 62% (부정은 33%), 30~44세에서는 60% (부정은 39%)로 나타났다. 한편 45~59세는 융합할 수 없다는 대답이 52% (긍정 46%), 60세 이상에서는 56% (긍정 40%)가 융합될 수 없다고 응답했다(Britsche, 2020).

또한 독일 통일에 대해 세대에 따라 차이가 나타난다. 독일 내무부의 30주년에 대한 평가 보고서에서 세대에 따라 동독과 서독을 해석하는 차이가 나타났다. 동독의 중장년층은 동독이 서독의 개발 동학에 밀려 완전히 뒤떨어졌다는 의견이 만연했다면, 젊은 층과 동-서독 사이에 이동성이 높은 사람들일수록 동독과 서독 사이의 집단적 구별을 중요하게 생각하지 않는다.

동시에 동독의 시골 지역에 있는 젊은 세대들은 동독의 정체성이 서독과 다른 특별한 정체성이 있다는 주장이 증가하고 있다(BMI, 2020: 77).

IV. 이주 정책에 대한 태도의 차이

독일 통일 30주년을 평가하면서 동서독 사이에 가장 차이가 드러나는 부분으로 지목된 것이 이주민에 대한 태도이다(BMWi 2020; Weisskirscher 2020). 2015년 1월, 본격적으로 이주민 위기가 발생하기 전에 베르텔스만(Bertelsmann) 재단에서 독일 내 '환영 문화(Willkommenskultur)'를 동독과 서독 지역에서 비교하여 조사한 결과에 따르면 공무원 사회에서는 이민자를 환영하는 문화에 있어 큰 차이를 보이지 않았다. 즉 동독 지역 공무원들의 66%가 환영하고, 24%가 반대하였고, 서독 지역 공무원들의 74%가 찬성하고, 20%가 반대하는 것으로 나타났다. 반면 일반 시민 차원에서는 동독과 서독 지역에서 현격한 차이가 있다. 동독 지역 일반 시민의 44%가 이민자나 외국인에 환영하는 반면 47%는 반대하는 것으로 나타났다. 반면 서독 지역 일반 시민들은 63%가 환영하고 32%가 반대하는 것으로 나타나 시민차원에서는 동독 지역에서 반대하는 문화가 더 강한 것으로 나타났다(Bertelsmann 2015, 14)

특히 2015년 시리아로부터 16만 명, 중동 지역 전체를 포함해 45만 명[4]에 가까운 난민들이 독일로 유입되면서 발생한 난민 위기가 이후 정치적 태도의 분리로 이어지면서 독일 내 통합에 심각한 도전이 되고 있다. 다른 유럽 국가들이 더블린 규정에 따라 처음으로 입국한 유럽 국가에서 난

4 Bundesamt für Migration und Flüchtlinge. 2016. *Das Bundsamt in Zahlen* 2015. P. 22.

민 자격 심사를 받기를 요구하고 있었던 것에 비해 메르켈 수상은 독일로 입국을 먼저 허용하였다. 2015년에 50만 명에 가까운 난민이 독일에 난민 신청을 했고, 2016년에는 75만 명이 신청을 했다. 녹색당과 사민당은 메르켈의 난민 정책에 찬성을 표했지만, '독일을 위한 대안(Alternative für Deutschland; 이하 독일 대안당(AfD))은 메르켈의 정책을 비판하고 나섰다. 2015년 12월 31일 신년 전야 축제에서는 이민 남성들이 축제에 참석한 여성들을 에워싸고 성추행과 절도 등의 범죄 행위가 1000여 건 발생했다[5]. 그러나 과거 나치의 경험 때문에 이민자를 범죄자나 사건의 용의자로 지목하는 것에 매우 신중한 경찰과 언론의 극히 조심스럽고 소극적인 대응으로 사실 관계가 잘 밝혀지지 않았다. 이후 대부분 이민자들에 의해 일부 조직적으로 이루어진 범죄 행위라는 것이 밝혀졌지만, 당시에 적극적이지 못한 대응에 대해 비판적인 입장도 뒤늦게 나타났다. 그러나 당시에는 대부분 언론의 취재를 조심스럽게 지켜보는 경향이었고, 일부는 이를 비판하는 시위가 나타났다.

드레스덴 젬버오페라 광장에는 매주 만 명이 넘는 시민들이 난민 수용에 반대하는 시위를 열었다. 그들은 '서양의 이슬람화에 반대하는 애국적인 유럽인들(Patriotische Europär gegen die Islamisierung des

5 이 사건에 대한 자세한 조사와 판결 결과는 사건 발생 3년 후인 2019년 3월에 나왔다. 쾰른 경찰에 따르면 당시 661명의 여성이 성범죄(Sexualstraftat)로 경찰에 신고하였는데, 술에 만취한 남성들이 여성들 사이를 가로지르며 집중공격(Spießrutenlauf)을 했다는 것이다. 성범죄로 유죄 판결을 받은 것은 3건에 불과했고, 그 중 2명은 성폭행 혐의에 대해 집행유예를 받았다. 검찰에 따르면 661명의 여성을 포함하여 총 1304명이 형사고발을 제기했다고 한다. 그러나 가해자를 특정하거나 입증하는 문제 때문에 실제로 형을 받은 비율은 상당히 낮았다. 쾰른 검찰에 따르면 조사한 290명 가운데 52명만이 기소되고, 43명만이 소송절차에 들어갔는데, 그 중에 32명 만이 유죄판결을 받았다고 한다. 그들의 범죄사실은 대부분 절도(Diebstahl), 강도(Raub), 장물 취급(Hehlerei)이었다. 이에 대해 메르켈 총리는 쾰른에서 발생한 사건은 파렴치한 일이고, 법치국가의 무거운 책임을 요구한다고 발표하였다.
https://www.spiegel.de/panorama/justiz/koelner-silvesternacht-ernuechternde-bilanz-der-justiz-a-1257182.html (검색일: 2021. 6. 15.)

Abendlandes, PEGIDA; 이하 페기다)'이라는 이름으로 쾰른에서 발생한 난민 범죄와 이슬람 문화 때문에 기독교 문화가 훼손되는 것을 이유로 이슬람권 난민 수용을 반대하며 메르켈 정부의 이민정책을 비판하였다. 이들이 내건 구호는 "우리는 더 이상 우리를 기만하게 두지 않을 것이다. 우리가 국민이다! (Wir lassen uns nicht länger belügen. Wir sind das Volk)"이다. 대부분 당시 분위기는 페기다가 인종주의적 입장을 취하는 극우주의라는 비판이 대세를 이뤘다. 이에 대해 페기다에 참여하는 시민들은 자신들을 인종주의자가 아닌, 보호받아야 할 시민으로서 다시 한번 정치적 주체임을 강조하였다.

페기다를 중심으로 한 난민 반대 시위가 이어지던 와중에 치러진 2017년 총선에서 극우 정당인 독일 대안당(AfD)이 높은 지지율을 획득하는 결과가 나왔다. 2017년 총선에서 서독 지역에서 독일 대안당이 10%를 얻어 여전히 기사/기민당과 사민당, 자민당에 이어 4번째 득표를 한 것에 비해, 동독 지역에서는 득표율이 20%를 넘어 기사/기민당에 이어 두 번째로 많은 득표를 해 충격을 주었다. 이 결과로 왜 동독 지역에서 인종주의와 차별을 조장하는 독일 대안당의 득표가 이렇게 높게 나타났는지, 왜 서독 지역과 동독 지역에 차이가 있는지에 대해 우려가 섞인 논란이 일기 시작했다. 즉 동독 지역이 독일 민주주의에 위협이 되는 것이 아닌가라는 의심과 우려가 나타나기 시작한 것이다.

동독 지역에서 이슬람 이민자를 반대하는 시위가 일어나고, 인종주의적 색채를 띄는 독일을 위한 대안이 높은 지지율을 얻게 되는 배경에 구 동독 체제가 갖고 있는 폐쇄적이고 권위주의적인 특성 때문에 이민이나 다문화에 비판적이라는 논의가 다시 등장하기 시작했다. 또 통일 이후에 탈공산화된 동독 지역은 인종주의의 중심지로 인식되는 경향이 있다. 사회주의 공화국의 유산인 권위주의에 익숙한 시민들이 공산주의 독재로부

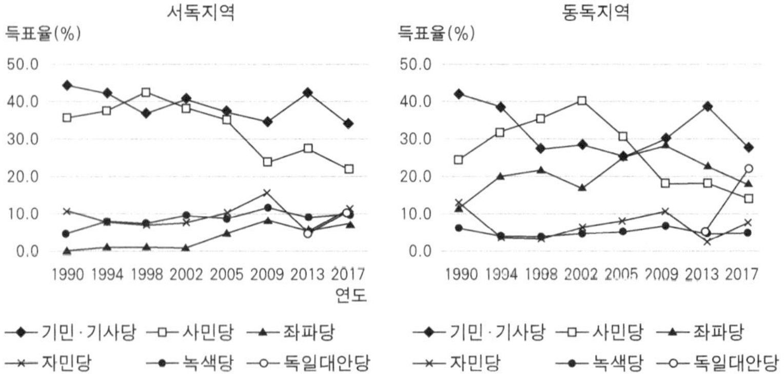

그림 3. 1990-2017년까지 총선에서 동서독 투표[6]
출처: Statistisches Bundesamt (Destatis), 2021

터 민주적 시장경제로 전환되는 과정 속에서 불안정해지는 현상이 나타나고, 따라서 지위에 대한 불안과 상대적인 집단 결핍의 감각을 갖게 되면서 인종주의를 갖게 되었다는 연구가 있다(Klein and Heitmeyer, 2009). 일부 역사학자는 동독 정부가 나치 범죄에 사람들이 개입된 것을 비판적으로 조정하지 못하면서 '인종주의적 마음틀(mindset)'을 지속할 수 있었다고 주장한다(Behrends and Poutrus, 2006). 그들은 인종주의가 나타났다 사라졌다 하는 '순환적(cyclical)'인 것으로 인식하고 '문화화된' 인종주의가 동독의 질서와 규율이라는 전통 속에 뿌리박고 있다가 '퇴행적(backward)' 마음틀과 연결되어 나타난다고 주장한다(Nitzan Shoshan, 2016).

6 당명으로서 좌파당(Die Linke)은 2007년에 설립되었다. 그러나 정당의 변천 과정을 살펴보면, 통일 이후 동독의 독일사회주의통일당(SED)의 후신인 민주사회주의당(PDS: Partei des Demokratischen Sozialismus)을 계승하고 있다. 1990년 SED는 당회의를 통해 PDS로 변경하였다. 2005년 총선기간에 민주사회주의당(PDS)은 서독 좌파 정당인 노동과 사회정의를 위한 선거 대안(WASG: Arbeit und soziale Gerechtigkeit-Die Wahlaternative)과 연대하다가 2007년에 두 정당이 통합하여 좌파당이 설립되었다. 따라서 독일 연방통계청(statistisches Bundesamt)은 좌파당을 그 전신인 민주사회주의당까지 거슬러 1990년부터 집계하고 있다.

이런 배경에서 반 무슬림 인종주의라는 독성이 독일 내에서 불균형하게 지지를 얻게 되는 심각한 틈이 발생하게 된다(Lewicki, 2018).

구 동독 체제가 붕괴된 지 30년이 지났지만 현재에 발생하는 문제를 과거 체제와 접목하여 현재의 동독 지역 사람들을 평가하려는 유령이 재등장했다. 이는 통일 직후에 동독과 서독의 차이를 이해하지 못하고, 동독인들을 특정한 유형으로 정형화시킨 그 담론이 여전히 존재하고 있고, 어떤 맥락에서 재생된다는 것을 보여준다.

V. 지배 문화와 이주민에 대한 동-서독 지역 차이

앞서 통일 30주년 평가에서 살펴보았듯이 경제적 격차가 완화되면서 동-서독 지역 사이에 차이가 감소하고 있는 것으로 보인다. 하지만 경제 통합 과정에서 형성된 구조적 불평등은 여전히 존재하고 있고, 동시에 동독식 제도는 거의 계승되지 않고 서독식으로 제도화되고, 그에 따라 규범이 내화되면서 암묵적인 위계가 형성되었다. 이러한 경제적, 정치적 위계가 문화적이고 심리적인 차원에서도 영향을 준다. 이 절에서는 이주민 위기 이후에 나타나는 문화적 주변화를 살펴봄으로써 왜 동독 지역 사람들이 이주민 정책에 비판적이고 극우 정당을 선택하는 비율이 증대하였는지를 살펴보고자 한다.

1. 통일 이후 통합된 정체성의 결여

1989년 동독 민주화를 요구하는 시위에서 "우리가 국민이다(Wir sind das Volk)"가 울려퍼졌다. 라이프치히에서 시작된 민주화 시위는 사통당의 독재를 청산하고 인민에 의한 민주주의를 요구하는 주체가 난동꾼이 아니라 정치적 주체로서 국민을 강조한 것이었다. 그러나 1989년 11월 9일 베를린 장벽이 무너지면서 이 구호는 "우리는 하나의 국민 (Wir sind ein Volk)"로 바뀌었다. 이것이 애초부터 통일을 염두해 두고 생긴 구호는 아니지만, 베를린 장벽이 붕괴된 이후 분위기는 빠르게 통일을 요구하는 분위기로 바뀌었고, '통합된 조국, 독일(Deutschland einig Vaterland)'라는 구호로 발전했다.

이러한 분위기는 결국 1990년 3월 18일에 실시된 동독 지역 선거에서 기본법 23조에 따른 편입(Beitritt)을 지지하는 결과로 나타났다. 사실 베를린 장벽 붕괴 이후, 통합 방식에 대해서 여러 논의가 있었다. 동독의 민주 혁명을 주도했던 시민운동 세력 및 사통당 내 개혁공산주의자들은 이중적 국가연합 구상을 통해 동독의 자생적, 독자적 발전을 먼저 꾀하고자 하였다. 서독의 사민당 내 오스카 라퐁텐(Oskar Lafontaine)으로 대표되는 탈민족 지향의 정치가들도 동독을 국제법적으로 완전히 승인하고 독자적 시민권을 인정하자는 주장도 있었다.

한편 당시 서독의 수상이었던 콜은 1989년 11월 말 '10개조 통일 강령'에서 국가연합을 매개로 한 단계적 방식의 국민국가적 통일을 제시함으로써 동독 시민들의 지지를 얻었다[7]. 당시 콜 총리는 통일 이후에 5년 이내에 동독의 경제가 꽃을 피울 것이라고 연설하면서 동독 주민들로부터 경제적 발전에 큰 기대를 갖게 했다. 이처럼 국민국가로의 통일에 많은 이견이 있었음에도 불구하고 국민국가로 통일되면서 동독 주민들은 높은 경제 성장과 더불어 통합된 독일에 대한 정체성이 높았다.

7 독일을 위한 동맹: 48% (기독교민주연합(CDU): 40.8%, 독일 사회연합: 6.8%, 민주적 변혁: 0.9%), 사회민주당(SPD): 21.9%, 민주사회당: 16.4%, 자유민주협회: 5.3%, 동맹 90: 2.9% (https://www.bpb.de/politik/hintergrund-aktuell/202873/letzte-volkskammer-wahl) (검색일: 2021. 1. 20.)

그러나 서독에서는 나치하에서 벌어졌던 민족주의에 대한 비판과 거부로 탈민족주의가 우세한 지형이었기 때문에 아무리 콜이 국민국가 형태로 통일을 했다고 해도 민족에 기반한 국가 정체성을 갖는 것은 불가능했다. 다시 말하면 서독에서는 이미 '독일 정체성'이 아니라 '서독 정체성'이 고착되어 있었던 것이다(이동기 2009, 192). 따라서 통합된 '독일 정체성'을 내세우기에 부담스러운 환경이었다. 1994년 독일 연방 대통령이었던 로만 헤어쪼그(Roman Herzog)가 통일 4주년 기념사에서 "고유한 '국가 정체성', 즉 우리에게 표면상 없는 것처럼 보이면서 우리에게 그토록 긴요한 '국가정체성'이 과연 무엇인지 나에게 명쾌하게 설명할 사람을 아직 보지 못했다"[8] 고 고백할 정도로 통일된 독일에서 통합된 정체성을 갖는 것은 어려운 일이었다.

이런 분위기 속에서 통합된 구 동독 시민들은 통합된 '독일'에서 동일한 정체성을 갖고, 동등하게 대접을 받고, 곧 동등한 경제적 성장을 이루리라는 기대를 갖고 있었지만, 이런 희망은 통일 직후에 바로 꺾이고 말았다. 과감한 경제적, 사회적 통합 과정에서 실업이 증대하고, 청년층의 서독으로의 이주가 증대하면서 혼란으로 빠지게 되었고, 동시에 동독인에 대한 전형적인 이미지가 형성되기 시작되었다. 이러한 통합된 정체성의 부재는 결국 동독인에게 구성원으로 통합되지 못했다는 느낌을 갖게 했고, 이후 벌어지는 경제적 격차와 격변 속에서 '이등 국민'이라는 차별감을 느끼게 되는 한 배경이라고 본다.

8 https://www.bundespraesident.de/SharedDocs/Reden/DE/Roman-Herzog/Reden/1994/10/19941003_Rede.html (검색일: 2021.3.3.)

2. 재현되는 동독인에 대한 스테레오 타입

2015년 이후 구 동독 지역에서 발생하고 있는 반 이민 움직임과 극우 정당의 지지도가 높아지는 것을 동독 지역 사람들의 폐쇄적이고 인종주의적인 인식과 마음에서 찾고 있는 흐름은 과거 통일 직후에 논란이 되었던 정체성 논의와 일맥상통한다. 즉 동독 사람들은 권위주의적이고 독재 체제 속에서 자라서 폐쇄적이고 인종주의적 습성이 남아있다는 것이다. 이러한 동독인에 대한 정형화된 인식은 '오씨(Ossis)'라는 용어의 사용에서 잘 드러난다. 서독인을 일컫는 '베씨(Wessis)'가 자신의 행위를 스스로 결정하고, 목적 지향적인 개별적 주체를 언급하는 것에 반해, '오씨'는 무엇인가 결핍된 존재로, 개별적 주체가 아닌 체제에 따라 성격적 구조가 만들어지는 집단적 주체로서 모든 동독인들이 '본질론적 속성'을 갖는다는 것이다 (Pates & Schochow 2013, 8-9).

그 동독인의 '본질론적 속성'이 권위주의에 익숙하고 인종주의적이며 폭력적이라는 담론이다. 이는 1990년대 통일 직후에 '오씨-베씨' 논쟁으로 격렬히 점화되어 아직까지 그 잔향이 남아있다. 동독인들을 인종주의적으로 보는 수사(the rhetoric of race)는 베를린 장벽 10주년 즈음인 1999년에 발간된 가브리엘레 멘들링(Gabriele Mendling)의 책 『Neu-Land: Ganz einfach Geschichten(신개척지: 아주 간단한 이야기들)』에서 잘 드러난다. 서독 출신 의사이자 작가인 멘들링은 통일 이후 의사인 남편을 따라 동독 지역에서 얼마간 살면서 경험한 것을 기술했다. 이 글에서 멘들링이 묘사한 동독인의 모습은 그들이 쓰는 사투리, 낙후된 시설, 파티에서 먹는 음식들, 피자집에서 어떤 피자를 시킬지 몰라 한 사람을 따라 줄지어 같은 음식을 시키는 모습과 같이 동독인들은 '낙후되고 결핍된' 존재이다. 이는 야나 헨젤이 지적한 것과 같이 동독 정체성을 이야기할 때

"부족한 어떤 것, 수준 낮은 것, 주변화되거나 간단히 무시될 수 있는 것으로 머물러 있다. 항상 전체 독일의 정체성을 이야기할 때 포함되지 못한 채, 멀리 떨어져 존재하는" 것으로 '문화적 주변화'로 존재한다(Engler & Hensel 2018, 31-35).

멘들링의 책에서 묘사한 또 다른 부분은 폴란드 학생이 동독 도시에서 새해에 폭력을 당했다는 것과 이웃 동네에 신나치의 시위가 있었다는 것, 아프리카인이 맞아 죽었다는 것, 브란덴부르크의 작은 동네에 이민자들이 다른 도시로 옮겨달라고 경찰에 애원했다는 내용이었다(Pinkert 2002, 16). 이 책이 나오자 언론의 보도와 논쟁도 이를 강화시켰다. 이러한 논쟁과 보도는 언어, 상징 체계, 마음 속에 존재하는 담론을 실재하는 것으로 만드는 효과를 가져왔다. 따라서 '동독인'은 원시적이고 폭력적이며 외국인을 혐오한다는 멘들링의 재현(representation)이 책을 읽거나 언론을 접한 수용자가 그 재현을 승인하는 '인지 효과(recognition effect)'를 가져왔다고 본다(Pinkert 2002).

통일 이후에 40년간 분리되었던 동독과 서독을 어떻게 인식하고, 통일된 독일은 무엇인지 자기 관념화의 과정에서 동독의 정체성은 과거의 국가 사회주의 과거와 접목된 형태로 정형화(stereotype)되었다. 멘들링의 정형화는 정체성이 사회 발전에 따라 다른 담론들과 교차하며 변화할 수 있는 고정되지 않은 공간으로 해석한 것이 아니라, 과거 동독 지역의 외국인 혐오와 인종주의로 현재의 동독 지역의 극우주의를 연결시켰다. 또 언론은 원래 독일의 동부 지역이 히틀러 집권기부터 1989년 사통당의 독재가 끝날 때까지 폐쇄 사회였다고 기술함으로써 동독 지역의 폭력성과 외국인 혐오의 담론을 고착화시켰다. 이런 담론은 동독 국가를 '잠재적 파시즘'으로 보고, 그 권위주의적 심리(psyche)가 동독인에 내재해 있기 때문에 약한 타자에 폭력을 행사하는 경향이 강하다는 논리를 생산해냈다.

이러한 정형화는 2015년 구 동독 지역에서 이민자와의 갈등, 폭력이 발생하면서 또 다시 공명하고 있다.

이러한 정형화는 아직까지 남아있다. 통일 30주년을 기념하여 독일 정치교육원에 동독 출신 기자가 쓴 경험에 여전히 동독 지역을 열등하게 보는 경향이 보인다. 안토니 리츠셸(Antonie Rietzschel)은 통일되던 해에 3살이었고, 서독 지역인 브레멘 대학에 다닐 때 자기 고향이 드레스덴이라고 밝히자, 주변에서 아직 미개하고 위험한 뜻을 가지는 '어두운 독일(Dunkeldeutschland)'이라고 지칭했고, 다른 친구는 뭔가 특이하고 이상한 지역을 의미하는 '지대(Zone)'이라고 부르는 것을 들었다고 한다. 그리고 수업시간에 동독에서 자란 경험을 얘기하라는 교수의 부탁에 출생 6개월 때, 자신의 어머니가 일을 하러 나가야 해서 자신을 탁아소에 맡겼다는 얘기를 하자 학생들이 호기심과 동시에 회의스러운 눈빛으로 쳐다본 것을 잊을 수 없었으며, 자신이 심리치료를 받지 않은 것이 다행이라고 할 만큼 정신적으로 힘든 경험으로 서술했다. 그러나 역설적으로 2016년에 자신의 고향 근처에서 이민자에 대한 방화사건이 발생하여 취재차 내려간 길에 동독 지역 사람들로부터 '베씨' 취급을 당했다는 것이다[9].

이러한 멘들링의 책이 나오고 그 지역 작가인 마틴 클렘트(Martin Klemt)는 그에 반박하여 그녀가 재현한 '원시적인 오씨(primitive Ossi)'를 패러디한 시를 발표했다. 그리고 뉴욕 타임즈와의 인터뷰에서 멘들링에 대해 "다른 문화를 자신의 문화보다 본질적으로 열등하다고 취급하는 것은 인종주의의 한 형태"[10] 라고 비판하였다. 또한 동독 지역 사람들이 그러한 태도를 갖게 되는 배경에 경제적 실업뿐만 아니라 무료로 제공된 공

9 https://www.bpb.de/geschichte/zeitgeschichte/deutschlandarchiv/316540/die-wir-ossi-wessi (검색일: 2021. 2. 1.)

10 https://www.nytimes.com/1999/10/25/world/one-europe-10-years-special-report-germany-s-east-west-still-hostile-states-mind.html (검색일: 2021. 2. 14.)

연 티켓, 휴가지, 사회적 행사 등 공산주의가 제공하는 좋은 삶의 틀을 모두 잃어버렸기 때문이라고 설명하였다. 이와 같이 외부에 의해 규정된 동독인에 대한 '본질론적 속성'에 저항하여 동독인의 정체성을 찾고자 하는 과거 동독 시절의 좋은 관행과 문화, 물건들을 향수하는 '오스탈기(Ostalgie)'현상[11]이 반대급부로 등장했다. 이러한 오스탈기는 향수를 넘어 일상생활과 일상 문화, 자신의 이력과 생활세계에 맞는 문화를 직접 생성하자는 자각이 확산되었다. 그 과정에서 동독 사통당의 후신인 민주사회주의당(PDS)이나 좌파당(Die Linke)은 구 동독과의 연속성을 가지고 동독 정체성을 대변하고자 노력했다. 그에 따라 좌파당은 1994년 이후부터 평균 20%대의 지지율을 얻고 있다.

3. 상대적 박탈감과 과소대표의 문제

통일 이후 형성된 동독인에 대한 스테레오 타입이 여전히 지속되고 있다. 반면 통일에 대한 서독인들의 관심은 줄어들었다. 따라서 예전만큼 동독 지역의 문제에 관심을 가지지 않으면서, 최근에 드러나고 있는 이민자 정책에 대한 구 동독 지역의 우경화에 대해 우려와 차별의 시선으로 보는 경향이 증대하고 있다.

이에 대해 작센주의 주장관인 쾨핑(Petra Köpping)은 페기다 집회에 참석한 사람들을 인터뷰한 결과, 그 집회는 이주민에 대한 불만의 표출이라기보다는 통일 이후 30년간 그들이 겪었던 모멸감, 부정의에 대한 응축된 불만이 표출된 것이라고 보았다. 동독인들이 겪고 느끼는 고충에 대해서 지난 30년 간은 관심도 갖지 않고 논의되지 않다가, 페기다 운동과 독

11 이동기, "독일 통일 후 동독 정체성: 오스탈기는 통합의 걸림돌인가?" 역사와 세계. 2016. 참고

일 대안당이 높은 지지를 얻자 동독에 대해 비판을 쏟아내는 것은 전형적인 '피포위 의식(Wagenburg Mentalität)'의 전형이라고 비판하였다. 따라서 구 동독인들이 느끼는 응축된 불만에 대해 논의가 필요하고, 이주민 문제를 얘기하기 전에 동독인들의 통합 문제를 먼저 고려해야한다[12]고 주장하였다 (Köpping 2018, 11).

최근 이슬람 이주민에 대한 동-서독인의 태도를 고찰한 연구에서 동독인들이 겪는 구조적 불이익을 서독인들은 전혀 모르는 경우가 많은 것으로 나타났다. "동독인들은 똑같은 것을 얻기 위해서 서독인들보다 더 힘들게 애써야 한다"라는 말에 동독 지역 사람들의 절반 정도가(49.1%)가 동의한 반면, 서독 지역 사람들 중 29.6%만이 동의했다. 또 동독 출신이 지도적 위치에 갈 수 있는 것이 제한적이라는 사실에 대해 동독인은 37.3%가 동의했으나, 서독인은 18.6%만 동의했다. 이 연구에서 흥미로운 부분은 '2등 국민'이라고 느끼는 감정에 대한 질문이다. '2등 국민'이라고 느끼는 감정은 상호주관성 인식이 결여됐다는 것을 의미하며 사회 내에서 불평등을 받고 있다고 인식한다는 것으로 이것은 결국 좌절과 갈등으로 이어질 수 있는 질문이다. 흥미로운 결과는 동독인들이 스스로를 '2등 국민'이라고 느낀다는 대답이 35.3%로 무슬림 이민자를 2등 국민으로 느낀다는 응답(33.8%)보다 높게 나타났다. 반면에 서독인들에게는 무슬림이 2등 국민이라고 느낀다는 응답(36.4%)이 동독인(18.2%)보다 현저하게 높았다. 이는 동독인들이 느끼는 박탈감을 서독인은 심각하게 여기지 않는다는 것을 보여준다. 동시에 동독인들의 입장에서는 자신들이 이민자 집단보다 더 주목을 받지 못한다고 소외감을 느낀다는 것을 보여준다(Fourotan et al.,

12 페기다 집회에 구 동독인들이 들고 나온 슬로건은 "당신들은 항상 이주민과 함께 하고 있다. 우리부터 먼저 통합해라! (Sie immer mit Ihren Flüchtlingen! Integriert doch erst mal uns!)"이다.

2019: 22).

이는 동독 출신자들이 느끼는 상대적 결핍감은 서독 지역 사람들의 무관심 속에 소통되지 못하고 탈출구를 찾기 못하고 있다는 의미이다. 이 때 그런 동독 지역 사람들의 결핍감을 이용한 독일 대안당이 비슷한 목소리를 내어주면서 지지를 획득하고 있는 것으로 보여진다. 구조적 불균형을 보여주는 또 다른 사례는 현재 연방공화국 내의 엘리트 중에 동독 출신은 과소 대표되어 있다는 점이다.

동독인들이 느끼는 차별감과 상대적 박탈감은 여러 조사에서 높게 나타나는 반면에, 이를 대변하는 정치적 대표가 부족한 것이 문제이다. 반면 독일 대안당같이 극우적 성향을 지닌 정당이 동독인들의 차별감이나 상대적 박탈감을 정치적으로 이용함으로써 상대적으로 동독 지역에서 지지를 많이 얻는 것으로 보인다. 그러나 근본적으로는 동독인들이 느끼는 차별감과 상대적 박탈감을 전달하고 정책적으로 반영할 정치적 지도자가 과소 대표 되는 것이 문제이다.

정치계를 제외하고 특히 언론, 법조계, 과학, 사업, 행정 영역에서 동독 출신 엘리트는 현저하게 적다. 법조계에 헌법 재판소 재판관은 2020년 7월에 처음으로 1명이 임명[13] 되었고, 연방대법원은 판사는 0%(2018), 군에서도 최고사령부는 0%, 장군급이 1%, 행정 분야에서도 연방정부 내 장차관급은 7%(2016)에 불과하고, 경제부분에서 닥스(DAX)에 상장된 기업의 중역은 2%(2017)에 불과하고, 대학 총장은 0%이다. 그나마 정치계에

13 이네스 해르텔(Ines Härtel)은 2020년 7월 처음 연방헌법재판소 재판관으로 임명되었다. 그녀는 1972년 작센주에서 태어나 고등학교까지 다녔고, 1991년부터 서독 지역인 괴팅엔(Göttingen)에서 법을 공부하였다. https://www.bundesverfassungsgericht.de/EN/Richter/Erster-Senat/BVRin-Prof-Dr-H%C3%A4rtel/bvrin-prof-dr-h%C3%A4r-tel_node.html (검색일: 20021.6.14.)

서 연방 내각에 12% (2019), 주정부 장관은 25%로 조금 높게 나타난다[14]. 통일 이전의 과정에서 구 동독 체제의 해체는 곧 이전에 실행해본 적이 없는 연방공화국의 구조를 이식하는 것을 뜻했고, 이는 국가와 사회 영역의 수장들을 교체하는 것을 의미했다. 그 결과 전례 없는 엘리트층의 전이가 일어났다. 90년대 초반에 80%의 지도자급이 서독인으로 교체되었다. 그 당시 동독에는 사통당의 독재를 지지하던 자들이 엘리트들이었기 때문에 교체가 필요했고, 또 한편으로 동독 내에 숙련된 노동자들이 서독으로 이주하면서 그 자리를 채울 인력이 없었던 것도 있다.

당시 생각으로는 10~15년이 지나면 젊은 동독 세대가 교육을 통해 이 위치를 차지할 수 있을 것으로 생각했다. 그러나 현실은 30년이 지난 지금도 80%의 지도자층이 서독인이다. 이는 엘리트들의 독특한 충원 구조 때문이다. 즉 엘리트는 유사한 엘리트 네트워크 안에서 선별하는 비공식적 관행이 있다. 이를 통해 엘리드를 채용하는데, 인적 네트워크안에서 신뢰를 형성하기 때문에 이런 일들이 벌어진다[15].

이처럼 동독 지역 사람들의 의사를 대변할 수 있는 대표는 그나마 정치계가 확률이 높다. 그런 이유로 동독 지역 사람들은 자신들이 겪고 있는 박탈감과 정체성 왜곡을 돌파할 수 있는 통로로 정치를 선택하고 있다고 보여진다.

실질적으로 동독 지역에서 대안당의 득표가 높아진 것에 대해 독일 민주주의에 위협이 되고 있다고 평가하는데, 동독 지역에서 독일을 위한 대안이 두 번째로 높은 득표를 했다고 해서 동독 지역 주민들이 독일의 민주주의를 부정하는 것은 아니다. 실질적으로 동독 지역에서 민주주의에

14 https://www.bpb.de/geschichte/deutsche-einheit/lange-wege-der-deutschen-einheit/310065/ostdeutsche-in-den-eliten (검색일: 2021. 1. 9.)

15 Matthias Platzeck, ZDF interview, https://www.bundesregierung.de/breg-de/themen/klimaschutz/platzeck-aus-regierungskreisen-1827264 (검색일: 2021. 1. 10.)

대한 지지는 높게 나타난다. 민주주의는 통일 이후 독일 내에 가장 넓게 확실하게 자리잡은 가치 지형이다. 2019년 설문에 따르면 88%의 응답자가 독일에 가장 적절한 정부 형태가 민주주의라고 대답했다. 구연방주가 91%를 지지했다면, 신연방이 78%라는 차이가 있다. 하지만 40세 이하에서는 83%가 민주주의를 인정하는 것으로 나타난다 (BMWi 2020, 45-46).

하지만 민주주의의 작동에 대한 만족도에서는 약간의 차이가 있다. 신연방주는 통일 이후 30년 동안 지속적으로 구연방에 비해 낮은 만족도를 보이고 있다. 그러나 2000년 경부터 약 15년간 민주주의 작동에 대한 만족도가 올라가다가 2018년 즈음부터 주춤하고 있다. 한편 연방정부와 연방의회에 대한 신뢰도에 있어서는 신연방주와 구연방주에 명백한 차이가 나타나고 있다. 연방정부와 연방의회에 대한 신연방주의 신뢰는 지속적으로 부정적이다. 하지만 장기간에 걸쳐 지속적으로 상승하던 중이었지만, 2016년부터 2018년 사이에 신뢰도가 다시 떨어지고 있다.

4. 사회통합의 노력

통일 30년이 지난 후 영구 이주를 하거나, 다시 돌아오거나, 내독 관계에서 태어난 후손, 출퇴근을 하면서 2군데 이상 거주지를 갖는 사람들이 많아지면서 동독, 서독을 규정하는 것이 더 어려워졌다. 독일 내의 인구 이동도 그동안 쌍방향으로 진행되면서 동독 지역은 인구가 감소하고, 서독은 급등한다는 표현이 단면적인 서술이 되었다. 하지만 동독이 서독에 비해 전반적으로 단일 민족 사회(Monoethnitisch)인 것은 분명하다. 동독의 외국인 비율이 1990년 1.2%에서 2014년에 2.5%로 두 배로 늘어났지만 여전히 동독 지역은 서독 지역에 비해 4배가 낮다. 반면 동-서독 사이에 서로를 어색하게 느끼는 기분은 줄어들었고, 독일로 묶여 있다는 느낌은 증가하였다. 실제로 이번 연구단에서 실시한 설문조사에서 자신의 정체성을 독일인이라고 응답한 사람이 591명 (54.5%)로 과반수 이상으로 나타났고, 서독인이라고 느끼는 사람은 137명(12.6%), 동독인이라고 느끼는 사람은 167명 (15.4%), 유럽인이라고 느끼는 사람은 161명 (14.9%)로 나타났다[16].

한편으로 동-서독 사이의 차이를 느끼는 것과 동시에 북독일과 남독일 사이의 차이, 즉 지역 차이를 느낀다는 응답이 46%로 나왔다는 연구 결과(Wahlen, 2019)를 보면 동-서독 사이의 차이가 여러 차이들 중에 희석되는 과정으로 볼 수도 있다. 다층적 이질성이 존재하는 것이 어쩌면 독일 통합이 추구하고자 하는 방향일지도 모른다. 같은 맥락에서 안드레아스 휘센(Andreas Huyssen)이 동서독간의 갈등을 해결하기 위해 동-서독의 구분, 독일인과 외국인이라는 구분을 막기 위해 국가 개념을 민주적으로 정의한 것에 따르면, "허구적인 인종이나 문화적 동질성이 아니라 타협이 가능한 이질성"이라고 강조하였다. 또 데이비드 올리와 케빈 로빈스도 인종이나 민족적 정체성이라는 고정된 경계를 허물고 독일이라는 정체(body politics)내로 동화되거나 통합되지 않아도 충분히 다양함을 받아들일 수 있는 다공성(porous) 사회가 되어야 한다고 주장하였다(Pinkert 2002).

한편 이질성을 수용하지만, 타협할 수 없는 가치 지형인 민주주의를 강화하기 위해, 여러 조치들이 진행중이다. 모든 형태의 극단주의에 대항하는 다양성 캠페인을 추진하고 있다. 구연방과 신연방주에 대한 집단 기억에 대해 토론하고 상호 지식을 가지는 것이 새로운 과정으로 나아가기 위한 중요한 기초가 된다. 통일 이후 30년이 지났으니, 사통당(SED)독재

16 본인이 속한 연구단에서 2021년 1월-2월 사이에 독일인 914명을 대상(동독 출신: 450명(49.2%), 서독출신: 464명(50.8%))으로 온라인 패널 조사를 실시하였다. 연구 자체는 이주민에 대한 태도이지만 정체성에 대한 질문을 본인이 따로 실시하였다.

와 그에 따른 결과, 1990년 이후 개입을 강화하는 과정에서 발생한 많은 사건과 경험들에 대해 재고할 필요가 있다. 기업, 정치, 행정들이 민주주의 지속과 공고화를 위해 지원을 하고 있다.[17]

IV. 결론

독일 통일 30년동안 경제적 부분에서 힘의 불균형은 많이 완화되어가고, 동서독 출신을 막론하고 민주주의를 중요한 가치로 지지하고 있다는 점에서 어느 정도 안정을 찾아가고 있다고 평가할 수 있다. 그러나 서독식 민주주의와 서독식 체제로 통합이 되면서 동독 출신자들이 여전히 차별과 상대적 박탈감을 느끼는 것으로 나타나고 있다. 이는 독일의 사회 결속이라는 차원에서 여전히 해결해야 할 숙제로 남아있다.

이 글에서는 독일 통일 30주년을 맞아 새롭게 등장하고 있는 이주민 정책에 대한 동-서독의 차이와 동독 지역에서 극우 정당의 지지가 높아지는 현상을 지배문화로 설명하고자 했다. 이주민 정책에 대한 차이나 극우 정당에 대한 지지율 상승에 대해 구 동독 체제가 가진 권위주의적 특성과 인종주의적 특성이 내재화됐기 때문이라고 설명하는 것은 오히려 독일 사회통합에 저해요인이 되고 있다. 통일 이후 통합의 과정에서 동독 지역민

17 이는 "Demokratie Leben!", "Zusammenhalt durch Teilhabe"이라는 틀로 지속하고 있다. Deutsche Stiftung für Engagement und Ehrenamt mit Sitz in Neustrelitz 를 설립하여 연방과 주정부의 프로그램과 협력을 하고 있다. 가족/노인/여성과 청년부(Ministerium für Familie, Senioren, Frauen und Jugend; BMFSFJ)에서 주관하며 2021년에 1억 5050만 유로의 예산으로 독일 연방 정부의 예방 프로그램 중에서 가장 강력한 프로그램이 진행되고 있다. https://www.bmfsfj.de/bmfsfj/themen/engagement-und-gesellschaft/demokratie-leben/landes-demokratiezentren/bundesprogramm-demokratie-leben--73948?view= (검색일: 2021. 5. 21.)

들이 느낀 오래된 불만과 소외감 등이 표출되지 못하다가 2015년 난민 문제를 계기로 투사된 것이라고 본다. 그것이 표출되지 못한 원인이 통일과 통합 과정에서 형성된 지배문화 때문이라는 것이 이 글의 핵심 논지이다.

지배문화란 로멜스파허가 지적하였듯이 경제적, 정치적 힘의 불균등과 문화적 차이라는 두 축으로 구성된다고 한다. 경제 차원에서 신탁청을 중심으로 급격한 시장화가 진행되는 과정에서 동독인들은 실직과 결핍을 경험해야 했고, 그때 형성된 구조적 불평등이 완화되어 가고 있지만 여전히 존속하고 있다. 정치적으로도 독일연방공화국에 편입되는 과정을 통해 동독의 제도는 거의 청산되었고, 서독식으로 제도화되었다. 이러한 정치, 경제적 힘의 차이는 문화적 차원에서도 서독식의 규범을 내재화해야 하는 상황이 되었다. 즉 서독식 제도와 문화가 지배문화가 되면서 구 동독인들은 표면적으로 드러나지 않지만 지속적으로 스스로를 피지배집단으로 인식하게 되었다. 게다가 구 동독의 문화는 권위주의적, 인종주의적인 것으로 이미지화되고 정형화되면서 청산해야 할 대상이 되었다. 이런 지배문화 상태에서 오히려 새로운 이주민들이 자신들보다 더 적극적으로 수용되고 통합되는 과정을 보면서 상대적 결핍감을 갖게 되었다. 로멜스파허에 따르면 누가 지배, 피지배가 되는지는 그 환경과 교차성으로 변할 수 있고, 이주민들에 비해 구 동독 사람들이 더 지배적 위치에 있을 것이라고 설명했다. 그러나 역설적으로 많은 설문 결과에 따르면 오히려 구 동독 사람들은 이주민들에 비해 자신들이 더 열악한 위치에 있다고 인식하였다. 결국 이러한 지배문화하에서 형성된 상대적 박탈감이 난민 위기 이후에 동독 지역에서 이주민 정책에 소극적인 것으로 나타난다고 보는 것이 설득력이 있다. 또한 정치적 불만이 표출될 수 있는 통로가 제한되어 있고, 거의 모든 분야의 엘리트가 서독 출신들로 충원된 구조에서, 그들의 목소리는 소외되었다. 극우 정당인 독일 대안당은 그것을 기회로 여겨 자신들의 지지율 획득을 위해 이주민 정책에 대한 불만을 의제로 택했고, 결국 지지율을 얻게 되었다.

다행히 통일 30주년을 맞아 이런 구조적 불평등과 구 동독인들이 경험하고 느낀 것들을 다시 고려해야 한다는 문제의식이 확산되고 있고, 변혁의 과정에서 개인들이 느꼈을 충격과 변화에 더 집중하여 차별과 상대적 결핍감을 줄히려는 시도들이 독일 내에서 추진되고 있다. 또 이 변화가 지역과 성별, 계급에 따라 인식하는 부분들이 너무 다른 '비동시성의 동시성'으로 나타나는 점에도 주목하여, 변혁의 과정에서도 동독 지역 내부에서 지속되어온 심성과 관행, 제도들에 대해서도 재평가가 이루어지고 있다. 독일의 사회학자 랄프 다렌도프(Ralf Dahrendorf)가 예측했듯이, 감정적· 정신적 통합은 거의 60년이 걸릴 만큼 장구한 노력이 필요한 일이다. 그 과정에서 민주주의의 원칙에 대한 합의를 기반으로 다양성을 인정하는 것이 무엇보다 중요할 것으로 본다.

끝으로 이 연구에서는 독일에서 실시한 많은 연구와 설문결과들을 활용하였지만, 실질적으로 동독 지역인들을 대상으로 어떻게 지배문화가 이주민 정책과 극우 정당에 대한 지지로 이어지는지 그 과정을 면밀히 분석하는 것에 한계가 있다. 질적 연구를 통해 면밀히 그 전환과정을 살펴볼 필요가 있다.

제4장

독일 통일 후 동독 출신자의 지각된 차별감과 통일에 대한 태도[1]

양계민(한국청소년정책연구원 선임연구위원)·이우영(북한대학원대학교 교수)

I. 문제 제기

독일은 통일의 결과 정치적, 경제적, 외교적, 군사적 측면에서는 통일 이전보다 훨씬 발전된 국가로 성장한 것으로 평가되고 있으나 사회적 측면에서는 동서독 주민 간 마음의 통합의 문제가 여전히 남아 있다는 점[2]에서 통일을 준비하는 한국사회에 여러 가지 시사점을 주고 있다. 독일의 정치경제 엘리트 전문가들은 독일의 통일에 대하여 "내적, 사회적 통일의 완성"은 1990년대의 대다수 행위자들이나 관찰 자들이 생각했던 것보다 더 오래 걸릴 것이고, 그 이후 1995년이나 2000년에 많은 사람들이 생각했던 것보다도 훨씬 더 오래 걸릴 것이라고 전망하고 있으며, 2008년 연방수상 메르켈 역시 "많은 영역에서 동서독 간 기회의 평등이 이루어지기까지는

1 이 논문은 2017년 정부(교육부)의 재원으로 한국연구재단의 지원을 받아 수행된 연구로 (NRF-2017S1A3A2065782), 현대북한연구 24권 3호에 게재된 논문임.

2 양계민, "통일이후 독일주민의 이주민에 대한 태도," 『북한연구학회보』, 제21권 1호 (2017), 82쪽.

아마도 40년이 걸릴 것"이라고 말한 바 있다.[3] 이렇게 통일 후 30년이 지난 이 시점까지 동서독 간 사회적, 심리적 통합이 이루어지지 못하고, 동서독 주민 간 갈 등이 쉽게 해소되지 못하는 이유 중 중요한 요인은 갑작스러운 통일로 인하여 동독 주민들이 경험하는 문화충격, 동서독 간 경제적 격차로 인한 상대적 박탈감, 서독 주민이 느끼는 경제적 부담감 등 여러 요인이 각자의 입장에서 상대집단에 대한 불만으로 형성되어 마음의 장벽을 형성하게 되었기 때문이라고 볼 수 있다.

그중 특히 동독 주민들이 경험하는 통일 후의 상대적 박탈감과 차별감은 중요한 요인으로 지적되고 있다. 기존의 선행연구를 보면 동독 출신자들의 경우 통일로 인하여 독재정권에서 해방되었고, 직업선택, 거주이동, 여행의 자유 등을 성취했음에도 불구하고 생활에 대한 만족도 수준이 낮은데,[4] 동독 출신자들의 생활만족도 수준을 낮게 만드는 가장 강한 요인은 경제적인 격차인 것으로 분석되고 있다.[5] 어느 사회에서건 한 국가 내의 집단 간 경제적 격차는 단순히 빈부의 격차 문제에 그치는 것이 아니라 심리적 열등감으로 이어지고, 심리적 열등감은 개인의 삶의 만족도, 자아존중감 등에 영향을 미칠 수 있는 중요한 문제이며, 이는 통일에 대한 불만을 유발할 수 있고, 결국은 사회통합의 저해 요인으로 작용하기 쉽다. 그러나 집단 간 갈등의 문제를 해결하는 방안으로 단순히 경제적 격차를 해소하는 방향으로 가는 것은 지나치게 단순한 접근이고, 동독 주민들이 경험하는 차별감의 속성을 좀 더 심도 깊게 분석할 필요가 있다.

우리 사회는 그 동안 통일을 대비한 다양한 노력을 해 왔고, 그러한 노력들 중 하나가 통일 후 한반도에서 나타날 수 있는 상호 간의 이해와 심리

3 이동기, "독일통일 후 동독정체성: 오스탈기는 통합의 걸림돌인가?" 『역사와 세계』, 제50호(2016), 30~31쪽.

4 이기식, 『독일통일 25년 후』(서울: 고려대학교출판문화원, 2008), 43쪽.

5 위의 책, 61쪽.

적 적응을 위한 준비이다. 45년간의 분단을 겪은 독일이 통일 이후 30년이 지난 시점에도 사회적 통합 측면에서 어려움을 여전히 겪고 있다면, 분단된 지 올해로 76년이 된 한국의 경우는 그보다 훨씬 더 많은 시간과 노력이 필요할 것이라고 예측할 수 있다. 우리 사회가 지향하는 통일은 정치, 경제적 수준의 통일만이 아닌 남북한 주민의 마음의 통일을 기반으로 하는 진정한 의미의 사회통합이므로 통일을 대비하는 노력에서 결코 등한시할 수 없는 부분이 남북한 주민 간의 마음의 통합이다. 한반도 통일이 이루어진 이후의 사회를 생각해 볼 때 차별감과 문화적응의 어려움을 더 많이 경험할 수 있는 집단은 북한 주민이 될 가능성이 높으며, 통일 이후 남북한 주민의 상호간 신뢰를 제고하고 진정한 의미의 통일을 이루기 위해서는 남한 주민과의 격차로 인한 차별감의 본질에 대해 정확히 이해하고 대비할 필요가 있다.

따라서 본 연구에서는 독일의 통일 30년이 지난 이 시점에서 동독 출신자들이 경험하는 차별감, 통일에 대한 태도, 그리고 심리적응 수준이 어떤지를 파악하고, 특히 동독 출신자들이 심리적으로 경험하는 차별감의 속성과 이들이 경험하는 차별지각이 통일에 대한 태도와 어떤 관계를 지니는지 등을 분석함으로써 미래 통일 한국사회에서 나타날 수 있는 심리적 갈등의 문제, 그중 특히 북한 주민들이 느낄 수 있는 심리적 차별감과 통일에 대한 태도의 관계에 대한 함의를 도출하고자 하였다.

II. 선행연구 검토

1. 독일 통일 후 동서독의 사회적 통합

통일 30주년이 넘어가는 시점에서 독일 통일은 전반적으로 긍정적으로 평가되는 것으로 보인다. 물론 통일 직후 독일의 경제는 저성장으로 한동안 어려움을 겪었으나 이후에는 경제개혁으로 독일의 경제 력은 더 크고 견고해졌으며,[6] 현재는 정치, 경제, 군사 등 거의 모든 측면에서 성공적인 유럽의 지도적 권력으로 여겨지고 있다.[7] 독일주민의 통일에 대한 만족도 역시 시간이 지남에 따라 증가하는 추세를 보이고 있는데, 독일에서 추진된 한 조사[8]에 따르면, 1999년 9월, 독일 통일에 대해 만족한다는 응답이 독일인의 65% 수준이었던 것에 비해 2017년 11월에는 79%로 증가하는 등 통일에 대한 전반적인 만족도는 점차 증가한 것으로 나타났다. 이렇게 통일에 대한 만족도는 시간이 지남에 따라 점차 증가하고 있지만, 통일 이후 동서독 지역 주민들 간 의 '내적 통일'은 30년이 지난 지금까지도 아직 완전하게 이루어지지 못한 것으로 보인다. 통일 초기, 동서독 주민의 내적 통일에 대한 기대는 매우 낙관적이었으나 시간이 지날수록 점점 어려운 일임을 느끼고 있는 것으로 보인다. 예를 들면, 독일 국민을 대상으로 1990년부터 몇 년에 한 번씩 경제통합과 사회통합의 달성에 필요한 기간을 예상해 보도록 했을 때, 통일 직후에는 경제통합과 사회통합에 소요되는 기간을 매우 짧게 생각하였으나 시간이 지날수록 점차 소요 시간을 더 길게 평가하는 경향을 나타냈고, 특히 이 중 사회통합에 걸리는 시간이 경제통합에 걸리는 시간보다 더 길 것이라고 예상하고 있는 것으로 나타났다. 예를 들면, 1996년 조사에서 독일 국민들은 경제통합에 비해 사회통합에 소요되는 시간이 평균 5년에서 10년은 더 걸릴 것이라고 생각하고 있는 것으로 나타났다.[9]

6 손선홍, 『독일통일 한국통일』(서울: 푸른길, 2016), 310쪽.

7 "통일 30주년 독일은 지금," 『시사인』, 2019년 7월 31일.

8 ARD-DeutschlandTREND(2017.11); 김상철, "독일 통일 후 구동독지역의 사회정책 과 사회통합," 『질서경제저널』, 제22권 2호(2019), 21쪽 재인용.

9 고상두, "통일 이후 사회통합 수준에 대한 동서독 지역주민의 인식," 『유럽연구』, 제28권 2호

한편, 롤프 라이시히(Rolf Reiβig)는 통일에 대한 동독인의 태도 변화를 3단계로 설명한 바 있다. 제1단계는 환희의 단계로 1989년 11월 베를린 장벽이 무너지고 1990년 10월 3일 독일이 공식적 통일을 선언하는 시기까지를 말하는데, 독일통일에 커다란 환희와 자긍심을 느끼면서 미래에 대한 낙관적인 전망을 하는 단계였다. 제2단계는 1991년 초에서 1994년까지의 시기로 충격의 단계인데, 이때는 동독인들이 체제전환의 충격과 통일쇼크에 의해 삶의 기반을 잃고 그간의 문화단절과 문화충격을 집중적으로 경험하는 시기로 설명된다. 제3단계는 성찰의 단계로 1995년부터 2005년까지를 말하는데, 동독인들이 세상을 새로운 관점에서 바라보기 시작하면서 동독인의 공동체 의식과 집단적 정체성에 눈을 뜨고 집단적 자의식을 키워 나간 시기로 설명되고 있다.[10] 이와 관련하여 김누리 등[11]은 동독인들의 강화된 자의식이 동독지역의 부분문화(Telgesellschaft)[12]를 생성하게 되었고, 그 결과 동서독 간의 문화 차이는 좁혀지지 않는 결과를 낳았다고 설명하고 있다. 특히 동독인들은 지금도 스스로를 '2등 국민'이라고 자조하며 저항적 정체성을 떨쳐 내지 못하고 있다고 알려져 있다. 한 예로 2019년 동독지역의 작센과 브란덴브루크주에서 주의회가 있었는데, 독일을위한대안(AfD)이라는 극우정당이 두 지역 모두에서 2위를 차지하는 결과가 나왔고, 이 선거를 즈음하여 동독지역 주민들을 대상으로 조사한 여론 결과에서 동독 주민의 66%가 자신을 2등 국민이라고 응답한 것으로 나타났다.[13] 이는 매우 최근의 조사결과로, 통일이 된 지 30년이 지

(2010), 275쪽.

10 김누리 외, 『통일독일의 문화변동: 동독의 귀환, 신독일의 출범』(한울엠플러스, 2009), 23~24쪽.

11 위의 책, 25~26쪽.

12 Rolf Reiβig, "Die gespaltene Vereinigungsgesellschafts"(Dietz Verlag, 2001), p.252 재인용.

13 김누리, "독일통일 3대 신화: 독일통일 30년과 한반도," 『통일인문학』, 84(2020), 120쪽.

난 시점에서도 여전히 많은 동독 주민들이 이런 생각을 지니고 있는 현상은 놀라운 일로 보인다. 이는 갑자기 찾아온 동서독 통일이 일방적인 서독 질서의 이식으로 진행되어, 서독의 사회적 시장경제가 동독의 질서로 이식됨에 따라 동독의 사회주의적 통제경제가 서독의 시장경제로 대체되었고, 교육제도, 복지제도, 노사관계 등이 모두 서독의 기준에 따라 재편되었으며, 그 결과 서독인은 통일 전과 달라진 것이 크게 없는 삶을 살아간 반면, 동독인들은 자신들이 그동안 살아 온 삶의 방식이 총체적으로 부정당했다고 생각하는 결과를 낳았기 때문으로,[14] 서로 다른 체계의 사회통합이 결코 쉽지 않은 문제임을 보여 주는 결과로 생각된다.

2. 동독 출신자들이 경험하는 차별감

앞에서 언급한 바와 같이 통일에 대한 만족도가 전반적으로 높아지고 있지만 통일 직후부터 한동안은 동서독 사람들 모두 불만이었고, 서로 간에 대한 고정관념과 편견을 지니고 있었으며, 그중 불만족도가 더 높은 쪽은 동독 출신자들이고 스스로를 2등 국민이라고 인식하고 있는 것으로 알려져 있다. 2006년도 당시 독일의 국민복지연대가 시행한 동독 주민의 통일 인식[15]을 보면 동독 주민의 80%는 자신의 미래 상황에 대하여 불안해하는 것으로 나타났다.[16] 통일 이후 기대했던 것에 비하여 물질적으로도 만족스럽지 못하고, 실업률이 증가하고, 범죄율이 오르고, 도시가 폐허화되는 등 통일 이후 오히려 더 상황이 나빠졌다고 생각하기 때문이다. 따라서 동독

14 김상철, "독일 통일 후 동독지역의 사회정책과 사회통합," 『질서경제저널』, 제22권 2호(2019), 2~3쪽.

15 국민복지연대(2007.1.)의 조사 결과는 이기식, 『독일통일 25년 후』, 167쪽에 제시한 내용을 재인용함.

16 이기식, 『독일통일 25년 후』, 167쪽.

출신자들은 통일 전 동독 시절로 돌아가고 싶어 하는 향수(오스탈기)를 느끼기까지 한다.

또한 동서독 주민 간의 상대적 박탈감을 조사한 다른 조사에서도,[17] '통일이 서독/동독 주민에게 많은 손해를 가져다주었다'는 문항에 대하여 서독 주민은 55.9%, 동독 주민은 57.3%가 '그렇다'고 응답한 반면, '동독의 재건을 위해 힘쓴 서독/동독 주민의 노력이 평가받지 못하였다'는 문항의 경우는 서독 주민의 53.9%, 동독 주민의 75.2%가 '그렇다'고 응답을 하였고, '서독/동독 주민이 상대 지역 주민에 대한 이해심이 부족하였다'는 문항에 대해서는 서독 주민의 44.1%, 동독 주민의 72.4%가 '그렇다'고 응답을 하였다. 즉, 70% 이상의 동독 주민들이 자신들의 노력이 평가받지 못했고, 동독 주민에 대한 서독 주민들의 이해심이 부족했다고 느끼고 있는 것이다.[18]

이러한 불평등에 대한 지각된 차별감은 지금까지도 동독인들의 마음속에서 유지되고 있는 것으로 보이는데, 지각된 차별감(perceived discrimination)이란 '인종, 민족, 연령, 성별, 사회경제적 위치, 비만, 성적 지향 등 개인이 지닌 속성으로 인하여 다른 사람들로부터 불공평 하게 취급된다는 개인의 지각이다.[19] 사회적으로 지각된 차별감을 경험하게 되는 집단은 한 사회의 소수집단으로, 이들이 경험하는 지각된 차별감은 정신건강에 영향을 미친다. 특히 인종적 소수집단이나[20] 이민자[21] 등의 경우 지각된 차별감으로 인하여 정신건강에 부정적인 결과를 초래하기 쉬운데, 지

17 GMG Survey(2008); 고상두, "통일 이후 사회통합 수준에 대한 동서독 지역주 민의 인식," 280쪽 재인용.

18 고상두, "통일 이후 사회통합 수준에 대한 동서독 지역주민의 인식," 280쪽.

19 R. C. Kessler, K. D. Mickelson and D. R. Williams, "The prevalence, distribution, and mental health correlates of perceived discrimination in the United States," Journal of Health and Social Behavior, Vol.40(1999), pp.208~230.

각된 차별감은 자아존중감이나 사회적 안녕감에 부정적인 영향을 미치는 것으로 알려져 있다.[22]

동독 주민의 경우 인종적 소수집단이나 이민자는 아니나 독일사회 내에서 2등 시민이라고 인식하는 등 소수집단의 위치를 차지하고 있다고 볼 수 있다. 이영란의 연구에 따르면[23] 통일 이후 14년이 지난 시점에도 동독 주민들은 여전히 상대적 박탈감을 경험하고 있었는데, 동독의 과거 역사에 대한 평가절하, 노동시장에서의 차별대우, 생활수준의 불균형, 통일과정에서의 배제 등이 복합적으로 영향을 미친 것으로 해석되었다. 이러한 요인들은 동독 주민들에게는 사회적 차별로 인식되고 있으며, 이는 동독 주민의 불만을 가중시키는 역할을 하게 된다. 통일과정에서 독일의

20 S. Karlsen and J. Y. Nazroo, "Relation between racial discrimination, social class, and health among ethnic minority groups," American Journal of Public Health , Vol.92(2002), pp.624~631.

21 S. Noh, M. Beiser, V. Kaspar, F. Hou and J. Rummens, "Perceived racial discrimination, depression and coping: A study of Southeast Asian refugees in Canada," pp.193~207.

22 J. Crocker and B. Major, "Social stigma and self-esteem: The self-protective properties of stigma," Psychological Review , Vol.96(1989), pp.608~630; J. Crocker and B. Major, "The stigma of overweight: Affective consequences of attributional ambiguity," Journal of Personality and Social Psychology, Vol.64(1993), pp.60~70; B. Major, "From social inequality to personal entitlement: The role of social comparisons, legitimacy appraisals and group membership," in M. P. Zanna(eds.), Advances in Experimental social psychology, Vol.26, pp.293~348(San Diego, CA: Academic Press. 1994); M. Rogenberg, Society and adolescent Self-Image(Princeton, NJ: Princeton University Press, 1965); M. Ruggiero and D. M. Taylor, "Coping with discrimination; How disadvantaged group members perceive the discrimination that confronts them," Journal of Personality and Social Psychology , Vol.68(1995), pp.826~838; M. Ruggiero and D. M. Taylor, "Why minority group members perceive or do not perceive the discrimination that confronts them: The role of self-esteem and perceived control," Journal of Personality and Social Psychology, Vol.72(1997), pp.373~389.

23 이영란, "통일 이후 동독지역 주민의 상대적 박탈감," 『한국사회학』, 제39권 1호 (2005), 152~153쪽.

정치, 경제, 사법, 행정 등 모든 분야에서 서독 엘리트 지배가 시작되었고, 이 과정에서 동독인은 능력을 제대로 인정받지 못했다는 박탈감을 경험했다는 것이다. 즉, 사회경제적 차원에서 서독 주도로 이루어진 통일과정의 일방성과 그에 따른 피해의식이 주요 이유라는 것이다. 이 연구의 인터뷰 대상자 중 연구원이라는 안정적인 직장을 갖고 있는 대상자들 중 특히 고학력자들 은 서독에서 온 수입 엘리트들에 의해 직장의 요직을 점령당하고 가장 생생하게 배제와 차별을 경험하는 집단이라고 인식하고 있었다.[24] 또한 통일 직후 나타난 대량해고, 실업위기, 이직 등과 같은 노동환경의 변화와 이에 따라 2등 국민으로 전락하는 것에 대한 두려움이 다른 중요한 이유로 꼽히고 있는데, 독일의 빈곤율을 비교하면 동서독 간에 실제로 차이가 있는 것으로 나타나고 있다. 즉, 2006년부터 2017년까지 빈곤율이 꾸준히 증가하였는데, 2000년대 초반 경제가 어려운 국면에서 빈곤율은 서독지역에 비하여 동독지역에서 현저하게 증가한 것으로 나타났다. 2015년 구 동독지역의 빈곤율은 19.7%인 것에 비하여 서독지역의 빈곤율은 14.7%였다. 특히 2015년 당시 동서독 지역의 실업률을 비교해 보면, 구 동독지역이 69.2%, 구 서독지역이 54.4%로 매우 큰 차이를 보여 주고 있다.[25] 동독 시절에 실업을 경험하지 못한 동독인들에게 실업은 자신을 무의미한 존재로 전락하게 하였고, 불평등한 취업 기회에 다시 한번 좌절을 겪으면서 일상에 대한 불만, 사회 부적응, 자존심 상실, 자기비하, 의기소침, 고독감, 인내심 상실, 사회 불신과 같은 심리적 문제에 빠졌다.[26]

사실상 통일 이후 동독 출신자들 중 학력이 높거나 나이가 젊은 층은

24 위의 글, 155쪽.

25 Statistisches, Amtliche Soziabrlichterstattung(2015); 김상철, "독일 통일 후 구동 독지역의 사회정책과 사회통합," 14~15쪽 재인용.

26 이영란, "동독인의 상대적 박탈감," 102쪽.

대부분 서독으로 이주를 하였고, 통일 이후 동독지역에 남아 있는 사람들은 연령이 높은 집단이거나 젊은 세대의 경우 학력이 낮거나 직업훈련을 받지 못한 사람들로, 서독으로 떠나기에는 기술이나 능력이 없는 사람들로 분석되고 있다.[27] 물론 동독의 인구는 제2차 세계대전 이후 지속적으로 감소하고 있었고 베를린 장벽이 무너진 후 대 규모 이주가 발생하여 1989년부터 2015년까지 5.2백만 명이 동독에서 서독으로 이주를 하였으며, 2019년 현재 기준 동독의 인구는 1905년의 수준에 불과한 것으로 알려져 있다.[28] 특히 동독의 남자보다 여자들이 서독으로 이주를 많이 하여 파트너를 구할 수 없는 젊은 남성 집단이 사회불만 세력으로 등장했다는 설명도 있다.[29]

사회적 차별감을 지속적으로 경험하는 경우, 차별 경험자들은 사회의 부당함에 대한 불만이 점점 커지고 자신들이 속한 집단에 대한 동일시가 더욱 높아지는데, 이러한 특성이 사회적 갈등을 증폭시키는 요인이 될 수 있다[30]는 연구결과에 비추어 볼 때, 동독 출신자들이 지속적으로 차별감을 지각하게 된다면 그것은 당연히 사회적 갈등의 요인이 될 수 있음을 알 수 있다.

이러한 지각된 차별감은 특정한 연령층만이 경험하는 것이 아니라 동독 출신자들의 전 연령층이 경험하는 것으로 보이는데, 통일이 된 이

27 이기식, 『독일통일 15년의 작은 백서』, 109쪽.

28 Rosel, F. Die Wucht der deutschen Teliung wirf vollig unterschatzt, ifo Dresden berichtet, Vol.3(2019), pp.23~25; 김상철, "독일 통일 후 구동독지역의 사회정책과 사회통합," 12쪽 재인용.

29 이기식, 『독일통일 15년의 작은 백서』, 109쪽.

30 J. Crocker and B. Major, "Social stigma and self-esteem: The self-protective properties of stigma," pp.608~630; J. C. Turner and R. Brown, "Social status, cognitive alternatives and intergroup relations," in H. Tajfel(ed.), Differentiation between social groups: Studies in the social psychology of intergroup relations, pp.235~250(London: Academic Press, 1978).

후 출생한 동독지역 고등학생들을 인터뷰한 이영란의 연구에서는 인터뷰에 참여한 청소년들의 평균연령이 연구 당시 17세로, 1987년 전 후로 출생한 세대임에도 불구하고 구 동독에 대한 미화된 인식, 서독 사회에 대한 부정적 고정관념 등을 가지고 있는 것으로 나타났다. 이에 대해 이영란은 이미 통일이 된 이후에 태어나 구 동독의 교육과정을 경험하지 못했음에도 불구하고 이런 태도를 가지게 된 것은 가족이나 동독지역 언론매체의 영향으로 인한 사회화 결과라고 해석하였다.[31] 즉, 통일 이후 동독주민들의 정서적 심리적 상황은 부모로부터 자녀로 대물림되어 자녀 세대 내에서도 재생산되고, 의식적, 무의식적으로 영향을 받고 있으며, 동독지역의 정체성을 확대 및 강화시키는 데 동독의 매체가 영향을 미친다는 것이다.[32]

이러한 선행연구들을 볼 때, 통일된 지 30년이 넘어서까지 동독 출신자들이 가지고 있는 심리적 차별감은 세대가 변화하는 과정에서 점차 약화될 수는 있지만 가족구성원이나 매체 등을 통해 끊임없이 재생산되고 끈질기게 남아 있으며, 쉽게 해소되지 못할 것으로 생각된다. 따라서 동독주민의 경우도 지속적으로 차별감을 경험하게 될 경우 자아존중감이나 삶의 만족도 저하 등 심리적으로 부정적 경험을 할 수 있으며, 결국 동독인이 경험하는 지각된 차별감은 사회통합을 저해하는 중요한 요소로 작용할 것이다. 앞에서도 언급한 바와 같이 사람들이 한 사회에서 차별감을 지각하는 경우 자아존중감이나 사회적 안녕감을 저해하고, 자아정체성에 영향을 미치며, 자존심의 저하를 가져오는 등 많은 부정적 영향을 미치는 것으로 보고되고 있기 때문이다.[33] 이러한 집단 간 갈등의 문제는 향후 통일 한국

31 위의 글, 2~3쪽.

32 이영란, "집단적 아이덴티티와 고정관념에 대한 연구: 동독지역 고등학생들의 집단적 아이덴티티 형성을 중심으로," 『경제와사회』, 제9권(2005), 288~290쪽.

33 양계민·이우영, "북한주민이 다문화집단에 대해 느끼는 현실갈등인식이 삶의 만족도에 미치

사회에서도 나타날 수 있는 문제인 바, 본 연구에서 동독 출신자들의 지각된 차별감과 통일에 대한 태도와 심리적 적응의 문제를 함께 살펴보고자 하였다.

III. 연구문제 및 방법

1. 연구문제

본 연구의 주된 목적은 독일이 통일된 지 30년이 지난 후에도 여전히 동독 출신자들이 지각하는 차별의 속성이 어떠한지를 파악하고, 동독 출신자들이 경험하는 차별지각이 통일에 대한 태도와 어떤 관련이 있는지를 파악하는 것이었다. 이와 더불어 동독 출신자들이 경험하는 차별지각에 영향을 미칠 수 있는 배경특성과 심리적응 요인을 함께 분석하고자 하였다. 연구 문제를 구체적으로 제시하면 다음과 같다.

연구문제 1. 동독 출신자들이 지각하는 차별감과 통일에 대한 태도의 특성은 어떠한가?
연구문제 2. 동독 출신자들의 심리적응 수준은 어떠한가?
연구문제 3. 동독 출신자들의 지각하는 차별감은 배경특성, 심리적응 수준 및 통일에 대한 태도와 어떤 관계가 있는가?

는 영향: 지각된 차별감의 매개효과를 중심으로," 『한국심리학회 지: 사회 및 성격』, 제30권 1호(2016), 136쪽 재인용.

2. 연구방법

(1) 조사 대상자

조사 대상자는 독일에 거주하는 성인 중 동독 출신자 총 450명으로 각 배경특성별 빈도는 **표 1**과 같다. 조사 대상자 중 남자는 230명 (51.1%)이었고, 여자는 220명(48.9%)로 거의 반반이었다. 이 중 현재 동독에 거주하는 동독인은 311명(69.1%)였고, 서독에 거주하는 동독인은 139명(30.9%)이

표 1. 조사 대상자 배경특성

배경특성		빈도(%)	배경특성		빈도(%)
성별	남	230(51.1)	월평균 소득 수준	1000유로 미만	60(14.7)
	여	220(48.9)		1,000~1,499유로	60(14.7)
현 거주지	동독	311(69.1)		1,500~1,999유로	56(13.8)
	서독	139(30.9)		2,000~2,499유로	62(15.2)
연령집단	20대	80(17.8)		2,500~2,999유로	67(16.5)
	30대	89(19.8)		3,000~4,499유로	68(16.7)
	40대	96(21.3)		4,500~4,999유로	22(5.4)
	50대	101(22.4)		5,000유로 이상	12(2.9)
	60대 이상	84(18.7)	최종 학력	Grund-/Hauptschule (초등학교/보통학교)	30(6.7)
직업 유무	있다	289(64.2)		Realschule(실업학교)	56(12.4)
	없다	161(35.8)		Gymnasium (인문계고등학교)	46(10.2)
주관적 가정 형편	아주 어렵다	34(7.6)		Ausbildung(직업학교)	202(44.9)
	어려운 편이다	69(15.3)		Fachhochschule (전문대학)	33(7.3)
	보통이다	177(39.3)		Hochschule(Diplom) (대학교)	55(12.2)
	잘사는 편이다	134(29.8)		Hochschule (Magister/Master) 석사 이상	28(6.2)
	아주 잘산다	36(8.0)	전체		450(100.0)

주: 무응답은 제외했다.

었으며, 연령별로는 20대가 80명(17.8%), 30대가 89명 (19.8%), 40대가 96명(21.3%), 50대가 101명(22.4%), 60대 이상이 84명(18.7%)이었다. 주관적 가정형편은 '아주 어렵다'고 응답한 경우가 34명 (7.6%)이었고, '어려운 편'이라고 응답한 경우가 69명(15.3%), '보통'이라고 응답한 경우가 177명(39.3%), '잘사는 편'이라고 응답한 경우가 134명(29.8%)이었으며, '아주 잘산다'라고 응답한 사람은 36명(8.0%)이었다. 그에 비해 월평균 소득수준은 **표 1**에서 볼 수 있듯이 4,500유로 이상을 제외하고는 거의 모든 수준에서 60명 내외였다. 최종학력의 경우는 Grund-/Hauptschule(초등학교/보통학교) 이하가 30명이었고, Realschule(실업학교)가 56명(12.4%), Gymnasium(인문계고등학교)이 46명(10.2%), Ausbildung(직업학교)이 202명(44.9%), Fachhochschule(전문대학)가 33명 (7.3%), Hochschule(Diplom)(대학교)가 55명(12.2%), Hochschule[Magister/Master(석사) 이상이 28명(6.2%)이었다. 마지막으로 조사 대상자 중 직업이 있는 경우가 289명(64.2%)이었고 없는 경우가 161명(35.8%)이었다.

(2) 조사절차

본 조사는 독일 온라인패널을 활용하여 2021년 1월 12일부터 2021년 2월 15일까지 약 한 달간 시험조사를 실시한 후 본 조사를 실시하였다. 설문 문항은 우선 연구자가 한국어로 설문지를 작성하고, 최종 설문지를 독일어 전문 번역가가 1차 번역을 하였다. 독일어로 번역한 설문지를 현재 독일에서 정치학 박사과정에 재학 중인 한국인이 1차 검토하고, 이 검토 수정본을 독일 현지인이 2차 검토를 하면서 독일의 현실에 맞는 용어로 수정하고 다시 독일에서 박사과정 중에 있는 1차 검토자가 재확인하는 절차를 거쳐서 독일어판 설문지를 완성하였다. 설문문항은 경남대학교 생명윤리위원회의 심의를 통과하였다(승인번호 1040460-A-2020-004). 완성된 설문지는 온라인 조사 형태로 구성하여 독일 온라인패널사이트에 올리고 조사 대상자에 해당되는 경우만 응답할 수 있도록 하였다. 본 연구에서 동독 출신자는 현재 통일 전 기준으로 동독 지역에 거주하고 있고, 본인이 동독지역에서 출생하였으며, 부모님도 동독 출신이고, 동독에서 주로 성장하였다고 응답한 경우, 그리고 현재 통일 전 기준으로 서독에 거주하고 있으나 본인이 동독에서 출생하였고, 부모님이 동독 출신이며 본인이 주로 동독 지역에서 성장하였다고 응답한 경우로 정의하였다.

(3) 측정변인

① 배경특성

본 연구의 배경특성으로는 앞의 조사 대상자 특성 설명에 제시한 성별, 현 거주지, 연령, 직업유무, 주관적 가정형편, 최종학력을 조사하였다(**표 1** 참조). 최종학력의 경우는 한국과 교육체계가 다소 다르지만 독자의 이해를 돕기 위하여 그룬트슐레 이하는 중학교로, 레알슐레와 김나지움은 고등학교로, 아우스빌둥과 파흐호흐슐레는 전문대학으로, 호흐슐레 이상은 대학교 졸업 이상으로 재범주화하여 분석에 사용하였다.

② 지각된 차별감

지각된 차별감은 개인적 수준의 차별감과 집단적 수준의 차별감 두 가지 하위 요인으로 구성하였다. 개인적 수준의 차별감은 이소래[34]의 연구에서 이용한 북한이탈주민의 문화적응스트레스 척도 33문항 중 지각된 차별감

34 이소래, "남한이주 북한이탈주민의 문화적응스트레스에 관한 연구"(이화여자대 학교 석사학위논문, 1996).

문항 중 4개 문항을 선정하여 동독 출신자들이 경험하는 지각된 개인적 수준의 차별감 문항으로 수정하였다. 문항의 내용은 '나는 사회생활에서 서독 출신들과 다르게 취급된다', '서독 출신자들은 내가 동독 출신자들이라는 편견을 가지고 있다', '나는 내가 동독 출신이라는 것 때문에 위축된다', '나는 서독 출신자들이 동독 출신자들을 무시하는 것에 화가 난다'는 총 4개 문항이었다. 집단적 수준의 차별감은 위 연구에서 지각된 차별감을 측정하는 요인 중 '독일사회에서 동독 출신자들은 서독 출신자들에 비하여 사회적 지위가 낮다고 느낀다'는 문항과 집단적 박탈감 문항 4문항을 추가한 총 5개 문항으로, '독일사회에서 동독 출신자들은 서독 출신자들에 비하여 사회적 지위가 낮다고 느낀다', '서독에 비하여 동독의 사회생활 여건이 나쁘다고 생각한다', '동독이 현재 서독보다 상대적으로 나쁜 처지인 것은 분명하다', '동독은 서독에 비하여 상대적으로 손해를 보고 있다', '독일사회에서 동독 출신자들은 서독 출신자들에 비하여 상대적으로 나쁜 대우를 받고 있다'는 내용이었다.

이때 개인적 차별감의 점수가 높을수록 동독인들이 개인 차원에서 경험하는 차별지각의 수준이 높음을 의미하고, 집단적 차별감의 경우는 동독 출신자 집단이 서독집단에 비해 차별을 받고 있다는 지각수준이 높음을 의미한다고 해석될 수 있다. 개인적 차별감의 신뢰도는 α=.78, 집단적 차별감의 신뢰도는 α=.91이었다.

③ 통일에 대한 태도

통일에 대한 태도는 양계민의 연구[35]에서 사용한 문항을 사용하였는데, 독일통일의 각 영역, 즉, 경제, 정치, 사회, 교육, 주택, 세금 등 총 15가지 영역

35 양계민, "남북통일의 사회적 부담 인식이 통일에 대한 지지에 미치는 영향: 세 대별 독일통일에 대한 인식의 조절효과를 중심으로," 『현대북한연구』, 제22권 2호(2019), 62쪽.

에 대하여 통일 이전과 비교하여 어떻게 변화했다고 느끼는지를 '매우 긍정적'(1), '다소 긍정적'(2), '중간'(3), '다소 부정적'(4), '매우 부정적'(5)의 5점 척도상에 표시하도록 하였고, 분석에서는 역코딩을 하여 점수가 높을수록 긍정적인 태도를 지닌 것으로 해석하도록 하였다.

④ 심리적응 요인

심리적응 요인 중 삶의 만족도는 '나는 사는 게 즐겁다', '나는 걱정거리가 별로 없다', '나는 내 삶이 행복하다고 생각한다'의 총 3개 문항에 대하여 '전혀 그렇지 않다'(1)에서 '매우 그렇다'(5)까지 5점 척도상에 응답하게 하도록 되어 있는 김신영 등(2006)의 척도를 수정, 보완한 양계민(2017)[36]의 척도를 사용하였다. 따라서 점수가 높을수록 삶의 만족도가 높음을 의미하였다. 삶의 만족도 척도의 신뢰도는 α=.82였다.

심리적응 요인 중 자아존중감은 로젠버그(Rogenberg)[37]의 척도를 사용하였는데, '나는 다른 사람들처럼 가치 있는 사람이라고 생각한다', '나는 좋은 성품을 가졌다고 생각한다', '나는 나 자신에 대해 긍정적인 태도를 가지고 있다' 등을 포함한 총 9개 문항을 사용하였고, '전혀 그렇지 않다'(1)부터 '매우 그렇다'(5)까지 총 5점 척도상에 응답하도록 하였 다. 따라서 점수가 높을수록 자기 자신에 대한 존중감이 높음을 의미 하였다. 자아존중감 척도의 신뢰도는 α=.83이었다.

36 양계민, "통일이후 독일주민의 이주민에 대한 태도: 삶의 만족도와 스트레스의 영향을 중심으로," 『북한연구학회보』, 제21권 1호(2017), 85~113쪽.

37 M. Rogenberg, Society and adolescent Self-Image (1965).

IV. 연구결과

1. 동독 출신자들의 지각된 차별감과 통일에 대한 태도

(1) 동독 출신자들의 지각된 차별감의 문항별 평균

우선 본 연구의 핵심 주제인 동독 출신자들의 지각된 차별감을 살펴보았다. 앞에서 언급한 바와 같이 개인적 차별감과 집단적 차별감을 나누어서 보았고 총 5점 만점으로 측정하였는데, **표 2**에 나타난 바와 같이 개인적 차별감은 중간값인 3점보다 낮은 것으로 나타났고, 집단적 차별감은 3점보다 높거나 3점에 가까운 것으로 나타났으며, 평균값으로 보았을 때, 개인적 차별감보다는 집단적 차별감이 높은 것으로 나타났다. 개인적 차별감의 전체 평균인 2.52와 집단적 차별감의 전체 평균인 3.04의 차이(-.52)가

표 2. 지각된 차별감의 문항별 평균과 표준편차(5점 만점)

구분	번호	문항	평균 (표준편차)
개인적 차별감	1	나는 사회생활에서 서독 출신들과 다르게 취급된다	2.60(1.23)
	2	서독출신자들은 내가 동독 출신이라는 편견을 가지고 있다	2.62(1.18)
	3	나는 서독출신자들이 동독 출신자들을 무시하는 것에 화가 난다	2.66(1.16)
	4	나는 내가 동독 출신이라는 것 때문에 위축된다	2.17(1.15)
	전체		2.52(.92)
집단적 차별감	5	독일사회에서 동독 출신자들은 서독 출신자들에 비하여 사회적 지위가 낮다고 느낀다	3.14(1.19)
	6	서독에 비해서 동독의 사회생활 여건이 나쁘다고 생각한다	2.95(1.11)
	7	동독이 현재 서독보다 상대적으로 나쁜 처지인 것은 분명하다	3.00(1.12)
	8	동독은 서독에 비교해서 상대적으로 손해를 보고 있다	3.13(1.14)
	9	독일사회에서 동독 출신자들은 서독 출신자들에 비하여 상대적으로 나쁜 대우를 받고 있다	2.94(1.17)
	전체		3.04(.98)

통계적으로 유의미한 수준인지 분석한 결과, 두 평균값의 차이는 통계적으로 유의미한 것으로 나타났다(t=-14.10, p<.001). 즉, 동독 출신자들은 개인 차원에서 경험하는 차별감보다는 자신이 속한 동독 집단이 집단적으로 차별을 받는다고 생각하는 수준이 더 높은 것으로 나타났다.

(2) 동독 출신자들의 통일에 대한 태도의 문항별 평균

동독 출신자들이 통일 후 독일사회의 각 영역에 대하여 얼마나 긍정적으로 변화하였다고 생각하는지에 대하여 5점 만점으로 측정한 결과를 **표 3**에 평균이 높은 순서대로 제시하였다. 그 결과 동독 출신자들은 국제적 위상이나 개인적인 삶의 질, 경제적인 발전, 전반적 생활환경, 교통통신, 정치

표 3. 동독 출신자들의 통일에 대한 태도의 문항별 평균과 표준편차(5점 만점)

영역		평균(표준편차)
긍정적 측면	국제적 위상	3.51(.91)
	개인적 삶의 질	3.47(.94)
	경제적 발전	3.46(.91)
	전반적인 생활환경	3.36(.90)
	교통통신	3.20(.96)
	사회적 안정	3.16(1.06)
	정치적 발전	3.12(1.00)
	교육의 질	2.95(1.06)
	국가재정	2.95(.92)
	군사력 증강	2.91(.88)
부정적 측면	지역갈등	2.76(.83)
	실업률	2.71(1.00)
	주택문제	2.63(1.04)
	범죄율	2.49(1.02)
	세금부담	2.48(.98)
	빈부격차	2.16(1.03)

발전 등 긍정적인 측면에 대해서는 평균 3점 이상을 보여 긍정적으로 변화하였다고 응답한 반면, 지역갈등이나 실업률, 주택문제, 범죄율, 세금부담, 빈부격차 등은 평균 3점보다 낮게 평가하여 통일 후 더 나빠졌다고 평가하고 있는 것으로 나타났다. 이 중 가장 낮은 평가항목은 '빈부격차'로 5점 만점에 2.16점의 나타내었다. 이는 동독 출신자들이 독일의 통일이 여러 가지 사회 전반의 측면에서 긍정적인 결과를 산출하였다고 평가하지만 빈부격차의 문제는 오히려 더 나빠졌다고 인식하는 경향이 강함을 보여 주는 결과이다.

(3) 지각된 차별감과 통일에 대한 태도의 배경특성별 차이

앞서 살펴본 지각된 차별감과 통일에 대한 태도가 배경특성에 따라 어떻게 다른지를 파악하기 위하여 성별, 연령별, 직업유무별, 교육수준별, 가정의 경제수준에 대한 주관적 인식별로 분석하였다. 그 결과는 **표 4**에 나타난 바와 같다. 우선 첫째로 지각된 차별감을 개인적 수준과 집단적 수준으로 나누어서 각각 살펴보았는데, 개인적 수준의 차별감의 경우 남자들이 여자보다 더 많이 경험하는 것으로 나타났으나 연령이나 직업유무에 따른 차이가 나타나지 않았다. 교육수준이 낮을수록 개인적 수준의 차별감을 많이 지각하는 것으로 나타났고, 주관적 가정형편에 대한 인식 수준이 낮을수록 개인적 차별감을 많이 지각하는 것으로 나타났다. 이에 비하여 집단적 차별감의 경우는 성별에 따른 차이는 나타나지 않았고 직업유무, 교육수준에 따른 차이도 나타나지 않았다. 연령과 주관적 가정형편에 따른 차이만 나타났는데, 50대 집단이 집단적 수준의 차별감을 가장 많이 지각하는 것으로 나타났고, 20대의 차별감이 가장 낮은 것으로 나타났다. 또한 주관적 가정형편에 따른 차이에서는 가정형편이 어렵다고 지각할수록 집

단적 차별감을 많이 지각하는 것으로 나타났다.

두 번째로, 통일에 대한 태도의 성별 차이를 보면, 남성들이 여성들에 비하여 통일에 대하여 긍정적인 것으로 평가하고 있었고, 연령별로는 40대 이하가 50대 이상에 비하여 긍정적인 태도를 지니고 있는 것으로 나타났으며, 직업이 있는 집단이 통일에 대하여 더 긍정적인 것으로 나타났고,

표 4. 배경특성에 따른 개인적 차별감과 집단적 차별감의 차이

배경특성		지각된 차별감		통일에 대한 태도
		개인적 차별감	집단적 차별감	
성별	남	2.60(.95)	3.10(.92)	3.02(.67)
	여	2.42(.88)	2.97(1.03)	2.90(.62)
	t	2.02*	1.42	2.01*
연령	20대	2.76(.88)	2.90(.89)b	3.19(.64)a
	30대	2.50(.88)	2.88(.92)b	3.08(.69)a
	40대	2.41(1.00)	3.00(1.00)ab	3.01(.67)a
	50대	2.49(.94)	3.27(1.09)a	2.75(.62)b
	60대 이상	2.43(.85)	3.09(.90)ab	2.80(.51)b
	F	1.89	2.46*	7.90***
직업유무	있음	2.47(.94)	2.98(.96)	3.02(.65)
	없음	2.58(.88)	3.13(.99)	2.85(.64)
	t	-1.17	-4.55	2.62**
교육수준	중학교 졸업 이하	2.81(.69)a	2.97(.77)	2.81(.67)b
	고등학교 졸업	2.66(.95)ab	3.08(.98)	3.00(.63)ab
	전문대학 졸업	2.45(.88)b	3.03(.98)	2.90(.63)b
	대학교 졸업 이상	2.41(1.02)b	3.01(1.03)	3.13(.70)a
	F	10.69***	0.13	3.26*
주관적 가정형편	아주 어렵다	2.85(.98)a	3.47(1.09)a	2.74(.94)c
	어려운 편이다	2.82(.80)ab	3.46(.98)a	2.60(.62)cd
	보통이다	2.50(.91)bc	2.92(.86)b	2.95(.55)bc
	잘사는 편이다	2.32(.89)c	2.89(1.00)b	3.13(.58)ab
	아주 잘산다	2.37(.99)c	2.90(1.02)b	3.26(.70)a
	F	5.04***	6.93***	11.31***

주:* $p < .05$, ** $p < .01$, *** $p < .001$, Duncan: a 〉 b 〉 c 〉 d

교육수준이 높을수록 통일에 대하여 긍정적으로 평가하는 경향이 있었으며, 주관적 가정형편 역시 높을수록 통일에 대한 평가가 긍정적인 것으로 나타났다.

2. 동독 출신자들의 심리적응 수준

다음으로 삶의 만족도와 자아존중감 등 동독 출신자들의 심리적응 요인을 성별, 연령, 직업유무, 교육수준, 주관적 가정형편에 따라 비교하였다. 우선 삶의 만족도에서 성별 차이는 나타나지 않았고, 연령에 따른 차이는 나타났는데, 50대의 삶의 만족도가 나머지 집단에 비해 유의미하게 낮은 것으로 나타났다. 또한 직업이 있는 경우 직업이 없는 경우보다 삶의 만족도가 높은 것으로 나타났고, 교육수준이 높은 집단의 삶의 만족도가 높은 것으로 나타났다. 마지막으로 주관적 가정 형편에 따른 삶의 만족도는 매우 극명하게 집단 간 차이가 있는 것으로 나타나 주관적 가정형편이 높을수록 삶의 만족도가 비례하여 높아지는 것으로 나타났다. 따라서 주관적 가정형편은 동독인의 삶의 만족도에 영향을 미치는 매우 중요한 요인임을 알 수 있었다.

두 번째로 자아존중감의 배경특성별 차이를 살펴보았는데, 성별 차이는 없었고, 연령이 높을수록 자아존중감이 높은 것으로 나타났다. 직업 유무에 따른 차이에서는 직업이 있는 경우 자아존중감이 더 높은 것으로 나타났고, 교육수준에 따른 차이는 중학교 졸업 이하인 집단이 나머지 집단에 비해 통계적으로 유의미한 차이로 낮은 것으로 나타났다. 따라서 중학교 졸업 이하를 제외하고는 교육수준에 따른 차이는 없다고 볼 수 있다. 마지막으로 주관적 가정형편에 따라 자아존중감의 차이가 있는지 살펴보았는데 삶의 만족도와 마찬가지로 본인의 가정형편이 좋다고 인식할수록 자아존중감이 높은 것으로 나타났다.

표 5. 배경특성에 따른 심리적응

배경특성		심리적응 요인	
		삶의 만족도	자아존중감
성별	남	3.32(.87)	3.68(.65)
	여	3.19(.84)	3.72(.62)
	t	1.64	-0.59
연령	20대	3.39(.78)a	3.45(.60)c
	30대	3.30(.90)a	3.54(.66)c
	40대	3.37(.87)a	3.74(.67)b
	50대	2.99(.90)b	3.79(.62)ab
	60대 이상	3.28(.75)a	3.94(.51)a
	F	3.46**	8.79***
직업유무	있음	3.43(.78)	3.77(.62)
	없음	2.96(.91)	3.57(.64)
	t	5.68***	3.13**
교육수준	중학교 졸업 이하	3.13(.92)b	3.21(.60)b
	고등학교 졸업	3.17(.87)b	3.58(.68)a
	전문대학 졸업	3.24(.83)ab	3.79(.59)a
	대학교 졸업 이상	3.48(.89)a	3.77(.64)a
	F	2.45***	9.13***
주관적 가정형편	아주 어렵다	2.34(1.20)e	3.21(.64)d
	어려운 편이다	2.74(.61)d	3.51(.66)c
	보통이다	3.18(.76)c	3.67(.60)bc
	잘사는 편이다	3.65(.64)b	3.86(.54)ab
	아주 잘산다	4.04(.54)a	4.04(.75)a
	F	41.70***	12.44***

주:** p 〈 .01, *** p 〈 .001, Duncan: a 〉 b 〉 c 〉 d 〉 e

3. 동독 출신자들의 지각된 차별감과 배경특성, 심리적응 수준 및 통일에 대한 태도의 상관관계

세 번째로 지각된 차별감과 나머지 측정요인들, 즉, 배경특성과 심리적응 수준, 그리고 통일에 대한 태도 간의 상관관계를 분석하였다. 그 결과는 **표 6**에 나타난 바와 같다. 우선 첫째로, 개인적 차별감 및 집단적 차별감과 배경특성의 상관관계를 보면, 연령이 높을수록 개인적 차별지각은 낮아지는(r=-.11) 반면 집단적 차별지각의 수준은 높아지는(r=.12) 것으로 나타났다. 이는 연령이 높아질수록 개인적인 수준의 차별은 낮게 지각하지만, 동독 출신자들이 집단적으로 차별을 받는다는 생각은 더욱 증가하고 있음을 보여 주는 결과라고 볼 수 있다.

두 번째로 주관적 가정형편이 낮을수록 개인적 차별감과 집단적 차별감이 모두 높아지는 것으로 나타났다(각각 r=-.19, r=.20). 따라서 주관적으로 지각하는 가정의 경제적 수준은 동독인이 경험하는 차별감에 중요한 영향을 미치는 요인임을 시사하였다. 세 번째로 교육수준이 높을수록 개인적 차별감은 감소하지만(r=-.13), 집단적 차별감과는 통계적으로 유의미한 상관관계는 없는 것으로 나타났다.

표 6. 각 변인 간의 상관관계

변인		개인적 차별감	집단적 차별감
배경특성	연령	-.11*	.12*
	주관적 가정형편	-.19***	-.20***
	교육수준	-.13**	-
심리적응	삶의만족도	-.11*	-.16**
	자아존중감	-.36***	-
통일에 대한 태도		-.16***	-.37***

주: * $p < .05$, ** $p < .01$, *** $p < .001$

둘째로, 심리적응 수준과 차별감의 관계를 살펴보았는데, 개인적 차별감이 높을수록 삶의 만족도가 낮아지고(r=-.11), 마찬가지로 집단적 차별감이 높을수록 삶의 만족도는 낮아지는 것으로 나타났다(r=-.16). 이때 집단적 차별감과 삶의 만족도의 부적 관계가 약간 더 높은 것으로 나타났다. 자아존중감의 경우는 개인적 차별감과의 관계만이 유의미한 것으로 나타났는데, 개인적 차별감이 높을수록 자아존중감이 떨어지고(r=-.36), 집단적 차별감과 자아존중감의 관계는 통계적으로 유의미하지 않은 것으로 나타났다.

셋째로, 개인적 차별감과 통일에 대한 태도의 상관관계는 r=-.16, 집단적 차별감과 통일에 대한 태도의 상관관계는 r=-.37인 것으로 나타났다. 이는 동독 출신자의 통일에 대한 태도에 영향을 미치는 요인은 개인적 수준에서 경험하는 차별감보다는 자신이 속해 있는 동독 집단 전체에 대한 차별감이 더 큰 요인일 가능성을 보여 주는 결과라고 볼 수 있다.

4. 개인적 차별감과 집단적 차별감, 통일에 대한 태도의 상관관계 효과성 검증

본 연구에서는 당초 동독 주민들이 개인적 차원 및 집단적 차원의 차별을 지각하는 것이 통일에 대한 태도에 어떤 영향을 미치는지 분석하고자 하였다. 그러나 개인적 차별인식과 집단적 차별인식 간의 상관관계가 r=.66으로 지나치게 높아, 통일에 대한 태도를 종속변인으로 하고 배경변인 및 개인적 수준의 차별감, 집단적 수준의 차별감을 독립변인으로 하는 회귀분석을 수행했을 경우 개인적 차별감이 통일에 대한 태도에 미치는 영향력을 나타내는 베타(β)값의 부호가 양수(+)로 바뀌는 결과가 산출되었다.[38] 따라서 일반적인 회귀분석을 사용할 수 없었고, 인과관계 분석이 아닌 상관계수의 계수 강도 차이를 검증함으로써 각 상관계수의 효과성을 간접적으로 파악하고자 하였다. 상관계수의 차이검증은 아이트 외(Eid et al., 2011)[39]의 방법에 근거하여 렌하르트와 렌하르트(Lenhard and Lenhard, 2014)[40]가 구성한 검증식에 대입하여 산출하였다. 그 결과 **표 7**에 나타난 바와 같이 개인적 차별감과 통일에 대한 태도의 상관계수 r=-.16과 집단적 차별감과 통일에 대한 태도의 상관계수 r=-.37은 통계적으로 유의미한 수준에서 차이가 있는 것으로 나타났다. 이는 동독 출신자들의 통일에 대한 태도의 관계에서 물론 개인적 수준의 차별감도 유의미한 관계가 있지만, 그보다는 동독 집단에 대한 집단 차별감이 더 큰 관계가 있음을 시사하는 결과라고 볼 수 있다.

표 7. 동독 출신자들의 개인적 차별감과 집단적 차별감의 통일에 대한 태도의 상관계수 효과성 차이 검증

r (개인적 차별감, 통일에 대한 태도)	r (집단적 차별감, 통일에 대한 태도)	r (개인적 차별감, 집단적 차별감)	Z
-.16	-.37	.66	5.57***

주: *** p 〈 .001

38 두 요인을 모두 독립변인으로 한 회귀분석을 수행했을 때 통일에 대한 태도에 대한 개인적 수준의 차별감 변인은 통계적으로 유의미하고, 집단적 차별인식의 베타(β)값보다 낮은 것으로 나타났으나, 부호가 양수(+)로 나타났고, 개인적 차 별지각 요인과 집단적 차별지각 요인을 각각 투입한 경우는 모두 유의미하고 부적(-)의 영향력을 지니는 것으로 나타났다.

39 M. Eid, M. Gollwitzer and M. Schmitt, Statistik und Forschungsmethoden Lehrbuch (Weinheim: Beltz, 2011).

40 W. Lenhard and A. Lenhard, "Hypothesis Tests for Comparing Correlations," Psychometrica(2014), https://www.psychometrica.de/correlation.html(검색일: 2021년 5월 10일).

V. 결론

본 연구는 독일 통일 후 동독 출신자들이 경험하는 지각된 차별감과 통일에 대한 태도의 관계를 파악함으로써 미래 통일 한국의 사회 통합에 시사점을 도출하기 위하여 수행되었다. 연구결과를 요약하면 다음과 같다.

우선, 동독 출신자들이 지각하는 차별감의 속성을 개인적 차별감과 집단적 차별감으로 구분하여 살펴본 결과 개인적 차별감보다는 집단적 차별감, 즉 동독 출신자 전체가 집단적으로 차별을 받고 있다는 인식이 강한 것으로 나타났다. 또한 개인적 차별과 집단적 차별이 배경특성에 따라 어떻게 나타나는지 살펴본 결과, 개인적 수준의 차별경험은 남자가 여자보다 더 많이 경험하는 것으로 나타났고, 교육수준이 낮을수록, 주관적인 가정형편이 낮을수록 더 많이 경험하는 것으로 나타났으며, 연령이나 직업유무에 따른 차이는 나타나지 않았다. 이에 비해 집단적 수준의 차별감의 경우는 성별, 직업유무, 교육수준에 따른 차이는 나타나지 않은 반면 연령과 주관적 가정형편에 따른 차이는 나타났는데, 50대가 집단적 수준의 차별감을 가장 많이 느끼는 것으로 나타났고, 20대가 가장 적게 느끼는 것으로 나타났다. 이는 현재의 50대는 통일 직후 동독 산업 기반의 경쟁력 약화와 대규모 실직 등 가장 어렵고 큰 변화를 20~30대에 경험한 세대로 가장 큰 차별감을 경험할 수밖에 없었던 세대인 반면, 2004년 이후 유럽의 통합이 확대되면서 전반적으로 독일의 사회경제적 상황이 좋아지면서 동독인, 서독인 모두 삶의 만족도 및 행복도가 올라가는 시기였기 때문에, 2004년 이후를 경험한 세대는 다른 집단에 비하여 전반적으로 차별감을 덜 느끼게 된 것으로 보인다. 이러한 결과는 동독 출신자들이 경험하는 차별감이 전반적으로 개인적 수준에서 경험하는 일상적 차별지각보다는 본인들이 속한 동독 출신자 집단 전체가 차별을 받고 있다는 특성을 지니고,

이러한 집단적 차별감은 성별, 직업유무, 교육수준과 상관 없이 모두에게 나타나며, 연령이 높을수록 집단적 차별감을 많이 느끼는 경향성이 있고, 주관적으로 지각하는 가정의 경제적 수준은 개인적 차별감과 집단적 차별감 모두와 관련되는 요인이라는 점을 시사한다. 둘째, 통일에 대한 태도에서 동독 출신자들은 국제적 위상이나 개인적인 삶의 질, 경제적인 발전, 전반적 생활환경, 교통통신, 정치발전 등의 측면에서는 긍정적으로 평가하는 반면, 지역갈등이나 실업률, 주택문제, 범죄율, 세금부담, 빈부격차 등에 대해서는 부정적으로 평가하는 경향이 있었다. 그중 특히 빈부격차에 대해 가장 부정적으로 평가하고 있었다. 이는 동독 출신자들이 통일 후 경험하는 상대적 박탈감을 간접적으로 보여 주는 결과로 보인다. 이러한 통일에 대한 전반적 태도를 배경특성에 따라 분석한 결과 남성들이 여성들보다 더 긍정적으로 평가하였고, 40대 이하의 젊은 층이 50대 이상의 집단에 비하여 긍정적인 것으로 평가하였으며, 교육수준이 높을수록, 그리고 주관적 가정형편이 높을수록 통일에 대한 평가가 긍정적인 것으로 나타났다. 이는 통일 이후의 삶에 대하여 더 적응적인 상황에 있을수록 통일에 대하여 긍정적으로 평가를 하고 있음을 보여주고 있으며, 향후 한국사회에서도 통일이 되었을 때 가장 어려움을 많이 느끼는 계층은 경제적으로 불안정하고 교육수준이 낮으며 직업이 없는 집단일 가능성을 의미한다. 따라서 통일 이후 사회통합을 위한 정책을 추진할 때 특히 사회경제적 수준이 낮은 집단에 좀 더 집중할 필요가 있음을 시사하는 결과라고 볼 수 있다.

셋째로 동독 출신자들의 심리적응 수준을 삶의 만족도와 자아존중감 두 가지 측면에서 살펴본 결과, 삶의 만족도에서 성별 차이는 나타나지 않았고, 50대의 삶의 만족도가 가장 낮은 것으로 나타났으며, 나머지는 모든 연령층에서 차이가 없는 것으로 나타났다. 이 역시 앞에서 언급한 바와 같이 50대가 통일 직후 20~30대에 가장 변화를 경험하면서 많은 어려움을 경험한 결과로 해석할 수 있다. 그러나 실제 현재 50대들의 20~30대의 경험과 현재의 삶의 만족도가 직접적으로 관련이 있는지는 추후 실증적 연구를 통해 좀 더 면밀히 살펴볼 필요가 있다. 또한 직업이 없는 경우, 그리고 교육수준과 주관적인 가정형편이 낮을수록 삶의 만족도가 낮은 것으로 나타났다. 이에 비해 자아존중감의 경우는 역시 성별 차이는 나타나지 않았고, 연령이 높을수록, 그리고 직업이 있는 경우 자아존중감이 높은 것으로 나타났으며, 교육수준에서는 우리나라 기준으로 중학교 이하의 집단이 나머지 집단에 비하여 자아존중감이 낮고, 주관적 가정형편이 낮을수록 자아존중감도 낮은 것으로 나타났다. 이러한 결과는 가정형편이나 교육수준 등 사회경제적인 수준이 낮을수록 심리적 적응 수준은 낮다는 기존의 결과와 일치하는 결과이다. 넷째로 지각된 차별감과 배경특성, 심리적 적응요인, 통일에 대한 태도의 상관관계를 살펴본 결과 개인적 차별감은 연령이 낮을수록 더 많이 경험하는 반면, 집단적 차별감은 연령이 높을수록 더 많이 경험하는 것으로 나타났고, 주관적 가정형편이 낮을수록 개인적 차별감과 집단적 차별감 모두 높아지는 것으로 나타났으며, 교육수준은 개인적 차별감과의 관계만 유의미한 것으로 나타났다. 따라서 차별감 지각에서 주관적 가정형편은 개인적 차별감이든 집단적 차별감이든 상관없이 모두 관련성이 있는 반면, 교육수준은 집단적 차별감과는 상관이 없음을 보여 주었다. 즉, 동독 출신자들의 경우 교육수준과 상관없이 동독 출신자들이 서독 출신자들에 비하여 집단적으로 차별받고 있다는 인식의 수준이 거의 동일하다는 것을 나타내는 결과이다. 또한, 심리적응 변인과 관련하여 개인적 차별감과 집단적 차별감 모두 높아질수록 삶의 만족도는 떨어지나, 자아존중감의 경우는 개인적 차별감만이 통계적으로 유의미한 관계를 지니는 것으로 나타났다. 즉, 개인적 차별감이 높아지면 자아존중감이 낮아졌으나 집단적 차별감이 높아진다고 자아존중감이 통계적으로 유의미한 수준으로 낮아지는 것은 아닌 것으로 나타났다. 이는 개인적 수준의 차별을 많이 지각하는 경우 개인의 자아존중감을 떨어뜨리지만 동독 집단 전체가 차별을 당한다는 인식은 자아존중감에 영향을 미치지 않고, 대신 삶의 만족에는 영향을 미칠 수 있음을 나타내는 결과이다.

다섯째, 동독 출신자들의 지각된 차별감과 통일에 대한 태도의 관계가 개인적 수준의 차별감인지 집단적 수준의 차별감인지에 따라 차이가 있는지 분석하였다. 앞에서도 언급한 바와 같이 통일에 대한 태도에 미치는 개인적 수준의 차별감과 집단적 수준의 차별감의 영향력을 비교하고자 했으나, 두 요인 간의 상관관계가 .66으로 지나치게 높아서 회귀 분석에 동시에 독립변인으로 투입할 수 없어서 대안적으로 상관관계의 효과성을 비교하였다. 그 결과 개인적 차별감과 통일에 대한 태도의 상관계수(r=-.16)와 집단적 차별감과 통일에 대한 태도의 상관계수(r=-.37)는 통계적으로 유의미한 수준에서 차이가 있는 것으로 나타났다(Z=5.57, p〈.001). 이는 개인적 차별감과 집단적 차별감 모두 통일에 대한 태도와 부적상관이 있으나 개인적 차별감보다는 집단적 차별감이 통일에 대한 태도와 더 크게 상관됨을 의미한다.

이러한 결과는 동독 출신자들이 경험하는 차별감이 자아존중감이나 삶의 만족, 통일에 대한 태도와 모두 관련되는 것이 아니라 개인적 수준의 차별이냐 집단적 수준의 차별이냐에 따라 다르며, 그중 동독 출신자들의 삶의 만족도와 통일에 대한 태도와 좀 더 관련되는 차별감은 동독 집단 전체가 집단적으로 차별을 받고 있다는 집단적 차별감이라는 것을 보여 주고 있다. 사실상 집단적 차별감의 내용은 실제적인 차별 사례라기보다는 동독 출신자들이 집단적으로 느끼는 지각이라는 점에서 주목할 필요가 있다. 동독 출신자들은 통일이 된 지 30년이 지난 이후에도 여전히 집단적 차별감을 느끼고, 이를 재생산 및 유지하고 있으며, 이것이 통일에 대한 부정적 평가로 이어지고 있고, 결국은 동서독 주민 간의 사회통합에 걸림돌이 되는 요인으로 작용하고 있음을 보여 주고 있기 때문이다.

현재 동독의 극우정당들이 동독인의 불만을 자극하고 동서독 갈등 을 조장하는 역할을 하고 있는 현실[41]에 비추어 볼 때에도, 동독인이 지각하는 집단적 차별감은 통일 후 사회통합 문제에서 관심을 가지고 다루어야 할 중요한 주제로 보이며, 한국사회도 통일 이후 보다 빠르 게 상호 이해에 기초한 사회통합을 도모하고자 한다면 집단적 수준의 차별감을 해소하기 위한 방안에 초점을 두는 방식으로 정책 추진이 이루어질 필요가 있다. 이를 위해서는 기본적으로 실제적인 차별 요인을 해소하기 위한 노력이 일차적으로 추진되어야 하고, 동시에 집단 간 고정관념과 편견, 차별감 등을 관리하는 사회적 정책적 노력이 필요할 것이다. 본 연구의 결과에서 낙관적인 측면은 연령이 이런 집단의 집난적 차별감 인식 수준이 50대와 60대 집단에 비하여 낮았다는 점이다. 전반적으로 집단적 차별감 수준이 개인적 차별감 수준보다 높고, 여전히 집단적 차별감을 가지고 있지만, 연령이 낮은 경우 집단적 차별의식이 더 낮은 것으로 나타났기 때문에, 시간이 좀 더 흐르고 실제로 동서독 간 격차 해소를 위한 노력을 지속적으로 기울인다면 동독 출신자들이 지각하는 차별감의 수준은 현재보다 훨씬 더 낮아질 것이고 사회통합을 이룰 수 있을 것으로 기대된다.

마지막으로 본 연구의 차별성을 살펴보면, 지금까지의 연구들은 앞에서 제시한 바와 같이 동독 주민들이 경험하는 상대적 박탈감, 삶의 만족도 등에 대한 일반적인 현상을 제시한 것에서 나아가 동독 주민들이 경험하는 차별감을 개인적 수준과 집단적 수준으로 구분하여 측정하고 각각이 심리적응의 주요 요인인 자아존중감과 삶의 만족도와의 관계를 살펴보고,

41 김누리, "독일통일 3대 신화: 독일통일 30년과 한반도," 『통일인문학』, 제84권(2020), 120쪽.

통일에 대한 태도에 어떤 영향을 미치는지를 보고자 했다는 점을 들 수 있다. 이는 남북통일이 된 이후 우리 사회에서도 나타날 수 있는 남북한 주민들 간의 갈등과 차별의식을 다루는 데 있어서, 개인적 수준의 차별뿐 아니라 집단적 차별감을 다루는 일이 중요하다는 구체적인 시사점을 제공했다는 점에서 의의를 찾을 수 있을 것이다.

제5장

아프리카인들의 갈등과 통합: 과도기 정의와 국제인도주의 시선

송영훈(강원대학교)

I. 머리말

냉전 종식 후 아프리카 국가들은 분쟁 해결과 빈곤의 극복이라는 중요한 과제에 직면하게 되었으며, 국제사회도 이에 평화구축과 개발 협력이라는 차원에서 많은 관심을 기울여왔다.[1] 그런데 대부분의 아프리카 국가들은 자국 내에서 집단적, 조직적 폭력 사태로 인한 사회적 갈등을 해소하는 데에 많은 시간을 기울여야 했다. 특히 가해자에 대한 처벌과 사회적 정의 회복, 그리고 피해자 보상과 사회통합을 위한 국내외적 협력을 필요로 하였다. 역사적으로 오랫동안 지속된 갈등은 많은 사람들이 가해자이면서 동시에 피해자로 만들었으며, 사법적 정의만으로는 진실규명과 화해, 통합의 문제를 충분히 다룰 수 없게 되었다.

과도기 정의는 대규모 인권유린 사태, 무력 충돌 혹은 심각한 정치적

1 이 글은 저자가 책임연구원으로 참여한 〈아프리카 과도기 정의와 민주주의 발전〉(2015년 외교부 연구과제)의 일부를 수정·보완한 것이다.

갈등, 혹은 권위주의 체제로부터 민주주의 체제로 전환을 경험했던 국가들이 체제 전환 과정에서 해결해야 할 과거청산, 사회통합, 국가발전의 과제를 일컫는 정책적 개념이자 수단이다. 과도기 정의는 "광범위한 인권 탄압의 잔재를 처리하기 위해서 다양한 국가들에서 도입된 사법적 혹은 비사법적 조치들"(International Center for Transitional Justice, www.ictj.org) 또는 "한 사회가 책임성 보장, 정의 실현, 화해 달성을 위해 취하는 (과거의) 대규모 잔혹행위의 처리와 연관된 모든 과정과 메커니즘"(UN Secretary-General 2011, 6-7)으로 정의된다. 르완다에서 1994년 발생한 대량 학살과 난민 발생, 2007년 케냐의 대통령선거 이후 발생한 대규모 종족 분쟁과 관련하여 가해자 처벌도 진실의 기록도 과도기 정의의 실행 메커니즘을 통해 진행되었다. 그런데 사법처리(judicial process), 진실화해위원회(truth commission), 사면(amnesty), 배상(reparation), 정화(lustration) 등과 같은 과도기 정의 이행 수단들은 결국 국내에 체류하는 사람들에게 적용되었고, 직접적으로 피해를 보고 국가를 떠난 이들은 대상이 되지 못하였다.

과도기 정의가 평화롭게 구축되고 민주주의와 인권의 증진에 기여하기 위해서는 무력분쟁에 의해 집을 떠난 강제이주민(forced migrants)과 그들의 이동과 정착으로 인해 파생되는 문제에 대한 이해를 높이고 정책을 개발할 필요가 있다. 강제이주민과 무력분쟁에 참가했던 전투원들은 자신의 생존과 안보가 보장되지 않는다면 무장 활동에 가담하게 되고, 무장단체에 의해서 동원되며, 지역사회와의 끊임없는 갈등을 야기하게 된다(Song 2012; 2013). 이들은 지역사회의 불안정 요인에 의하여 공동체의 주변부 혹은 국경 밖으로 내몰려 해당 국가 정부의 안보화 정책의 희생양이 되기도 한다(송영훈 2014). 따라서 강제이주민의 인도적 위기와 관련하여 과도기 정의가 성공적이기 위해서는 비무장화(demilitarization), 동원해

제(demobilization), 재통합(reintegration)과 같은 전제조건이 요구된다.

인도적 위기와 관련된 과도기 정의는 인도적 캠프 내 체류자들이 무력분쟁의 희생자이며 동시에 가해자일 수 있기 때문에 신중한 접근이 요구된다. 특히 국제사회의 인도적 지원과 보호 활동이 충분하지 않은 경우, 반군단체나 정부지원 무장단체들이 캠프 내에서 직접적으로 폭력을 행사하거나 단체의 전투원을 충원하거나 필요한 물자를 동원하기도 한다(Song 2012). 그런데 정부가 이들을 보호할 의지와 능력이 없다면 국제사회의 지원과 보호 활동이 인도적 캠프의 비무장화, 동원 해제, 지역사회로의 재통합을 촉진하는 매우 중요한 요인이 된다. 인도적 캠프가 인도적 성격을 유지하는 것은 지역사회와의 갈등 해결을 위해 필수적이다.

이 글은 그동안 사법적 정의를 중심으로 논의된 아프리카에서의 진실화해를 위한 노력들과 달리 대규모 강제이주와 과도기 정의와 관련된 질문들을 제기하고 있다. 국제인도주의 활동과 과도기 정의가 어떻게 연계될 수 있는가? 과도기 정의를 강제이주와 관련된 인도적 문제를 해결하기 위해 확대 적용할 때 나타날 수 있는 긍정적인 효과와 부정적인 효과는 무엇인가? 국제사회의 지원과 보호 활동이 강제이주민들의 지역사회 재통합에 어떠한 영향을 미치는가? 이 질문들은 상호보완적인 것들이며 계속 확장되어 나갈 것이다.

II. 강제이주민의 과도기 정의와 인도주의 연계: 비판적 시각

과도기 정의는 국내의 전쟁범죄 혹은 조직적 폭력의 사용에만 국한되지 않고 인간의 강제이주를 비롯한 인도적 위기 상황에 적극적으로 도입되고 있다. 그럼에도 불구하고 과도기 정의가 이미 국가를 떠나 다른 국가에 체류하는 난민들과 국내에서 대안적 피난을 구하는 국내실향민들의 이동과 관련된 부정의의 문제는 국제사회의 관심의 대상에서 멀리 있었다. 특히 아프리카에서 내전의 원인과 양상이 무엇이었는지 상관없이 폭력에 의해 상흔을 입고 국가를 떠난 이들은 과도기 정의 실행 과정에서 사각지대에 놓여 있었다. 따라서 과도기 정의와 인도주의 활동을 연계하는 것들에 대한 국제적 관심이 커지고 있다.

국제인도주의 활동과 과도기 정의 활동 사이에는 근본적인 차이가 존재하기 때문에 항상 두 분야의 활동단체들 사이에는 긴장이 발생한다. 특히 두 그룹이 근본적으로 지향하는 목적과 접근 방식의 차이는 다음과 같은 질문으로 표현될 수 있다. 과도기 정의 과정에 커뮤니티에서 생활하고 있지 않은 난민과 강제이주민들도 포함될 수 있는가? 과도기 정의 활동으로 인하여 인도주의 활동단체들의 강제이주민들에 대한 접근이 제한되고 그들의 인도적 위기는 심화되지 않겠는가?

대규모 강제이주와 같은 인도적 위기를 대할 때 국제 인도주의 활동이 과도기 정의와 비교하여 가지는 특징은 다음과 같다. 그것은 과도기 정의보다 훨씬 더 즉각적이고 대상과 범위가 분명한 긴급구호 또는 인도적 지원과 보호의 의제를 다룬다. 인도주의 활동은 정치적 중립을 유지하면서도 강제이주민들의 생명을 구하는 것을 목적으로 하는데, 활동의 정치적 중립성이 훼손된다면 인도적 지원과 보호의 대상이 되는 사람들에 대한 접근이 제한될 수 있다. 대부분의 인도주의 단체들은 도움이 필요한 사람들을 위해 특정한 정치적 견해를 가지고 있지 않다.

위와 달리, 과도기 정의 단체들은 국가 또는 비정부기구들과 관련된 의제에 대하여 특정한 정치적 견해를 가지고 있다. 본질적으로 과도기 정의 단체들은 과거의 부정의 문제를 다루기 때문에 정치적 중립을 유지하기 어렵다. 과도기 정의 프로세스는 다양한 행위자들이 자신들의 잘못을 대중적으로 인정할 것을 요구하며, 개인이 저지른 범죄행위에 대해 다양한 형태로 책임을 질 것이 요청되는 과정이다. 이와 같은 이유로 과도기 정의 프로세스를 통하여 가해자와 피해자, 정부, 그리고 제도 등이 서로 얽히게 되며, 과도기 정의 수단들은 경우에 따라서 상당한 정치적 저항을 유발하기도 한다.

최근 권리기반 접근(a right-based approach)을 채택하는 인도주의 단체들은 자신들이 추구하는 가치가 과도기 정의가 추구하는 가치와 크게 다르지 않음을 확인하고 과도기 정의의 많은 부분들을 적극적으로 활용하고 있다(Tennant 2009, 315). 인도주의 활동이 추구하는 보호와 지속가능한 해결이라는 개념들은 과도기 정의가 추구하는 인권의 보호와 회복 등과 매우 밀접하게 연결이 된다는 주장들이 등장하였다. 공간적으로 자신이 생활하던 커뮤니티에 존재하지 않는다고 하여 강제이주민들이 경험한 부정의가 의미 없어지는 것이 아니기 때문이다. 그럼에도 불구하고 일부 인도주의 활동단체들은 이와 같은 권리기반 접근이 그들의 활동을 정치화시킬 우려가 있음을 끊임없이 비판하고 있다.

국제인도주의와 과도기 정의 사이에 공통의 이익이 존재한다고 하더라도 두 영역에서 활동하는 단체들이 반드시 협력하지는 않는다. 우선, 과도기 정의 과정이 진행되는 동안 국제인도주의 단체들이 그 지역 혹은 국가에서 더 이상 활동하지 않기 때문에 공동 협력이 원천적으로 불가능할 수 있다(Brukings-Bern Project on Internal Displacement 2010, 5, 43). 인도주의 활동은 긴급구호 차원에서 이뤄지는 반면 과거 부정의의 문제를 다루기 위해서는 국내정치적 상황이 안정되어야 하므로 시간적 차이가 있을 수 있기 때문에 발생하는 현상이다. 둘째, 국제인도주의 단체가 활동하고 있다고 하더라도 과도기 정의가 무력분쟁과 강제이주가 진행되고 있는 지역에서 이뤄지고 있기 때문에 전통적으로 국내실향민이나 난민들은 과도기 정의를 설계하는 과정에서 중요한 고려의 대상이 되지 못한다(Bradley 2009, 7).

난민을 포함한 강제이주민들이 과도기 정의에서 배제되기 쉬운 이유는 그들이 과도기 정의가 진행되는 수도로부터 먼 곳에 체류하고 있을 뿐만 아니라 '이주의 분산' 때문에 체류 지역을 특정하기 어렵고 정부의 역량은 부족하기 때문이다. 강제이주민들은 고향으로의 귀환, 다른 지역으로의 2차적 이주, 현지 정착 등의 이주 행태를 보이는데 이러한 이주 현상은 순차적으로 진행되기보다 동시에 진행되는 것이다. 일부 강제이주민들이 국제인도주의 활동이 이뤄지는 캠프에 머무르지만, 많은 강제이주민들이 반드시 캠프에 머무르는 것은 아니다. 인도적 캠프는 인도주의 단체들이 활동을 하는 곳이기 때문에 강제이주민들에 대한 접근성이 확보되지만, 캠프 이외의 다른 곳에 체류하는 강제이주민들에 대한 접근성은 상황에 따라 차이가 매우 크다. 체류 지역을 지방, 도시, 캠프 등 특정하기 어려워 정부, 국제인도주의 단체, 과도기 정의 단체들의 이들에게 쉽게 접근하기 어려운 것도 주요 원인 중의 하나이다.

그런데 강제이주민들의 시각에서 볼 때, 일반 시민들을 고향에서 떠나게 만든 원인을 제공한 전투원들이 과도기 정의 과정에서 무장해제, 동원해제, 재통합프로그램 등을 통하여 오히려 더 많은 혜택을 본다고 생각하기도 한다(UNHCR 2004, 5). 그들은 실질적으로 피해를 본 사람들이 과도기 정의에서 배제되는 것으로 인식하게 된다. 폭력 후 화해의 과정에서 심각한 피해를 보게 된 희생자들이 새로운 사회통합 과정에 참여할 수 있을 때 화해와 평화의 프로세스도 긍정적 효과를 가져올 수 있다.

국제인도주의 단체들은 과도기 정의와 협력 활동을 하기엔 재정과 국제사회의 기부금이 충분하지 않아 두 단체 간 예산을 둘러싼 경쟁이 발생할 것을 우려한다(Tennant 2009, 307). 인도주의 단체들이 과도기 정의가 그들의 활동에 기여할 수 있다고 생각하더라도 재정을 공유함으로써 오히려 인도주의 활동이 어려워질 수 있음을 우려한다. 또한 인도주의 활동들이 가시적 성과를 내기 어려운 반면 과도기 정의는 제도적 변화를 통해서 상대적으로 가시적 성과를 내기 쉽기 때문에 공여 국가 혹은 기구들로부터 과도기 정의 활동이 훨씬 더 많은 관심을 받을 것으로 기대된다.

과도기 정의가 지니는 정치적 특징 때문에 두 그룹의 협력이 국제인도주의 단체들의 강제이주민들에 대한 접근 경로를 파괴 또는 차단하는 부정적 효과를 가져오기도 하였다(Chimni 2003, 200-201). 특히 과도기 정의의 주요 활동이 되는 국제적 형사소추의 경우 그 과정의 정치성 때문에 국제인도주의 활동을 제한한다. 국제형사재판소가 우간다의 무장단체 신의 저항군(Lord's Resistance Army)의 지도자를 체포하기 위한 결정을 내렸을 때 반군세력은 그들이 장악하고 있는 지역에서 활동하는 국제인도주의 기구 및 활동가들을 위협하거나 공격하였다. 수단의 대통령 오마 알 바시르가 ICC에 의해 범죄행위에 대한 판결을 받았을 때 그에 대한 보복으로 많은 인도주의 활동가들이 방해를 받거나 추방되기도 하였다. 국제인도주의 활동가들이 과도기 정의에 참여하는 것을 꺼리는 또 다른 이유는 과도기 정의의 사법적 정의 과정에서 특별한 범죄에 대하여 재판에서 증언을 할 것을 요구받기도 하기 때문이다. 따라서 이들의 과도기 정의에의 참여는 자발적인 것이 아니고, 그러면서도 정해진 절차에 따라 국제사법재판소 등에서 증언을 하는 경우에도 이들은 자신들의 정보가 공개되어 활동이 지장을 받는 것에 대해 심각한 우려를 표명한다. 국제인도주의 활동가들은 인도적 구호의 대상들에 대한 긴급구호를 위해 사법적 판단의 대상이 되는 정부 책임자들과 협력을 하기도 한다(UNDP 2003, 3). 따라서 이들은 사법적 정의 과정에 개입하는 것에 소극적이다.

III. 강제이주민의 과도기 정의와 인도주의 연계: 긍정적 시각

2000년대에 들어서 난민을 비롯한 강제이주민들도 과도기 정의 과정을 통해서 자신들의 권리와 복지를 증진시킬 수 있는 사례들이 등장했다. 케냐에서 2007년 대통령 선거와 국회의원 선거 이후 발생한 종족분쟁으로 1천 명이 넘는 케냐인들이 목숨을 잃고 60만 명이 넘는 이들이 삶의 터전을 떠나야 했다. 그런데 유엔난민기구가 중심이 되어 그동안 무시되어 왔던 이들의 목소리를 국제사회에 알리기 위해 나선 것이다. 즉 난민캠프에서도 진실과 화해를 위한 노력의 중요성이 국제적 관심을 받게 되었다.

최근의 과도기 정의는 징벌적 사법 정의만이 아니라 진실말하기, 보상과 배상, 신원조회 등과 같은 제도의 개혁 등을 포함하는 전체론적인 접근(a holistic approach)을 요구한다. 전 유엔사무총장 코피 아난은 "이행 정의가 요구되는 곳에서 모든 전략은 전체론적이어야 하며, 그것은 개인에 대한 법적 조치, 배상, 신뢰 구축, 제도 개혁과 이들의 조합 등을 포함하여야만 한다"(Christensen and Harild 2009, 11-12, 재인용)고 말했다. 이는 폭력에 의한 강제이주민들의 상흔이 다양하고 중층적인 것이기 때문에 특정 실행 조치만으로는 이들이 경험한 부정의가 해소될 수 없기 때문이다.

왜 과도기 정의가 전체론적으로 이뤄지는 것이 이론과 실제에서 중요한가? 첫째, 어떤 단일 과도기 정의 수단이 완전한 성공을 가져오지 못하기 때문에 이론적 차원에서 전체론적 접근은 매우 중요하다. 모든 범죄행위가 처벌받지 못할 것이며, 모든 피해자가 보상받지도 못할 것이다. 이는 과도기 정의가 직접적으로 개인들의 문제를 다루지 않기 때문이다. 과도기 정의의 장점은 여러 수단들이 상승효과를 가져올 수 있다는 것이다. 예를 들면 형사적 처벌에 관한 과도기 정의도 단순히 개인에 대한 처벌만을 하기보다 안보 분야의 개혁과 배상 또는 진실말하기 등의 과도기 정의 수단이 병행될 때 더욱 효과적일 가능성이 높아진다.

둘째, 강제이주민들의 부정의를 다루기 위하여 과도기 정의가 필요하다는 것은 그 사회가 인권의 측면에서 심각한 문제가 있음을 노정하는 것이므로 전체론적 접근을 통해 사법적 질서의 회복만이 아니라 시민적 신뢰와 공감 그리고 민주주의의 가치가 실현되도록 해야 하기 때문이다. 이 과정을 통하여 민주적 사회 규범들이 개인들이 거주하는 공간을 넘어서 재확인될 수 있다.

강제이주자의 입장에서도 이러한 과도기 정의의 조합은 시사하는 바가 크다. 사법적 정의에 치중할 때 이들은 자신들에 대한 가해자의 정보를 증언하는 것에 대해서 매우 꺼리지만 보상과 배상, 제도 개혁 등이 병행된다면 이들에게 가장 긴급하게 필요한 주택, 토지, 재산권의 문제를 해결하는 데 많은 기여를 할 수 있을 것이다(Haider 2010). 지나치게 사법적 처벌에 의존하지 않는다는 것은 그에 해당하는 재정을 인도적 문제, 개발의 문제 등에 투입할 수 있다는 장점을 가지게 되고, 이러한 과정에서 국제인도주의와 개발 협력 단체들이 과도기 정의 과정에 기여할 수 있게 된다. 우간다에서도 사법적 절차만이 아니라 진실위원회와 보상과 배상 등 다양한 기제를 동시에 활용함으로써 여유 재정을 학교와 의료시설 재건에 투입할 수 있었고, 이는 난민과 국내실향민들의 귀환을 촉진시키는 효과를 가져왔다.

강제이주자들의 부정의를 해소하고 사회통합을 촉진하는 데에 과도기 정의의 타이밍은 왜 중요한가? 난민 문제의 근본적 해결은 국내 상황의 개선에 따른 난민들의 자발적 귀환, 현지 정착, 그리고 제3국으로의 재정착 등에 의해서 이뤄진다. 그리고 국내실향민들의 문제 해결은 그들이 더 이상 특별한 지원이나 보호가 필요하지 않고 그들이 고향을 떠났었다는 이유로 차별을 받지 않으며 자신들의 인권을 누릴 수 있을 때 이뤄진다. 이들 모두는 고향을 떠나는 즉시 접근성이 떨어지기 때문에 과도기 정의의 적용이 어려울 뿐만 아니라 이들이 귀환하는 경우에도 많은 경우 그 시기를 예측할 수 없기 때문에 과도기 정의 실행 과정에서 쉽게 소외된다.

과도기 정의는 전환이 발생하자마자 즉각적으로 이뤄지지 않고 시차를 두고 이행된다. 과도기 정의를 구현하기 위한 조치들 중 정화는 평균적으로 체제 전환 후 2.2년, 사면은 2.5년, 사법재판은 4.2년, 배상은 5.5년, 진실위원회는 5.6년이 지난 후에 도입이 되었다. 이와 같이 과도기 정의가 전환 후 바로 동시적으로 진행되지 않는 점을 고려해 볼 때, 난민과 국내실향민들도 빠른 시일 안에 과도기 정의의 고려 대상이 되는 것이 사회통합에 긍정적 효과를 가져올 것으로 기대된다. 국제인도주의 사회가 주장하는 가장 이상적인 난민 위기의 해결은 난민들의 자발적 귀환인데, 이들에 대한 과도기 정의 절차가 늦어지면 이들이 기존에 보유하고 있던 재산권에 대한 권리가 보장되지 않을 수 있다. 이는 이들의 사회적 역량을 약화시키는 매우 중요한 요인으로 작용한다.

과도기 정의가 체제 전환 이후 수년이 지나서 도입되기 때문에 그 전에 강제이주민들이 자발적으로 귀환할 가능성이 높아지는 것도 문제이다. 예를 들면, 부룬디, 라이베리아, 시에라리온 등에서는 과도기 정의가 도입되기 이전에 상당히 많은 수의 강제이주민들이 자발적으로 귀환하였다. 이러한 현상은 과도기 정의가 국제인도주의 활동을 제한할 것이라는 우려에 반하는 경험적 증거이다. 그들에 대한 긴급구호 활동이 인간 안보의 확보에 기여하였고, 그들이 귀환했을 때 과도기 정의의 대상에 포함되었다면 역시 그들의 인간안보의 증진이 이뤄질 것으로 기대된다. 물리적으로 고향을 떠났었다는 사실이 강제이주민들이 과도기 정의 과정에 참여하는 것을 제한할 도덕적 근거가 존재하지 않는다.

IV. 강제이주민들의 진실말하기

난민과 국내실향민들은 폭력의 행사에 따른 피해자로서 그들 자체가 역사적 증거가 되며, 그들의 경험과 진술은 분쟁 후 평화구축 과정에서 사회의 매우 중요한 자산으로 활용될 수 있다. 그동안 그들이 과도기 정의에 적극적으로 관여하지 못하는 한계로 인하여 진실위원회도 이들의 의견을 충분히 청취하지 못하기도 하였다. 그런데 최근 국제사회는 이들의 이야기를 과도기 정의 과정에서 다양한 방법으로 담아내기 위한 노력을 기울이기 시작하였다.

진실위원회가 진실말하기의 공식적인 장을 제공하지만, 이 과정에서 준수해야할 국제적인 프레임워크도 계속적으로 진하고 있다. 진실말하기의 과정에서 활용되는 첫 번째 중요한 프레임워크는 코피 아난에 의해 제시되었다. 그는 2004년 강제이주민들은 분쟁에 의해 가장 심각한 피해를 입는 사람들로서 진실위원회 활동과 법의 지배 원칙의 적용 대상이 됨을 국제적 규범으로서 제시하였다(UN Secretary-General 2004). 두 번째 중요한 프레임워크인 1998년의 국내실향민을 위한 지침(The Guiding Principles on Internal Displacement)도 국내실향민들에 대한 심각한 인권 침해가 이주의 원인이 되고 인권 침해의 근본 원인의 해소가 이들의 귀환이 보장되는 첩경이라고 밝히고 있다. 이 가이드라인은 국내실향민들이 자신들의 이주의 원인에 대해 충분한 정보를 알 권리가 있음도 함께 제시하고 있다. 세 번째 중요한 프레임워크는 국내실향민을 위한 영속적 해결 프레임워크(Framework on Durable Solutions for Internally Displaced Persons)(2010)이다. 이 프레임워크는 공동체 복원과 화해를 위해서 IDP들은 피해자로서 그들의 육체적, 정신적 치료와 정의에 대한 접근이 완전하게 보장되어야 한다고 주장하고 있다.

과도기 정의는 포괄적이면서도 완전해야 한다(de Greff 2006). 완전성(completeness)은 가능한 모든 잠재적 수혜자들을 과도기 정의에 포함시켜야 한다는 개념으로 난민과 국내실향민들도 과도기 정의 과정에 참여할 수 있음을 의미한다. 반면, 과도기 정의의 포괄성은 가능한 모든 유형의 범죄를 다뤄야 함을 의미한다. 두 개념은 상보적으로 과도기 정의의 효과를 증진시키는 데에 기여할 수 있다.

강제이주자들의 과도기 정의 실현을 위하여 진실말하기는 다음과 같은 측면에서 중요성이 더 두드러진다. 강제이주민들은 과도기 정의의 핵심이 되는 고문과 성 착취 등과 같은 심각한 인권 침해의 산물이다. 난민과 국내실향민들은 고향을 떠난 이후에도 전투원들의 공격의 대상이 되기도 하고 공동체의 다양한 폭력의 대상이 된다. 따라서 이들의 경험을 진술하는 것만으로도 폭력 상황에서 공동체의 역사를 이해하고 발전의 기반을 마련하는 데 중요한 역할을 할 수 있다. 강제이주민들이 재정착하는 경우 이들이 정의를 요청할 수 있으며, 이 경우 그들의 진실말하기는 과도기 정의 실현의 중요한 토대가 된다.

진실말하기의 목적을 실현하기 위해서 강제이주민들을 '희생자'로 규정하는 것은 여러 가지 문제들을 양산하기도 한다. 난민과 국내실향민들은 폭력의 피해자이기도 하지만 인권침해의 생존자이다. 이들을 희생자로만 설정하는 것은 이들을 국제사회의 지원과 보호에 의존할 수밖에 없는 피동적 객체로 받아들이는 것이다. 그런데 이들은 그들이 새로운 곳에서 정착하면서 정치과정에 영향을 미치는 정치적 행위자로 이해될 필요도 있다. 희생자 담론보다는 이들의 사회적 복원력을 증진시키기 위한 담론이 이들이 실질적으로 정착 또는 재정착하는 과정에 더 생산적이고 긍정적인 효과를 가져올 것으로 기대된다. 즉 개인적 차원의 과거 피해에 대한 구제와 회복에만 집중하기보다 미래를 준비할 수 있는 개인적, 사회적 조건의 형성을 동시에 고려해야 한다.

독재정부의 인종학살에 저항하며 발생했던 1차내전(1990-1997)과 정부군과 반군의 상호 학살이 진행되었던 2차내전(2002-2003)은 라이베리아 주민 대부분을 강제이주로 내몰았다. 이들을 희생자로 규정하는 것이 과도기 정의를 실현하는 데 얼마나 효과적인지는 논쟁적인 사안이다. 대부분의 사람들이 강제이주를 경험한 상황에서 모든 이들이 진실말하기를 통해서 과도기 정의 과정에 참여하게 된다면, 제한된 보상 수준에서 개인들 간 경쟁이 불가피하게 된다. 이로 인하여 진실위원회가 어느 정도의 재정을 강제이주민들의 정의 실현을 위해서 투입하여야 하는가라는 질문이 제기된다. 이 경우 진실위원회가 역사적 진실규명과 재정적 보상의 규모를 결정할 수 있도록 지나치게 많은 권한을 가지게 된다면 진실위원회는 정치적 갈등의 장으로 변화되고 문제는 더욱 복잡해질 것으로 예상된다.

초기의 진실위원회의 권한은 매우 제한적이었으며, 강제이주와 관련된 정의의 문제를 다루는 권한을 위임받지 못하였다. 남아프리카공화국의 진실화해위원회도 인종차별정책에 의해 많은 사람들이 피난을 떠났음에도 불구하고 그와 관련하여 정의의 문제를 다룰 권한이 없었다. 남아공의 진실화해위원회는 살해, 납치, 고문 등에 의한 심각한 인권 침해에 대해서 조사를 하게 하였지만, 강제이주민들은 과도기 정의 과정에서 배제되었다. 이러한 이유로 비판가들은 이러한 남아공의 진실화해위원회가 역사적 사실을 충분히 반영하지 못하고 여러 행위자들의 이해관계가 적절히 타협된 진실을 내놓을 뿐이라고 비판을 제기한다(Mamdani 1996).

라이베리아 진실위원회처럼 점차 진실위원회의 위임 범위가 확대되면서 강제이주의 문제도 과도기 정의에 포함되는 사례들이 나타나기 시작하였다. 이와 같이 진실위원회에 포함되는 대상이 확대됨으로써 정의 실현의 범위도 확대되는 장점이 발견되고 있다. 특히 모로코의 형평 및 화해위원회(Equity and Reconciliation Commission)(2004-2005)는 강제적 실종, 국가폭력과 강제적 폭력에 의한 추방과 같이 강제이주와 관련된 사항을 분명하게 위임받았다. 이 외에도 모리셔스(2009-2011), 가나(2003-2004), 케냐(2009-2013) 등도 박탈된 토지 소유권을 회복하기 위해 강제이주민들의 권리를 인정하고 이와 관련 과도기 정의를 진실위원회에 위임하였다.

진실말하기는 진실위원회의 보고서 작성과 정책 제언의 중요한 근거자료로 활용되었다. 특히 진실위원회의 활동을 통해 드러난 가해행위와 피해 상황에 대한 보고서는 정의와 화해, 그리고 평화를 위한 가시적 성과로 활용되고 있다. 보고서에 드러난 난민과 국내실향민들의 진실말하기를 통하여 무장분쟁 이후 평화재건 과정에서 공동체에 의해 인정받게 된다. 2013년까지 제출된 32개의 보고서들 중 최소 9개의 보고서가 직접적으로 강제이주의 문제를 다루었으면, 다른 8개의 보고서도 상당한 분량이 강제이주와 관련된 이슈들을 포함하고 있다(Bradley 2013). 라이베리아와 시에라리온의 경우 대부분의 사람들이 강제이주를 경험했기 때문에 이와 관련된 인권침해 사안들의 내용이 각각 보고서 내용의 36%와 20%를 차지하고 있다.

V. 과도기 정의와 강제이주민의 통합과 재통합

강제이주민들이 새로운 곳에서 정착하는 통합의 과정과 달리 강제이주를 경험한 이후 자신의 고향으로 돌아와서 정착하는 재통합의 과정은 장기적이면서도 복합적인 현상이다. 통합과 재통합은 물리적인 공간에서 다시 정착하는 것만이 아니라 정치공동체에서 온전하게 차별받지 않는 시민으로서 정착하는 것까지도 포함한다. 이러한 이유로 강제이주민에 대한 인도주의적 지원은 본질적으로 단기적인 긴급구호에 머무르는 경향이 있기 때문에 대규모의 사람들의 정착을 위해서는 근본적인 재통합 과정에서 개발과 평화구축 차원의 수단들이 병행되어 추진되어야 한다.

강제이주민들의 재통합은 발전의 이슈와 직접적인 연관성을 갖는다. 우선 유엔개발프로그램은 빈곤의 극복과 인간개발 차원에서 난민과 귀환자들이 분쟁 후 통합을 위한 공동체의 발전에 필요한 인적 자원이 될 것으로 기대하며, 이들에 대한 지원에 나서고 있다. 또한 세계은행은 강제 이주민 송출국과 수용국에서 주택, 토지, 재산, 직업, 네트워크, 사회적 자본의 상실이 가져오는 부정적 효과를 최소화하기 위하여 재통합 정책에 적극적으로 개입을 하고 있다.

통합 또는 재통합이 성공적이기 위해서는 현재와 미래의 인권보호에만 국한되는 것이 아니라 과거의 권리도 보호하기 위한 프레임이 도입되어야 한다. 귀환하는 강제이주민들의 권리가 보호되지 않는다면 이는 '이중 차별'에 해당할 것이다. 그들에 대한 차별이 그들로 하여금 고향을 떠나게 하였는데, 자발적 귀환 이후 자신의 권리가 유지되지 못하는 상황이 발생한다면 또 다른 차별의 피해를 받게 되는 것이다. 하지만 그들이 통합 또는 재통합되기까지 그들을 둘러싼 주변의 여건들도 급격한 변화를 경험하기 때문에 그들의 과거의 권리는 보장되기 어렵다.

강제이주민들의 재통합과 관련하여 다음과 같은 의제들이 중요하게 고려되고 있다. 첫째, 안전과 안보 분야에서 과도기 정의는 강제이주민들을 발생시킨 사람들과 그들의 행위를 처벌함으로써 강제이주민들의 안전과 안보를 확보하고자 한다. 이를 통하여 원인 제공자에 대한 처벌에 그치는 것이 아니라 강제이주민들에 대한 차별과 핍박이 미래에 재발하지 않도록 억지하는 효과를 가져올 것으로 기대된다. 특히 이 과정에서 젠더 간 균형을 회복하는 것은 공동체의 발전에 매우 중요한 요소가 된다.

둘째, 경제적 통합 분야에서 과도기 정의는 강제이주민들을 대상으로 제공되는 배상과 보상이다. 공동체가 보상 프로그램을 운영한다면 그것은 강제이주민들의 자발적 귀환을 촉진하는 데에 많은 기여를 하게 된다. 달리 말하면, 재산권의 보장과 더불어 재정적 보상이 이뤄진다면 이들의 사회적 역량을 발휘하기 위해 좋은 환경이 조성될 수 있기 때문이다.

셋째, 정치적 통합 분야에서 과도기 정의는 강제이주민들이 인권 침해의 희생자이며 동시에 권리의 담지자임을 개인으로서 인정받는 것이다. 이를 통해서 자신들의 목소리를 낼 수 있고 능력을 강화할 수 있을 것으로 기대된다. 만약 정치적 통합이 적절히 이뤄지지 않는다면 강제이주민들이 이중적으로 소외되는 결과를 초래한다. 그렇지만 이들에 대한 정치적 통합의 수준은 이들이 국제적 수준에서 얼마나 관심을 받는가에 따라서도 달라질 수 있다. 그리고 이들은 지리적으로 어디에 존재하는가에 따라 다른 수준의 정치적 통합을 경험하게 된다. 2015년 이후의 상황을 고려하면 아프리카의 강제이주민들은 시리아 사태와 그에 따른 후속 사건들로 인하여 국제적 주목을 덜 받게 되는 현상이 초래되고 있다.

넷째, 사회적 통합 분야에서 과도기 정의는 분쟁 후 평화구축과정에서 개인들과 그룹 간 관계와 신뢰를 회복하는 것을 의미한다. 이 과정에서 강제이주민의 경험이 다른 사람들에 의해서 반드시 공유되지 않기 때문에, 진실말하기 과도기 정의 기제는 귀환자와 공동체 구성원들 간의 긴장을 완화하는 역할을 한다. 귀환자들에게 제공되는 배상도 그들에게 정착을 위한 자금이 되기 때문에 상호 간 자원경쟁의 긴장을 완화시켜 준다.

다섯째, 지역 통합과 재정착은 강제이주민들이 실제 소규모 공동체의 구성원이 되는 과정을 의미한다. 이 과정에서 이들에게 과거의 재산권이

환원되는 경우 훨씬 정착이 잘 이뤄지지만, 그렇지 않은 경우 많은 강제이주민들은 본국이 아닌 다른 나라로 재정착하고자 한다.

과도기 정의는 통합과 재통합의 직접적인 독립변수라기보다 매개변수의 역할을 한다. 즉 과도기 정의가 어느 수준에서 보장되는가에 따라 강제이주민들은 고향으로 귀환하거나 제3의 장소 혹은 제3의 국가에서 재정착을 시도하게 될 것이기 때문이다. 특히 통합과 재통합 관련 과도기 정의는 현재와 미래뿐만 아니라 과거의 문제도 동시에 다뤄야 하기 때문에 매우 신중한 접근이 요구되는 과정이다.

VI. 사법적 정의와 강제이주민들의 과도기적 정의

범죄에 대한 사법적 정의의 실현은 국제적 프레임과 국내적 프레임에 의해서 구현될 수 있다. 그런데 강제이주와 관련된 범죄 처벌을 위한 근거는 국제인권법에 있다. 국제인권법 혹은 국제인도법 등은 반인도 범죄에 대한 기준을 중점적으로 다루며, 국내법은 전통적인 사법적 처벌의 대상이 되는 범죄를 주로 다룬다.

강제이주와 관련된 범죄들은 전쟁에 의한 반인도 범죄에 대한 내용들은 구유고 국제형사재판소(International Criminal Tribunal for the Former Yugoslavia, ICTY), 르완다국제형사재판소(International Criminal Tribunal for Rwanda, ICTR), 국제범죄에 대한 로마협약 등에서 잘 드러난다. ICTR은 르완다 제노사이드와 관련하여 자체 조약에 강제이주에 대한 범죄행위 규정이 없음에도 불구하고 그 사안들을 직접적으로 조사의 대상으로 삼았다. 강제이주에 대한 범죄를 반인류애적인 것으로 규정하였던 것이다. 국제형사재판소의 케냐와 수단의 지도자들에 대한 소추 행위들도 강제이주에 대한 범죄행위를 특정하고 있다.

로마협약 등은 강제이주를 시민들에 대한 광범위한 폭력의 사용으로 인류애에 반하는 범죄, 국제무력분쟁에서의 전쟁범죄, 내전에서의 전쟁범죄 등에 해당하는 것으로 규정한다. 군사적 물리력에 의해 고향을 떠나게 강요하는 것은 국제법이 정하는 전투 규칙에 어긋나는 것이다.

2007과 2008년 케냐에서 발생한 선거 후 폭력사태에 대해서 ICC는 주민들이 자발적 의지에 의하지 않고 폭력의 결과로 강제이주를 하게 되었으며, 그로 인하여 반인도적 범죄에 노출되었다고 규정하였다. 대부분의 국내실향민들은 직접적인 폭력, 화재, 그리고 재산의 파괴 등에 의해서 집을 떠나게 되었다. 이로 인하여 이들은 긴급 상황에 처하게 되었고, 성폭력 등 여러 가지 범주의 폭력에 취약하게 되었기 때문에 그들의 강제이주를 발생시킨 행위들은 국제적 범죄에 해당한다는 것이다.

인종청소와 구조적 인종차별정책도 강제이주 관련 반인도적 범죄 코드로 규정되고 있다. 인종청소 범죄 예방과 처벌에 대한 협약도 강제이주의 중요한 요인 중의 하나인 인종청소를 국제범죄로 규정하고 있다. 또한, 남아프리카공화국의 인종차별정책도 국제법적으로 강제이주와 관련됨 범죄로 인식된다. 남아프리카공화국 국제법위원회는 인종에 따라서 게토에 차별적으로 수용하거나 재산권을 박탈하는 등의 행위도 국제법적으로 금지되는 범죄행위임을 밝히고 있다. 전통적으로 개인적 차원의 범죄로 인식되었던 집단적인 차별과 학살은 최근 아프리카연합 등에 의하여 강제이주 관련 국제법 위반으로 규정되었다.

국제법과 달리 국내법적으로 강제이주와 관련한 범죄에 관한 법체계가 없다. 따라서 국제법체계를 국내법체계에 통합시키는 것은 중요한 과제에 해당한다. 국내법체계는 강제이주 자체의 위법성보다 강제이주와 관련된 인신매매, 강제노동 등과 같은 2차적 범죄에 대해 주로 다룬다. 국가들은 국내법에서 주로 국제적 무력분쟁의 상황으로 제한하는 경향이 있으며, 다른 국가에 의한 점령의 상황을 포함한다. 일부 국가들의 정의에는 시민들을 노예노동에 종사하게 만드는 것이 포함되지만, 일반적인 강제노동은 포함되지는 않고 있다.

VII. 맺음말

과도기 정의가 본질적으로 정치적이지만 최근 활용되는 과도기 정의의 대상과 범위가 같은 원인에 의해 고향 혹은 고국을 떠난 이들에게도 적용되어야 한다는 국제사회의 요구가 점차 증가하고 있다. 과도기 정의와 국제인도주의 활동의 연계가 두 그룹 간 제한된 재정에 대한 경쟁을 유발할 것으로 기대되지만, 두 그룹의 주요 활동 범위와 기간에 있어서 차이가 있기 때문에 동시적으로 경쟁할 가능성이 상대적으로 낮다. 과도기 정의와 국제인도주의 모두 정의 실현 대상자들의 인권보호와 인간안보의 증진에 있기 때문에 궁극적으로 두 그룹이 지향하는 목적에 있어서도 공통점을 발견할 수 있다.

국제인도주의 활동이 궁극적으로 추구하는 강제이주민들의 자발적 귀환과 사회적응은 그들이 과거에 누리고 있었던 재산권을 포함한 다양한 권리들을 어떻게 보장하고 보상할 것인가와 연결되기 때문에 오히려 국제인도주의 활동은 과도기 정의의 구현을 위해 지원을 제공할 필요가 있다. 인도주의적 위기 상황에 처해 있는 강제이주민들을 과도기 정의의 대상에 포함시킴으로써 무고한 시민들을 고향에서 떠나게 만들거나 그들에 대해 2차적 폭력을 가하는 것이 국제법, 국내법에 의해 처벌을 받게 될 수 있음을 각인시켜 폭력행사를 사전적으로 억지하는 효과가 있을 것으로 예상된다. 아프리카에서는 제한된 재원의 효과적 활용을 위하여 사법적 재판과 인도적 지원의 균형을 위한 정책적 균형을 이루기 위한 노력이 필요하다.

난민과 국내실향민들의 과도기 정의는 전체론적 접근에 기반을 둔 것이어야 다양한 형태의 상흔을 치유하고 강제이주와 관련된 부정의를 조정할 수 있다. 과도기 정의는 인도적 위기, 저발전, 평화구축의 문제 등을 해결하는 데에 보완적인 역할을 할 수 있다. 특히 과도기 정의 수단들이 동시에 이용되기보다 사안에 따라 시차를 두고 이뤄지기도 하며, 그 시차로 인하여 하나의 과도기 정의 수단만이 아니라 여러 수단들이 조합되어 활용된다. 아프리카 국가들의 재정적 취약성을 고려할 때 지원국가의 사회안전시스템의 개혁을 위한 지원이 이뤄지는 경우 재정적 효율성을 높일 수 있을 것으로 기대된다.

강제이주민들의 인도적 문제를 과도기 정의와 연계하는 과정에서 여성들의 문제에 대해 신중하면서도 적극적인 국제사회의 지원과 개입이 요구된다. 아프리카의 내전 등에 의한 강제이주민들의 가정 대부분이 여성을 가장으로 가지고 있다. 따라서 지역 공동체의 평화구축과 화해를 위해서는 강제이주민에 대한 과도기 정의를 개인 차원이 아닌 가족 차원에서 접근을 할 필요가 있다. 과도기 정의는 성폭력과 젠더 차원의 폭력에 대해서 신중한 접근이 이뤄져야 한다. 이러한 폭력은 가족들 삶의 근간을 흔드는 결과를 초래할 수 있기 때문에 국제사회의 협력이 요구된다. 여성들에 대한 보상프로그램의 확대와 아울러 이들의 사회참여 기회 확대도 매우 중요하게 고려되어야 한다.

과도기 정의의 근본적인 질문은 과거의 범죄를 어느 수준에서 처벌을 하고 어느 수준에서 화해를 해야 하는가이다. 특히 공동체를 떠나 생활하고 있는 사람들 또는 뒤늦게 공동체로 다시 돌아온 이들의 과도기 정의의 문제를 어떻게 다뤄야 하는지도 매우 중요한 문제이다. 많은 진실위원회

보고서들은 과도기 정의를 통해서 실현된 정의가 상황적 요인 때문에 오히려 행위자별 정치적 관점에 따라 왜곡될 수 있음을 보여주고 있다. 진실위원회의 노력이 피해자 전체를 포괄하지 못하고, 진실규명을 위한 시간이 제한적이기 때문에 그 성과에 대한 비판적 시각이 존재하게 되는 것이다. 유럽을 비롯한 선진국의 난민 문제, 코로나 팬데믹 현상으로 인해 국제적 관심에서 벗어난 아프리카 강제이주민들의 부정의의 문제들은 여전히 진행형이며, 그들에게는 시간을 돌려 다시 세우기 어려운 정의의 문제로 남아 있다.

3부 한반도 통합: 연방주의적 접근과 마음

제6장

탄자니아의 두 가지 통합: 연방공화국 탄생과 사회통합정책

유혜림(서울대학교 한국정치연구소)

I. 들어가며

사하라 이남 국가는 부족, 종교, 정치적·경제적 이권 등 다양한 갈등 요소에서 비롯된 오랜 내분을 겪어왔다. 전세계 난민의 1/3을 배출하고 수용해왔다는 사실은 이 지역의 높은 분열 수준을 보여준다. 그중에서도 대내외 분쟁이 가장 심각한 곳은 동부 아프리카의 대호수 지역(the African Great Lakes Region)이다. 연안 국가인 케냐, 우간다, 민주콩고, 부룬디, 르완다는 모두 심각한 종족/부족 갈등에서 비롯된 내전을 겪었거나 현재에도 겪고 있다. 그러나 탄자니아는 유일하게 부족이나 종교적 차이에 따른 분쟁을 경험하지 않았다. 게다가 1961년 영국으로부터 독립한 이래 암살, 쿠데타 등 폭력적 정권 교체 역시 없었다. 탄자니아에는 여타 대호수 지역 국가처럼 다양한 부족이 상존하였는데 어떻게 부족 혹은 종교적 분열을 겪지 않고 평화를 유지할 수 있었는가? 본 연구는 식민지 이전부터 발현한 탄자니아 민족주의대중정당의 역할과 이들이 내세운 아프리카 사회주의(African socialism)에 주목한다.

탄자니아가 위치한 대호수 지역은 아열대, 사바나, 고원 지대로 담수호가 밀집한 지역이다. 온화한 기후 조건과 호수로 인해 농수산업 발달에 유리했으며 식민지 이전부터 많은 인구가 모여들었고 사하라 이남에서 비교적 많은 군주국가(monarchies)가 등장하였다. 바간다(Baganda), 분요로(Bunyoro), 르완다(Rwanda), 부룬디(Burundi) 등이다. 서구 열강 역시 이 지역의 지정학적 중요성을 간파하였고 아프리카 패권을 차지하기 위한 각축장이 되었다. 1895년 베를린회의 결과 획정된 국경은 열강의 이권을 반영하였지만 왕국이나 부족 등 전통적 질서를 고려하지 않았다. 또 식민통치가 용이하도록 아프리카 종족/부족 차별정책을 펼쳐 대내외 분열의 씨앗을 낳았다. 그 결과 1960년대 독립 국면에서 대호수 지역 국가들은 극심한 분쟁을 겪었다. 탄자니아를 제외한 케냐, 우간다, 민주콩고, 르완다, 부룬디는 모두 무력 갈등을 겪었다. 민주콩고와 부룬디는 여전히 분쟁을 겪고 있으며, 케냐는 부족 간 갈등에 기인한 정치 불안과 국내실향민 문제를 겪고 있다. 흥미로운 점은 분쟁을 겪고 있는 국가들은 모두 부족, 지역, 종교 정체성에 따라 결집된 정당이 정권을 획득하고 있다. 일례로 케냐에서 대선 승리를 위해서는 다섯 개 주요 부족 중 특정 부족의 지지가 중요하며(김정민 2015, 60), 우간다에서는 서로 다른 부족으로 구성된 남부와 북부 간 대립으로 인해 분쟁이 지속되고 있고(한국국방연구원 2020), 르완다는 우간다-투치를 중심으로 한 RPF에 권력이 집중된다(유혜림 2019).

그러나 탄자니아는 이들 국가와 달리 부족, 지역, 종교적 정체성에 기반을 둔 정치적 동원 전략이 유효하지 않다(Lofchie 2014). 독립 이후 장기독재를 해 온 CCM(Chama Cha Mapinduzi, 혁명당)은 1990년대 이후 지속적인 지지율 하락을 보이고 있지만, 무슬림 정체성에 기반을 둔 CUF(the Civic United Front)나 ACT(the Alliance for Change)는 잔지바르를 비롯한 소수 지역을 제외하고는 지지율이 10% 이하에 그친다. 이들은 CHADEMA(Chama cha Demokrasia na Maendeleo, 영문명은 the Party for Democracy and Progress)에 이어 제2야당 지위를 갖는데, 탄자니아 인구 50% 이상이 무슬림인 것을 고려할 때 탄자니아에서 여타 지역처럼 종교적 정치 동원은 거의 이루어지지 않는다고 할 수 있다. 또 100여 개의 부족이 공존하며 수쿠마(Sukuma), 냠웨지(Nyamwezi), 차가(Chagga) 등 지역 내 영향권이 큰 부족도 있지만, 탄자니아 선거에서 부족 동원 여부는 크게 중요하지 않다. 오히려 사회경제적 계층과 세대별 지지율 차이가 두드러진다(Lofchie 2014).

이렇게 다부족 사회인 탄자니아에서 부족, 지역, 종교를 동원한 정치가 영향력을 발휘하지 못하는 것은 이러한 정체성을 초월하는 민족주의적 대중정당(mass-based nationalist party)이 독립 이전부터 존재하였고 대중의 지지를 받아 권력을 획득하였기 때문이다(Mpangala 2004). 현 집권 여당인 CCM의 전신인 탕가니카아프리카전국연합(Tanganyika African National Union: 이하 TANU)는 1953년 발족되어 비종족적, 비종교적, 비차별적 독립운동을 전개하여 전국적 지지를 얻었으며, 영국으로부터 정권을 이양받으면서 평화로운 독립을 성취하였다. 독립 이후 TANU가 제시한 국가 발전 전략인 아프리카 사회주의는 서구의 간섭으로부터 벗어나 아프리카의 진정한 자주독립을 이룰 것을 강조한다. 구체적으로 부족, 인종, 종교, 계층 간 차별을 철폐하여 모든 아프리카인을 하나의 주민으로 간주하고 협력적 관계를 맺음으로써 민주주의와 경제발전을 이루는 데 목표를 두었다. 이러한 이념적 지향은 1961년 독립 이후 탄자니아가 두 가지 통합을 이룩하는 데 기여하였다. 하나는 아프리카 민족주의를 내세운 1964년 잔지바르와의 합병, 즉 국가 간 통합이다. 다른 하나는 탄자니아 민족주의에 근거한 국가정체성 부여, 즉 식민지를 거쳐 분열된 마음을 통합한 것이다. 이는 결국 탄자니아라는 다문화사회가 오늘날까지 약 60년간 평화롭고 안정된 상태를 유지하는 근간이 되었다.

이에 본 연구는 위와 같은 탄자니아의 두 가지 통합이 어떻게 이루어졌는지 살펴볼 것이다. 먼저 2절에서는 민족주의 대중정당에 대한 개념을 정의한 다음, 탄자니아 TANU당의 비차별주의, 비종족주의, 비종교주의에 영향을 미친 아프리카 사회주의를 설명한다. 3절에서는 탄자니아 연방공화국이 탄생하기까지 아프리카 사회주의가 어떠한 역할을 하였는지 설명한다. 4절에서는 민족주의 대중정당이 다문화사회인 탄자니아의 사회통합을 어떻게 이룩하였는지 살펴본다. 5절은 결론을 대신하여 지금까지 논의를 정리하고 탄자니아 사례가 우리에게 주는 함의를 제시한다.

II. 탄자니아의 민족주의 대중정당과 독립

탄자니아는 동아프리카 연안에 위치한 연방공화국으로 1961년 12월 독립한 탕가니카와 1963년 12월 독립한 잔지바르가 1964년 4월 26일 합병해 탄생한 국가다. 대통령제이며 주요 행정수반은 연방 대통령, 연방 부통령, 잔지바르 대통령, 연방 총리다. 대통령에게 의회를 일부 구성할 수 있는 권한이 주어져 엄격한 삼권분립보다는 권력융합형 대통령제 성격을 지닌다. 본토인 탕가니카가 정치적·경제적으로 잔지바르를 압도하지만, 잔지바르는 자체적인 대통령과 의회를 두는 등 상당한 수준의 자치권이 부여된다(외교부 2018, 4). 독립 이전부터 전국적인 지지를 받아온 CCM이 집권여당을 유지하고 있다. 1967년 아루샤 선언(Arusha Declaration)으로 일당제 사회주의 체제를 선택하였으나, 1985년 IMF 구조조정으로 시장경제를 받아들였으며 1992년 다당제로 전환한 뒤 오늘에 이른다. 1970년대 후반부터 겪은 경제난을 완전히 극복하지 못했고 여전히 최빈국에 속하지만, 정치적 안정과 높은 경제성장률을 바탕으로 동아프리카 맹주로 거듭나고 있다.

1961년 독립 이후 탄자니아는 두 가지 사회통합을 겪게 된다. 첫째는 1964년 본토인 탕가니카가 잔지바르와 합병하여 탄자니아 연방공화국으로 탄생한 것이다. 이들의 결합은 독립 이후에도 아프리카에 지속된 서구의 간섭을 벗어나려는 시도였으며 아프리카의 진정한 해방을 추구하는 아프리카 사회주의에 근간을 둔 것이다. 당시 탕가니카는 니에레레(Julius Nyerere) 흑인 정권이 들어서면서 주변 백인 세력의 체제 전복 위협을 받고 있었기 때문에 아프리카 국가 간 연대가 무엇보다 중요하였다. 잔지바르는 영국으로부터 독립한 직후 쿠데타로 왕정체제가 무너졌는데, 서구 열강이 쿠데타로 야기된 혼란을 잠재운다는 명분으로 다시금 내정 간섭을 시도하자 탕가니카와 합병을 추진하였다. 탄자니아 정부는 역사·문화적으로 이질적인 잔지바르의 자치권을 상당 부분 인정함으로써 합병으로 인한 갈등을 해결하고자 하였다.

둘째, 제국주의 시기 사회 분열과 다문화사회라는 특성을 극복하기 위해 각종 정책으로 사회통합을 이룬 것이다. 탄자니아는 사회통합에 대해 두 가지 과제가 있었다. 하나는 제국주의를 겪으며 지배-피지배계급으로 나뉜 흑인 주민을 통합하는 것이고, 다른 하나는 120여 개의 부족과 100여 개의 언어가 공존하는 탄자니아 사회에 하나의 국가정체성을 부여하는 것이었다. 이는 결국 제국주의 유산을 딛고 마음이 통합된 국민국가로 거듭나기 위한 노력으로 이어졌다. 탄자니아는 식민 잔재에 대한 비폭력·비차별주의, 사회통합교육, 공용어로서 스와힐리어 보급, 대학진학 희망자 의무복무, 비종족정치 등을 통해 이를 이루고자 하였다. 그 결과 탄자니아는 사하라 이남 아프리카에서 드물게 정치적 분쟁 수준이 매우 낮고 주민의 종족/부족정체성보다 국가정체성이 높다는 성과를 거둘 수 있었다(김광수 2008).

본 연구는 탄자니아가 이렇게 두 가지 통합을 성취하는 과정에서 나타난 집권여당인 TANU의 역할에 주목한다. TANU는 민족주의 정당으로서 對탕가니카는 물론 對아프리카 독립운동을 전개하였으며, 독립 과정이나 이후 정권을 확대하는 과정에서 부족, 인종, 종교를 동원하지 않는 비차별주의를 고수하였다. 그 이념적 근간은 아프리카 사회주의로 식민지 시기 나타난 사회 분열을 극복하고 경제성장을 이루기 위한 발전전략이며 가족주의적 공동체를 강조하였다. TANU의 비차별주의는 출신 배경과 상관없이 다양한 대중을 동원하고 전국적 지지를 얻게 되면서 탄자니아가 평화로운 독립을 이루고 독립 이후 안정된 정치 상황을 이어갈 수 있는 바탕이 되었다.

정당이란 "정치적 뜻을 같이 하는 사람들로 구성된 자발적 결사체(voluntary association)"로 정치권력을 추진하는 한편 구성원들 간 유사한 신념, 가치, 태도를 공유하고 그러한 가치에 기반하여 국가 이익을 추구한다(강원택 2019, 177). 그중에서도 대중정당은 엘리트 일부를 중심으로 하는 19세기 유럽의 간부정당과 반대되는 개념으로 확대된 선거권을 획득한 노동자 등 사회적 약자나 하위계층의 지지를 동원한다. 대중정당은 보편적 유권자보다 당원들을 정당활동의 중심에 두며 이들의 관심과 이해를 반영하고자 한다(Duverger 1964; 안철현 2012).[1]

이러한 대중정당은 1950~60년대 사하라 이남에서 폭발적으로 증가하였다. 제2차 세계대전 이후 UN을 중심으로 국제사회에서 아프리카 독립을 위한 논의가 활발해지면서 정권 이양 주체로서 정당이 구성되기 시

1 정당유형을 어떻게 분류할 것인가를 두고 학자들 간의 논쟁이 있다. 본고에서는 대중정당을 엘리트, 식민지 지배층 등 특정 계급으로 구성된 간부정당과 반대되는 개념으로 사용한다.

작하였다. 이 과정에서 아프리카 현지인들의 목소리가 반영될 수 있는 민족주의적 대중정당이 등장하였다. 대호수 지역에서도 국가마다 민족주의적 정당이 나타났다. 이들은 각국의 독립운동의 중심세력으로 활동한 뒤 독립을 맞이하면서 정권을 획득하는 경향을 보인다. 그러나 이들은 특정 인종, 종족, 종교에 지지 기반을 두고 타 사회집단에 배타적 태도를 취함으로써 독립 이후 새로운 사회 분열을 초래하였다(Mpangala 2004, 8-10).

민주콩고에서는 1950년대 벨기에에 대항하는 7개의 민족주의 정당(PNP, PSA, ABAKO, MNC, Balukat, Cerea, Conakat)이 출현하였다. 하지만 MNC를 제외하면 식민당국이나 광산 독점세력의 지원을 받은 어용단체였다(Essack 1994). 그마저 1961년 MNC 지도자 루뭄바(Partrice Lumumba)가 암살로 사망한 뒤 민주콩고는 장기간 분쟁 상황에 놓이게 된다. 부룬디에는 1950년대 종족 기반(PP, PDC)과 종족 초월 민족주의 정당(UPRONA)가 있었는데 1962년 UPRONA 지도자 르궤가로세(Prince Louis Rwegasore)가 암살당한 뒤 분쟁이 지속되었다(Ndarubagiye 1996). 르완다에서 이 시기 나타난 세 개 정당(RADER, PARMEHUTU, APROSOMA) 모두 종족 기반 민족주의 정당이었으며, 독립 국면에서 맞닥뜨린 권력 투쟁으로 인해 종족 갈등을 야기하였다(Newbury 1998, 13). 우간다에서는 1950년대에 7개의 민족주의 정당(UNC, PP, DP, KY, UPC 등)이 발족되었는데(Low 1962; Karugire 1971), 부족 및 종교에 기반을 두거나 특정 부족을 배척하여 독립 이후 분열과 분쟁을 가져왔다.

케냐의 경우 1950년대에 정당(KANU, KADU)이 설립되었는데, 이들은 민족주의와 부족주의 특성을 동시에 지녔다. 부족, 인종, 종교를 아우르는 대중을 동원해 독립운동을 펼쳤다는 점에서는 민족주의적이나, 각 정당은 특정 부족을 지지기반으로 두었다는 점에서 부족주의적이다. KANU는 키쿠유(Kikuyu)족과 루오(Luo)족 연합의 지지를, KADU는 카레진

(Kalenjin)족, 마사이(Massai)족 및 그 밖의 해안가 거주 부족의 지지를 바탕으로 하였다(Horowitz 1985). 이러한 부족주의적 특징에도 케냐는 독립부터 약 30년간 안정된 정치상황을 이어갔다. 그러나 다당제가 도입된 1990년대부터 부족 간 대립이 심각해졌으며 선거 등 정치적 사안을 두고 폭력 사태가 빈번히 발생하게 되었다.

탕가니카 역시 인종 혹은 종교에 지지기반을 둔 민족주의 정당이 나타났지만 비인종, 비종족, 비종교적 동원을 강조한 TANU가 일찌감치 대중적 지지를 바탕으로 정권을 획득하면서 적어도 탕가니카 본토만큼은 독립 이후에도 평화를 유지할 수 있었다. 여타 민족주의정당은 UTP, ANC, AMNUT 등인데 UTP는 유럽인 기반 정당이었으며, ANC는 비아프리카인을 배제하였고, AMNUT는 무슬림에 기반을 둔 종교 정당으로 타 집단에 대한 배타적 태도를 보였다. 그러나 TANU는 탕가니카의 독립 과정에서 흑인 대중의 인권 향상과 참정권 획득을 주장하는 것은 물론, 본국에서 활동하는 아시아계, 아랍계, 유럽계 비아프리카인들에 대한 비폭력·비차별 노선을 펼침으로써 탄자니아 독립 이후 사회통합의 단초를 마련하였다.

그런데 TANU가 처음부터 전국적 지지를 얻었던 것은 아니다. 1953년 TAA(Tanganyika African Association)가 설립될 당시 탕가니카에는 다양한 흑인 노동조합이 설립되어 있었다. 식민지 시기에 흑인의 권익 보호에 목표를 둔 노동조합 설립이 가능하였던 것은 영국이 탕가니카 본토의 생산량 증대를 위해 이러한 결사체 조직을 적극 장려하였기 때문이다. TANU의 모태인 TAA는 탕가니카 북부를 중심으로 조직된 흑인 사무직 노동자, 교사 등의 권익 보호를 위해 설립된 노동조합이었다. 이들의 비차별주의 노선이 인기를 얻으면서 다양한 직업군의 노동조합이 TAA가 가입하였고, 그 지부가 전국으로 확산되면서 대중 동원을 이룰 수 있었다(Lofchie 2014).

주지하듯이 TANU의 비차별주의에는 아프리카 사회주의가 중요한 영향을 끼쳤다. 아프리카 사회주의는 1900년대 전반 아프리카에서 나타난 아프리카 해방운동의 실천 이념으로 민족주의, 범아프리카주의와 함께 아프리카 국가의 독립운동에 이념적 지향을 제시하였다. 민족주의는 서구 열강으로부터의 신속한 독립을 주장하였으며, 범아프리카주의는 1950년대 아프리카의 자립과 자존을 위한 구체적 목표로 아프리카 대륙의 통합, 국가 내 통합, 민주주의, 사회주의, 신속한 사회경제발전을 내세웠다 (Mpangala 2004; Falola and Essien 2013). 아프리카 사회주의는 인종이나 부족 간 차별을 철폐하고 모든 인간은 동등하다는 전제 하에 사회적·경제적 발전을 이룰 것을 강조하였다. 범아프리카주의를 이끈 가나(Ghana)의 은크루마(Kwame Nkrumah)는 1945년 5번째 범아프리카 회의에서 민족주의, 범아프리카주의, 사회주의는 서로 분리할 수 없는 개념으로 아프리카의 진정한 해방을 위해서는 반드시 필요한 가치라고 정리하면서도, 아프리카 사회주의를 범아프리카주의를 달성할 수 있는 수단으로 여겼다 (Tsomondo 1975, 9).

이와 달리 TANU의 지도자인 니에레레는 위 세 가지 이념적 지향을 가지는 한편, 아프리카 사회주의를 통해 아프리카의 모순적 역사에서 오는 분열과 저발전을 동시에 극복할 수 있다고 보았다. 그에 따르면 아프리카 사회주의는 단순한 경제적·사회적 발전전략이 아닌 인종, 부족, 종교, 계층 간 차별을 철폐하여 진정한 인간 해방과 성장을 이룩할 수 있는 핵심 이념이었다. 니에레레의 시각에서 아프리카의 진정한 해방을 가로막는 것은 다름 아닌 식민지 시기 정착된 흑인계 아프리카인들 간의 계층 분열과 갈등이었다. 아프리카인 중에서도 식민지 시기 특혜를 입은 극소수 기득권 세력과 절대 다수를 차지하는 빈민 세력의 간극에서 오는 권력 다툼, 경제적 불평등, 마음의 분열이 아프리카 발전을 저해한다는 것이다. 니에레레는 그 해결책으로 가족주의에 기반한 아프리카 사회주의를 제시하였다. 즉, 아프리카가 서구 열강으로부터 독립하는 것에 그치지 않고, 아프리카인들의 화해와 통합을 이끌어내기 위하여 아프리카인은 서로 평등하며 하나의 운명공동체라는 점을 강조하였다(Saul 2012).

결과적으로 아프리카 사회주의는 탄자니아의 두 가지 통합, 즉 탕가니카와 잔지바르 통합을 통한 탄자니아연방공화국 탄생과 언어교육 및 엘리트교류를 통한 사회통합을 성취하는 데 기여를 하였다.

III. 탄자니아 연방공화국의 탄생

본 절에서는 독립 국면에서 탕가니카와 잔지바르가 마주한 분열과 도전은 무엇이었으며 이를 극복히기 위해 아프리카 사회수의를 바탕으로 양국이 1964년 국가 간 합병에 이르는 과정을 설명한다. 또 합병 57년을 맞이한 오늘날 탕가니카-잔지바르 통합은 어느 수준에 이르렀으며 과제는 무엇인지 살펴본다.

1964년 4월 탕가니카공화국과 잔지바르 공화국이 합병하면서 탄자니아연방공화국이 탄생한다. 탕가니카와 잔지바르는 인도양을 사이에 둔 인접국이지만 역사적·문화적으로 서로 다른 경로를 겪었다. 잔지바르는 탄자니아 전체 면적의 0.28%에 불과하며 본토인 탕가니카는 잔지바르의 355배에 해당한다.[2] 탕가니카는 1885~1916년 독일 보호령이었다가 1916년 영국이 탕가니카를 점령하게 되면서 1961년까지 영국의 위임통치를 받았다. 잔지바르는 16세기 초~18세기 초까지 포르투갈의 영향을 받았는

2 탄자니아 총 면적은 한반도의 4.3배이며, 잔지바르는 제주도의 1.5배(한국수출입은행 2018)에 이른다.

데, 18세기 초중반 오만계 아랍인이 진출하면서 무슬림 문화가 침투하였다. 1840년에는 오만의 수도가 되어 1890년까지 오만계 술탄령이었으며 1890년부터는 영국 보호령 아래 있다가 1963년 독립하였다. 탕가니카와 잔지바르의 합병은 잔지바르가 영국으로부터 독립한 지 채 6개월이 지나지 않아 양국 지도자의 합의에 의해 이루어졌다. 양국은 1964년 합병되었고, 1965년 총선을 실시해 탕가니카 대통령이던 줄리어스 니에레레가 연방정부 대통령에 당선되었으며, 잔지바르 아프로-쉬라지당(Afro-Shirazi Party: 이하 ASP)[3] 당수인 아베이드 카루메(Abeid Karume)가 잔지바르 대통령으로 당선되었다. 1977년에는 본토에 근거한 여당 TANU와 잔지바르에 근거한 ASP가 합당해 CCM을 창당하였고, 현재까지 강력한 집권 여당으로 자리매김하고 있다. 흥미로운 점은 탕가니카와 잔지바르의 비대칭성이다. 그러나 잔지바르는 별도의 대통령, 행정부, 의회를 두었으며 상당한 자치권을 보유한다.

서로 이질적인 양국이 전격 합병을 결정한 데에는 역사제도적 유산과 열강의 간섭을 최소화하고 아프리카식 자주·자존을 이루려는 아프리카 사회주의가 중요하게 작용하였다.

1. 잔지바르

양국 중 세계사에 먼저 등장하는 것은 인도양의 섬인 잔지바르다. 유럽의

3 쉬라지는 잔지바르, 펨바 등 동아프리카 연안 및 인근 인도양 제도에 거주하는 민족이며 주로 농업에 종사한다. 이슬람 문화권에 속하며, 탄자니아의 무슬림 인구는 34%인데 반해 이들이 거주하는 잔지바르 지역은 무슬림 인구가 99%에 이르는 것으로 추정된다(U.S. State of Department. 2021. "2020 Report on International Religious Freedom: Tanzania." https://www.state.gov/reports/2020-report-on-international-religious-freedom/tanzania/#:~:text=The%20U.S.%20government%20estimates%20the,5%20percent%20practice%20other%20religions 검색일: 2022년 1월 3일).

아프리카 진출 경로였던 서아프리카와 달리 중동에 가까웠던 동아프리카는 서구 열강의 침입이 다소 늦었을 뿐 아니라 본격적인 수탈은 오만 술탄의 아랍인들이 진출하며 이루어졌다. 잔지바르는 동아프리카 식민지화의 전진기지 같은 곳이었다. 1699년 오만 왕국이 포르투갈을 몰아내고 잔지바르를 재점령하면서 본격적으로 아랍 문화가 전파되었다. 1840년 오만 왕국의 수도가 되자 중동에서 수요가 높은 정향, 후추 등을 재배하는 플랜테이션이 건설되었으며 동아프리카 상아와 노예 무역의 근거지가 되었다. 잔지바르는 현재까지도 아랍 문화가 크게 나타나며 소수의 아랍계가 경제적 이권을 장악하고 있다. 잔지바르 아랍세력은 1955년 잔지바르 민족주의당(Zanzibar Nationalist Party: 이하 ZNP)를 결성하였고, 1956년 본토 출신 흑인과 잔지바르 원주민으로 ASP가 결성되었다. 1963년 7월 선거에서 ZNP가 승리하고 12월 19일 술탄 통치하 입헌군주제로 독립하였지만, 1964년 1월 12일 ASP가 잔지바르혁명(Zanzibar Revolution)을 일으켜 잔지바르 공화국을 설립한다. 이후 아랍인을 축출하고 ASP의 당수인 카루메가 잔지바르의 첫 번째 아프리카인 대통령이 된다. 카루메는 잔지바르의 정치·경제를 장악한 아랍계를 몰아내고 ASP 일당독재를 선언하였다. 이에 대한 서구의 비판과 우려가 높아지자 2월 19일에는 미국 외교관을 추방하는 등 서구 간섭에 대한 강경노선을 펼쳤다. 이후 4월 26일 탕가니카와 합병하는 데 동의하였으며 잔지바르 대통령직을 수행하게 되었다. 이로서 본토는 TANU, 잔지바르는 ASP가 일당독재하는 이원화 정치체제가 완성된다. 그러던 중 1972년 카루메는 폭정에 대한 반발로 암살당하고, 부통령이었던 아부드 줌베(Aboud Jumbe)가 대통령직을 계승한다.

1977년 ASP와 TANU는 합당하여 혁명당(CCM, Chama cha Mapinduzi)을 창설하여 잔지바르는 CCM의 통치를 받게 된다. 1977년 CCM이 창설되면서 니에레레 대통령은 본토는 물론 잔지바르에까지 영향력이 확대된 것이지만, 잔지바르 내에서는 정부에 대한 여러 불만 요소가 축적되면서 여러 차례 소요가 발생했다. 이는 첫째, 본토와의 경제적 격차, 해외원조 혜택 미비, 공직참여 기회 불균형 등에 대한 불만에 기인한다. 그리고 둘째, 인종 및 종교적 대립이 지속되기 때문이다. 본토 인구 중 무슬림이 35%인데 비해 잔지바르는 무슬림이 대부분이며, 인종 구성은 주로 아프리카계 흑인과 원주민이지만 경제적 이권은 아랍계가 차지하고 있다.

잔지바르는 탄자니아의 정치·경제·문화 전반에서 차지하는 비율은 극히 작지만, 최근 탄자니아의 중요한 정치 이슈가 되었다. 이는 연방제를 둘러싼 본토와 잔지바르 간 갈등이 지속되는 가운데 1990년대 이후 집권 여당인 CCM의 실정이 계속되면서 무슬림 세력의 결집이 일어나고 있기 때문이다. 이는 비대칭합병을 통해 탄생한 탄자니아의 사회통합 성과를 가르는 중요한 지표가 될 것으로 생각된다.

2. 탕가니카

탕가니카는 탄자니아 본토 지역으로 잔지바르에 진출한 오만 술탄이 상아와 노예를 수급한 곳이기도 하다.[4] 1884년 독일이 식민지화하였으며 1916년부터 영국의 점령지가 되었다. 1919년 영국은 국제연맹으로부터 탕가니카에 대한 통치 권한을 부여받아 간접 통치해 왔고, 1946년 제2차 세계대전 이후 UN의 신탁통치령이 되었다. 1953년에는 당시 전직 교사 출신이었던 줄리어스 니에레레가 TANU를 설립하였다. 니에레레는 비폭력주의, 비종족차별주의, 아프리카 자결주의를 내세워 독립운동을 펼쳤으며 전국적인 지지를 얻었다. 영국은 아프리카 독립을 지지하는 UN의 압박에 따라 신속한 정권 이양을 모색하였고, 니에레레가 백인 기득권세력에게 위해를

4 현 탄자니아 경제수도인 다르에스살람은 그 주요 항구로 기능하였다.

가하지 않을 것임을 확인한 뒤 이양 절차를 밟았다. 그 결과 1958년, 1960년 치러진 선거에서 TANU가 압승을 거두었으며 니에레레는 총리로 선출되었다. 1961년 12월 새 정부와 영국 정부는 탕가니카의 완전한 독립에 합의하였고, 1962년 탕가니카공화국의 첫 대통령으로 TANU의 지도자인 니에레레가 당선되었다. 1963년 1월에는 TANU 일당체제가 구축되었다. TANU가 독립 국면에서 전국적인 지지를 받은 데다 니에레레는 국민들의 신임을 얻고 있었기 때문에 일당체제 전환은 평화롭게 이루어졌다. 1963년 12월 잔지바르가 독립하고 1964년 1월 아프리카인 세력인 ASP가 정권을 잡자, 니에레레와 카루메의 합의에 의해 탄자니아연방공화국이 탄생하게 된다.

3. 비대칭 합병과 탄자니아연방공화국 탄생

탕가니카와 잔지바르의 합병은 아프리카 독립 국면에서 나타난 아프리카 민족주의가 잘 반영된 정치적 결과물이다. 양국은 정도의 차이는 있지만 독립 과정에서 흑인 민족주의에 반하는 기득권 세력과 갈등을 빚었으며, 독립 이후 서구의 간섭을 받을 것을 우려해 서둘러 위로부터의 통합을 진행하였다. 탕가니카와 잔지바르 모두 오랜 수탈과 저발전으로 국제 원조 없이 경제발전을 이루기 어려웠기 때문에 서구 열강의 정치적·경제적 간섭을 받는 것은 어느 정도 예견된 것이었다. 결정적 계기가 된 것은 탕가니카에서 1964년 1월 벌어진 육군 쿠데타와 잔지바르에서 1964년 3월 벌어진 혁명이었다. 두 사건은 양국 정부의 독립 직후 통치력을 시험 무대에 올렸을 뿐 아니라 서구의 간섭이 강화될 수 있다는 위기의식을 안겼다.

먼저 탕가니카 육군 쿠데타는 임금 상승과 유럽 장교를 탕가니카인으로 교체할 것을 요구하며 일어났다. 1월 20일~25일 간 당시 수도인 다르에스살람의 항구에서 발생하였는데, 쿠데타에 동참하는 군인이 증가하고 유럽인 축출에 동의하는 민간인이 합류하면서 큰 시위로 번졌다. 당시 정부는 이들을 통제할 수단이 미흡했기 때문에 사태를 수습하기 어려웠다. 쿠데타를 무위에 그치게 한 것은 영국 군대로, 마침 아시아 출항을 위해 에티오피아에서 대기하던 영국 함대가 출동하여 쿠데타 세력을 진압하였다. 이 사건은 니에레레 정부에 큰 위기의식을 안겼다. 첫째, 정부의 조직력과 통치력은 군대에 비해 제대로 갖추어지지 않았다는 점이 드러났다. 이에 TANU는 군 주요인사들을 당과 행정부 요직에 배치하여 포섭하는 한편 내부 결속을 강화하고자 하였다. 둘째, 체제 전복이 발생할 경우 외세에 의존해 해결해야 하며 이는 탕가니카에 서구가 간섭할 빌미를 제공할 수 있다는 점이 드러났다. 이를 위해서는 군사력을 강화할 필요가 있었지만, 영국과 미국을 비롯한 서구는 탄자니아가 무장하는 것을 지양하였기 때문에 TANU와 대립각을 세웠다. 반면 공산권 국가는 탄자니아 국력 강화를 위해 적극적으로 무기 지원을 하였다. 그 결과 니에레레 정부는 정권 초기 정부의 통치력을 강화하고 서구의 간섭뿐 아니라 무기 지원을 통해 탕가니카 공산화를 꾀하는 동구권의 간섭을 저지할 방안을 모색하게 되었다(Therkildsen and Bourgouin 2012).

이러한 가운데 잔지바르에서는 1월 혁명이 일어났다. 잔지바르는 영국 통치 이전부터 소수 아랍세력과 아시아인이 정치 및 경제 권력을 독점해왔으며, 법적으로 금지된 흑인 노예 착취가 지속되었다. 여기에 독립 이후 세력을 잡은 아랍계 정권이 이집트를 비롯한 아랍계 국가와 외교를 강화하려는 움직임을 보이자 ASP가 왕정을 종식하고 대통령제를 도입하는 혁명을 일으킨다. 이로 인해 200년간 잔지바르를 군림한 아랍/아시아계 통치세력이 와해되었다. 주지하듯 ASP는 잔지바르 주민 대다수를 차지하는 흑인 및 원주민에 기반을 둔 아프리카 민족주의 정당으로 온건 사회주의를 지향하는 등 탕가니카의 TANU와 유사한 정치이념에 기반을 두었다. 한편, 혁명 과정에서 급진 공산주의 세력이 득세하자 니에레레와 마찬가지로 온건 사회주의파인 카루메는 잔지바르의 좌경화를 우려해 탕가니카와의 합병을 추진하게 된다(New York Times 1964).

이 합병을 통해 잔지바르는 외교, 군사, 긴급권한(emergency power)을 연방정부에 이양하게 되었다. 또한 탄자니아 본토와 잔지바르는 각각 TANU, ASP 정당을 지지기반으로 하지만 연방정부 대통령은 TANU의 니에레레가 독점하였다. 즉, 탕가니카와 잔지바르의 합병은 서구로부터의 간섭을 저지하고 아프리카 사회주의에 기반한 진정한 독립을 이루기 위한 전략적 선택이라는 의의가 있지만, 사실상 영토 크기, 인구, 부존 자원 등 지정학적 여건뿐 아니라 정치력과 경제력에서 탕가니카가 잔지바르를 압도하는 비대칭 구조에서 출발하였다.

4. 비대칭 합병의 현재와 과제

문제는 이러한 비대칭 합병으로 인해 오늘날 탄자니아가 정치적·사회적 과제를 안게 되었다는 점이다. 탄자니아 정부는 역사·문화적으로 이질적인 잔지바르의 자치권을 상당 부분 인정함으로써 양국의 비대칭성을 해결하고자 하였다. 하지만 잔지바르가 연방정부의 위계에 종속되면서 본토와 잔지바르 간 불만이 축적되었으며 이는 1992년 다당제 도입과 집권여당인 CCM의 실정과 맞물려 탄자니아 내 분쟁을 야기하고 있다. 잔지바르 문제는 소수 아랍/아시아계 기득권과 다수 흑인 주민 간의 갈등 외에도 본토와의 갈등, 종교갈등 등 다양한 층위의 분쟁요소를 가지고 있으며 비대칭 합병에서 비롯된 탄자니아의 정치체계의 근본적 문제를 드러낸다.

1985년 CCM 정권은 사회주의 경제실패, 심각한 정치부패, 빈부격차,

인권탄압으로 정당성이 매우 약화되었다. 이에 1985년 IMF 구조정을 통한 시장경제 도입, 1992년 다당제 허용을 통해 여론을 완화하고 CCM의 장기집권을 이어나가고자 하였다. CCM은 독립 이후 전국적으로 마련한 지구당 등 지지세력을 바탕으로 집권에 성공해왔으나, 지지율이 크게 하락하고 야권 세력이 집결하는 등 통치력에 위협을 받고 있다.

잔지바르는 CCM의 약화와 야당의 득세를 전형적으로 보여주고 있다. 잔지바르 대통령은 지속적으로 CCM에서 배출되고 있지만, 잔지바르 주민에 지지 기반을 둔 CUF의 세력이 확대되고 있다. 1995년, 2000년 선거는 CUF가 승리하였으나 선거관리위원회의 발표에 따라 CCM 대선 후보가 당선된 것으로 번복되는 등 선거로 인한 분쟁이 악화되었다. 급기야 1999년 CCM과 CUF는 정당 간 평화협정을 체결하지만 목표로 했던 CCM-CUF 통합정부 달성은 이루어지지 못한다. 마침내 2010년 국민투표를 통해 2010년 선거부터 CCM 출신 대통령과 CUF 출신 부통령으로 구성되는 연합정부가 탄생하게 된다. 하지만 CCM이 연방정부-잔지바르 자치정부의 2원제를 선호하고 CUF는 연방정부-본토정부-잔지바르 자치정부로 구성된 3원 구조를 찬성하여 연합정부의 효율성은 여전히 한계를 지닌다.

1961년 독립 이후 CCM이 대통령직을 독식하고 있다는 점에서 여느 아프리카 독재국가와 다름없어 보이지만 대통령의 득표율, CCM의 의석수는 갈수록 줄어들고 있어 사실상 경쟁선거가 이루어지고 있다. **표 1**은 1980년부터 가장 최근인 2015년까지 탄자니아의 선거 결과를 나타낸 것이다. 또한 **그림 1**에서 보듯 사회주의 체제 당시 90%를 상회하던 CCM의 득표율은 대통령 선거와 의회 선거에서 모두 낮아졌다. 그중에서도 2015년 선거는 탄자니아 정세에 매우 중요한 모멘텀이 되었다. 2010년 대선과 총선에서 60%대로 추락한 데 이어 2015년에는 역사상 처음으로 60% 이하 득표하는 것에 그쳤기 때문이다.

CCM의 약세는 결과적으로 야권의 부상을 의미한다. 탄자니아는 군소정당이 많지만 공식적으로 등록된 정당에서만 후보를 내세울 수 있어 군소정당의 정계 진출이 어렵고 야당 간 연립이 거의 이루어지지 않았다. 그러나 2015년에는 제1야당인 CHADEMA를 중심으로 야권 세력이 결집

표 1. 탄자니아 역대 선거 결과

선거연도	역대 대통령	CCM 득표율		체제 유형
		대통령	의회	
1980	Nyerere	95.50%	100%	사회주의 유일당 정치
1985	Hassan	95.68%	100%	
1990	Mwinyi	97.78%	97.78%	
1995	Mkapa 1	61.82%	59.22%	다당제
2000	Mkapa 2	71.74%	65.19%	
2005	Kikwete 1	80.28%	70%	
2010	Kikwete 2	62.83%	60.20%	
2015	Magufuli 1	58.46%	55.04%	
2020	Magufuli 2	84.40%	92.84%	

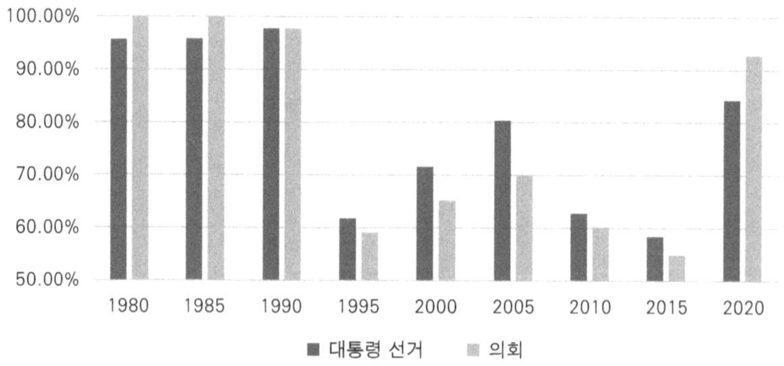

그림 1. 탄자니아 역대 선거 결과 (1980~2020년)

해 단독 대선 후보를 선정하면서 CCM의 아성에 도전하였다. 야권 연합인 UKAWA(Umoja wa Katibu ya Wananchi 또는 Coalition of Defenders of the People's Constitution)는 결과적으로 정권교체는 실패하였지만 근소한 차이로 패배하여 강력한 정부 견제 세력으로 떠올랐다.

CCM의 세력 약화는 2012년 이후 일련의 헌법 개정 논의 과정에서도 드러난다. 2000년 총선 이후 탄자니아 헌법은 대통령 권력의 막강함, 집권 여당의 행정부 장악, 국민 정치참여 제한이라는 비판을 받아왔다. 야당은 헌법개정을 지속적으로 요구해왔으며 2012년 키퀘테 대통령이 이를 마침내 수용하였다. 당시 키퀘테 대통령은 2010년 대선을 통해 재선에 성공한 상태였지만 득표율이 1기 80%에 비해 63%에 불과해 통치력이 약해진 상태였다. 야당이 제시한 헌법 개정안은 정부 구조 개편, 장애인 및 여성 의석 쿼터제 개선, 정부 각료 임명에 대한 의회 동의 규정 신설 등 대통령의 권한 견제 및 축소와 표현의 자유 강화, 정보접근권 규정, 보편적 교육권 규정 등 개인 권리 강화를 골자로 하였다.

가장 쟁점이 된 것은 정부 구조 개편안이었다. 탄자니아는 중앙정부-잔지바르 자치정부라는 2원 구조를 이루고 있는데, 헌법개정안은 연방정부-탕가니카 정부-잔지바르 정부로 3원화하는 내용을 담았다. 만약 이 개정안이 통과된다면 조세 및 재정 부문에서 잔지바르의 자치권이 크게 강화되는 결과를 가져올 것으로 예상되었다. 헌법재검토위원회(Constitutional Review Committee) 조사 결과 이 쟁점에 대해 탕가니카와 잔지바르 국민의 60% 찬성하지만, 정부는 탄자니아 연방 약화 우려를 이유로 반대하였다(주탄자니아대사관 2014). 헌법개정안을 둘러싼 여야 대치가 장기화되면서 2014년 4월 탕가니카-잔지바르 합병 50주년을 맞이해 실시하기로 한 국민투표가 무기한 연기되었다. 비록 야당이 요구한 헌법개정안이 실현되지 못하였으나 2015년 대선에서 큰 쟁점이 되었으며 역대 최저 득표율로 당선된 여당 출신 마그풀리 대통령은 당선 직후 조속한 국민투표 실시를 약속하기도 하였다. 하지만 2020년 현재까지도 별다른 진전을 보이지 못하고 있다. 사실상 헌법개정안을 둘러싼 논쟁은 정치권 내부 갈등으로 간주된다(Babeiya 2016). 탄자니아는 아직까지 풀뿌리 민주주의가 제대로 작용하지 않으며 중앙정부가 지닌 권력집중도가 높기 때문이다. 언론 역시 정부의 강력한 통제에 놓여 정부에 반대하는 입장을 내놓기 어렵다. 그럼에도 경제 위기, 만연한 부패, 정치인의 무능력에 대한 국민들의 실망감은 해소되었다고 보기 어렵다. 결국 비대칭병합으로 출발한 탕가니카-잔지바르의 병합은 탄자니아의 새로운 사회 균열을 야기할 가능성을 지닌다.

IV. 탄자니아 사회통합정책

주지하듯 1964년 탄자니아가 탄생한 뒤 마주하게 된 사회통합 과제는 첫째, 흑인 주민 내 계층 간 통합, 둘째, 다양한 부족 및 집단 간 통합, 셋째, 잔지바르와의 통합이었다. 이를 위해 탄자니아 정부는 비종족정치, 제국주의 잔재에 대한 비폭력·무보복주의, 사회통합교육, 공용어로서 스와힐리어 보급, 대학진학 희망자 의무 복무를 통한 사회통합을 꾀하였다.

1. TANU와 비종족정치

주지하듯이 탄자니아 통치세력인 TANU는 영국 식민지 시기 흑인 노동자의 권리를 보호하기 위한 노동조합에 모태를 두며, 그 지지기반을 특정 지역이나 부족보다 전반적인 흑인 농민에 두었다. TANU는 대중 동원 전략으로 민족주의를 강조하였는데, 이는 120여 개 부족, 100여 개의 언어를 사용하는 탄자니아 인구 구성의 다양성을 아우르는 탄자니아인 정체성의 확립을 요구했다. 이에 TANU는 비종족·비종교 정치를 내세웠다.

TANU의 이러한 지향은 제국주의 시기 탄자니아의 경제구조가 인종차별적으로 형성된 데 기인한다. 부가가치가 높은 생산직과 도소매업은 유럽인과 아시아인이 독점하고 아프리카인은 주로 소규모 기업농(small-scale commercial agriculture)에 종사했다. 환금작물 농업에 인구가 몰리면서 교육 기회 및 공공서비스 역시 이 지역을 중심으로 제공되었다. 환금작물 농업 진작을 위해 영국 총독부의 감독 아래 협동조직이 생겨나기 시작했는데 이를 모태로 현대식 이익집단이 발생하였다. 영국 당국은 아프리카인들의 자발적 결사체를 시혜주의적 시각으로 바라보는 등 식민통치에 위협을 줄 수 있는 세력으로 여기지 않았다. 그 결과 탄자니아에는 일찍부터 이익집단이 나타났다. 1924년 커피산업이 발달한 하야(Haya)에서 나타난 부코바 바하야 조합(the Bukoba Bahaya Union)은 커피가격 인상, 세금 인하, 토지이용권, 도시 취업 기회 등을 두고 부코바 관리들과 지속적인 로비를 벌였다. 바하야 조합이 대표적인 단일종족 조합이었다면 탕가니카 아프리카인 연합(TAA)은 대표적인 다종족 결사체였다. TAA는 1927~1929년 탕가(Tanga)와 다르에스살람(Dar es Salaam)의 하급공무원과 연안 도시 노동자를 위한 사적 복지기관이자 사회적 모임으로 창설되었다. 영국 총독부는 TAA의 사회공헌적 목적성을 높이 평가해 북부지역 도시 창설을 허가했다. TAA는 잔지바르 아프리카인 연합(Zanzibar African Association), 바하야조합 등과 연계해 세력을 넓히다가 2차 세계대전 이후 독립운동에 가담하였다. 가입 대상이 농촌 아프리카인으로 확장되었으며 반식민지 정당으로 성장하다가 마침내 탕가니카 본토의 독립을 주장하는 탕가니카 아프리카인 전국 연합, 즉 TANU로 거듭났다.

TANU가 여타 아프리카인 결사체와 가장 두드러지게 다른 점은 부족이나 종족 등 배타적 관계가 아닌 비종족주의를 표방했다는 것이다. 도시를 중심으로 창립된 TAA 본부가 여러 지역에 지부를 두면서 해당 지역 및 부족 결사체와 협력하며 세력을 확장해왔다. 애초에 하급 공무원과 연안 도시 노동자의 복지를 위해 형성되었던 만큼 이익단체로서 구성원의 이해를 관철시키는 것 역시 주된 활동 내용이 되었다(Yeager 1982). 이렇게 볼 때 TANU의 독립운동의 뿌리는 민족주의 외에도 현행 식민통치 방식에서 유럽/아시아인에게 기회를 박탈당하는 아프리카인의 권리를 찾고 이들의 이해관계를 반영할 수 있는 사회개혁운동에 원형을 두고 있다.

TANU는 비종족주의를 표방했기 때문에 제국주의 시기부터 지속된 배타적 결사체로부터 정당성을 인정받아야 하는 과제가 있었다. 영국 간접통치(indirect rule)로 기득권을 누린 토착세력과 종족주의를 지향하는 무슬림 세력의 정부 비판이 나타났기 때문이다. 따라서 TANU 지구당과 국영기관에서 근무하는 공무원은 비종족주의로 대표되는 중앙정부의 통치 이데올로기를 홍보하고 주민을 동원하는 선전기관의 역할을 하는 한편, 각종 정책을 이행하는 지방 행정기구로 작동하였다. 그중 교육보급율, 식량생산량 증대가 대표적인데 중앙 정부가 할당한 사회 전반에 걸친 정책 수행력이 높을수록 고위 직급으로 승진하거나 중앙정치에 진출할 가능성이 높아지기 때문에 중하위급 공무원은 성과 및 충성 경쟁을 이어나갔다. 고위직일수록 각종 사회경제적 이권을 더 많이 회득할 기회가 주어졌다. 즉, 중앙정부의 정치엘리트는 중하위급 공무원을 통해 통치력을 강화하였으며 공무원은 그 대가로 지대 추구 역량을 강화할 수 있었다(Lofchie 2014).

한편 그 결과 다양한 부족들은 식민지 이전부터 고수해온 부족의 정체성보다 탄자니아인으로서의 정체성을 받아들이기 시작하였으며 이는 다음에 살펴볼 사회통합정책을 통해 수행되었다.

2. 사회통합정책

사회통합을 위해 탄자니아 정부가 시행한 대표적인 정책은 교육을 통한 탄자니아 국가 정체성 확립, 스와힐리어 보급, 엘리트층의 의무입대를 들 수 있다. 이는 토착세력을 약화하는 한편 여러 부족과 집단이 융화되는 것을 목표로 하였다. 특히 국가정체성 확립과 스와힐리어 보급은 우자마 정책을 통해 주민 각계각층을 상대로 시행되었다. 우자마 정책은 사회주의적 원리에 따라 탄자니아식 공동체 정신을 강조한다. 핵심 시행령 중 하나는 특정 집단을 원 거주지에서 새로운 지역으로 강제 이주시키는 마을 재배치 운동이었다(Pratt 1975; Havnevik 1993).

또다른 중요한 정책은 스와힐리어 보급이었다. 탄자니아에서는 100여 개의 언어가 쓰이는데 탄자니아 정부는 1968년 스와힐리어를 공용어로 지정하고, 초중등 교과과정을 스와힐리어로만 가르치는 언어 정책을 도입한다. 1977년 우자마 정책 포기와 함께 이 언어정책 역시 철회되지만, 스와힐리어 보급은 효과적으로 이루어진 편이며 지금까지 스와힐리어가 탄자니아의 제1언어로 통용되는 데 크게 기여하였다. 또한 김광수(2010)가 지적하듯 탄자니아가 여타 사하라 이남 아프리카 국가와 달리 부족정체성이 아닌 국가정체성을 우선시하는 데 일조하였다. 같은 언어를 사용한다는 것은 국가 정책에 대해 국민을 설득하는 과정뿐 아니라 인간개발을 위한 각종 프로그램이 한 가지 언어로 운용될 수 있으며 국민들에게 보편적으로 보급될 수 있기 때문에 국가 발전과도 직결된다.

한편 대학진학 희망자에게 군 복무의 의무를 지운 것은 탄자니아 엘리트가 출신 배경과 상관없이 융합하는 데 기여하였다. 교육 수준은 탄자니아 엘리트 정치에 중요한 역할을 하였다. 독립 이전 엘리트 지위에 오르는 것은 두 가지 경로였는데 모두 학력 수준이 중요하게 작용하였다. 하나는 초중등교육을 마치고 교사 혹은 사무직원이 되어 정당 및 자발적 결사체에 참여하는 것이었다. 중등교육 이수자는 드문 편이고 대부분 초등교육 수준을 마친 정도였다. 또 하나는 대학에 진학하여 전문직에 진출한 뒤 정치에 입문하는 것이었다(McGowan and Bolland 1971, 37). 1965년 군대가 창설된 이후 대학진학 희망자는 군 복무를 마쳐야 했는데, 그 결과 군대와 대학은 엘리트 네트워크 형성에 기여하였다(Therkildsen and Bourgouin 2012).

3. 잔지바르와 CCM 창설

위에서 살펴본 사회통합정책은 잔지바르에도 똑같이 적용되었다. 그러나 본토와 달리 대부분의 인구가 무슬림이며 무슬림 율법에 따라 공동체를 이루고 교육을 받아온 잔지바르 주민들은 탄자니아 정체성을 강요받는 것에 대해 거부감을 느꼈다. 그럼에도 본토에 비해 종속된 경제구조와 연방정부-잔지바르 자치정부로 구성된 정치적 위계 때문에 잔지바르-본토 간 융합 및 사회통합 문제는 중요하게 다루어지지 못했다(Shivji 2008). 게다가 1977년 잔지바르 제1정당인 ASP가 TANU와 합당하여 CCM으로 거듭남으로써 잔지바르 대통령과 의회는 1992년 다당제가 도입되기까지 대표성을 발휘하지 못하였다.

그러나 독립 이전부터 형성된 4개의 정당은 잔지바르 내 분쟁을 유발하며 다당제 도입 이후 탄자니아 정국에도 큰 영향을 미쳤다. ASP는 본토 출신 아프리카인들로 구성된 노동자 계급의 지지를 얻은 반면, ZNP는 아랍인 등 부유한 지주계급을 대표하였고, ZPPP는 소작농으로 구성된 쉬라지의 지지를 받았다. 독립 직전에는 ASP가 압도적으로 승리하였지만 1961년 선거에서 ZNP-ZPPP 연정이 더 많은 득표를 얻은 ASP보다 의석을 더 차지하여 폭력사태가 발생하였으며, 1963년 선거에서도 ASP가 선거결과에 불복하며 소요사태가 발생하였다.

이러한 정당 간 갈등은 여러 정당의 갈등뿐 아니라 인종주의를 표방한 식민주의 잔재가 복합적으로 작용할 결과로 다당제 도입 이후 정당갈등 정도가 심화되면서 잔지바르의 부정투표, 부정부패 등 각종 정치분쟁을 야기하였다(권유경 외 2015). 이는 본토가 CCM의 영도 아래 평화롭게 정권이 유지된 것과는 매우 다른 양상이다.

4. 탄자니아 사회통합정책과 한계

탄자니아는 120여 개의 부족으로 구성된 자국민의 사회통합을 위해 각종 정책을 펼쳤으며, 이는 토착세력의 약화와 국가정체성 부여라는 성과를 가지고 왔다. 하지만 명백한 한계도 지니고 있었다. 먼저 우자마 정책은 실패로 돌아갔으며, 1970년대 말부터 탄자니아는 심각한 식량난에 놓이게 되었다. 1960년대 탄자니아는 농업수익을 이용한 수입대체산업화 전략을 전개하였다. 이는 전통적으로 탄자니아 경제를 뒷받침해 온 농수산업 부문을 착취해 발생한 수익을 식품가공업, 제조업 등에 투자하는 경제발전 전략이었다. 그런데 사회주의의 경직된 경제구조와 유가 상승, 곡물가 하락, 기술 부족 등 부정적 여건이 맞물려 탄자니아 식량생산량은 급격히 줄어드는 한편 경제발전은 미진한 딜레마에 빠지게 되었다. 그 결과 탄자니아의 심각한 식량난을 겪었으며, 물자 수급이 원활하지 않아 대중교통은 물론 각종 국가 서비스가 마비되었다(Lofchie 2014).

둘째, 스와힐리어 보급 사업이 탄자니아 인간 개발에 큰 공헌을 한 것은 사실이지만, 이 과정에서 몇몇 소수 부족은 고유의 정체성을 잃거나 열악한 환경에 놓이게 되었다. 마사이족은 그 대표적 예다. 이들은 목축업에 종사하는 유목 부족으로 탄자니아 북부 초원 지역에 거주한다. 유목부족인 만큼 한 곳에 거주하기보다 이동이 잦은데 이 과정에서 사회보장 지원을 제대로 받지 못하고 있으며, 교육이나 직업훈련을 통한 사회진출이 제한적이다. 이들은 주로 관광객을 상대로 거주지를 개방하여 수입을 얻거나 일부는 도시에서 주차 관리 등 허드렛일에 종사한다.

셋째, 일찍부터 엘리트 네트워크가 형성되면서 엘리트의 결집이 강화되었고, 사회불평등과 부정부패의 원인이 되었다. 탄자니아에서 엘리트가 되기 위해서는 대학 진학이 매우 중요한데, 이에 수반되는 교육비나 가정환경은 일부 특권층에게 제공된 것이었다. 엘리트 코스 진입 장벽이 높다는 것은 특권층의 이권 대물림은 물론 엘리트 네트워크를 가져왔다. 이는 특권층과 대중 간 불평등의 간극을 더 넓혔을 뿐 아니라, 특권층의 부정부패 문제가 해소되지 않는 결과를 낳았다.

V. 나가며

지금까지 본 연구는 탄자니아의 국가 합병 과정과 사회통합은 어떻게 이루어졌으며 이 과정에 대한 민족주의 대중정당과 아프리카 사회주의 이념의 역할은 무엇인지 살펴보았다. 탄자니아에서 비종족주의, 비차별주의, 민족주의 대중정당이 출현한 것은 식민지 시기를 거치며 나타난 사회적 갈등을 종식하고 국가 및 사회를 통합하는 데 매우 중요한 요소였다. 아프리카 사회주의는 TANU가 정책 방향성을 설정하고 국가 합병 및 사회통합을 이루는 데 중요한 이념적 구심점을 제공하였다. 그 결과 탄자니아는 120여 개의 부족과 100여 개의 언어로 구성된 다문화 사회임에도 대호수 지역의 여타 국가처럼 심각한 내부 분열이나 분쟁을 겪지 않을 수 있었다.

그러나 오늘날 탄자니아에 여러 사회적 과제를 안기기도 한다. 현 정권의 실정이 두드러지는 가운데 탕가니카-잔지바르의 비대칭 합병에서 야기되는 정치적·경제적 불균형은 탄자니아의 새로운 사회 균열을 일으키고 있다. 또한 사회통합정책은 특정 집단을 배제하거나 특권층을 강화하여 사회 불평등을 초래하고 있다.

그럼에도 우리가 탄자니아의 통합 사례에 주목해야 하는 이유는 다음과 같다. 첫째, 사회 분열을 치유하고 새로운 단계로 나아가기 위해서는 사회에 존재하는 다양한 집단을 포섭·포용하기 위한 정책 마련이 필요하다. 아프리카 사회주의에 기반한 TANU의 비종족적·비차별적 민족주의는 탄자니아 내 상존한 부족별, 계층별 이해관계를 약화하고 독립이라는 보다 거대한 목표를 달성할 수 있게 하였다. 나아가 독립 혹은 탄자니아 국가 정체성이라는 마음 통합을 독려함으로써 독립 이후에도 사회 분열을 최소화하는 한편 안정되고 평화로운 정국을 유지할 수 있었다.

둘째, 이질적인 정체(polity)가 새로운 형태의 국가체계로 결합되기 위해서는 사전에 역사·문화적 차이는 물론 정치적·경제적 차이에서 야기되는 갈등 요소를 면밀히 검토할 필요가 있다. 탕가니카와 잔지바르의 위로부터의 통합은 서구의 간섭을 저지하는 아프리카 해방운동으로서 그 의미가 크지만, 결국 비대칭 구조에서 비롯된 갈등이 축적되면서 오랫동안 정치적 안정과 평화를 유지해 온 탄자니아 정국에 균열을 일으키고 있다.

제7장

'하나의 중국' 원칙과 양안(兩岸)의 갈라진 마음

장윤미(서강대학교)

I. 서론

분단국가에 사는 사람들에게 한때 중국과 대만, 즉 양안의 관계는 부러움의 대상이었다. 양안 간의 정치적 통합을 제외하고 진행된 경제협력과 사회문화적 교류는 마치 한 국가 내에서의 교류처럼 자유로웠다. 그러나 최근 대만해협에서의 군사적 긴장 상황이 갈수록 심각해지고 있다. 2020년 1월 대만 대선에서 민진당의 차이잉원(蔡英文) 총통이 재선에 성공하고 미국과의 관계가 더욱 긴밀해지자 이에 대한 중국의 반발이 점차 거세지며 군사적 행동으로 확대되고 있다. 2020년 들어서만 중국군 군용기가 대만해협 중간선을 수십 차례 침범했고, 대만 주변의 바다와 공중에서 무력시위성 군사 활동을 벌이고 있다. 8월에는 알렉스 에이자(Alex M. Azar) 미국 보건복지부 장관, 9월에는 키이스 크라크(Keith J. Krach) 국무부 경제차관이 연달아 대만을 방문하며 1979년 단교 이후 미국과 대만 관계가 부쩍 가까워졌다. 또한 대만 입법원은 국민당 주도로 미국과의 수교복원을 요구하는 법안과 중국의 위협에 대항하기 위해 미국의 지원을 적극 요청하는 결의안을 제출했다. 대만인 스스로 중국인이라는 정체성도 사상 최저를 기록했다.[1] 대만 정부는 국경절(쌍십절)을 앞두고 총통부 건물에 '나는 대만인이다'라는 문구를 여러 언어로 동시에 투사하기도 했다.[2]

중국의 개혁개방 이후 양안 간에는 무역 및 통상, 사회문화적 교류가 확대되어 왔고, 이러한 교류와 협력이 긴장 완화를 가져오고 결국 양안 간의 통합으로까지 나아갈 수 있을 것이라는 낙관적 전망도 있었다. 그런데 왜 다시 군사적 충돌의 가능성도 배제할 수 없는 대치 상황에 이르게 되었을까? 단순히 대만 독립을 지향하는 민진당 출신의 총통이 집권하면서 양안관계가 악화되었다고 볼 수 있는가? 정권이 바뀌고 정부 정책이 바뀌었다고 기존 교류를 통해 쌓아왔던 신뢰가 한순간에 무너진다면 그동안의 화해의 분위기는 허상이었는가? 경제협력을 통한 통합의 길이라는 양안관계의 구상과 실천, 이러한 경험이 한반도에 주는 시사점은 무엇일까?

이 글에서는 기존 화해의 분위기에서 군사적 대치라는 긴장 상황으로 급반전한 양안관계를 돌아보며, 양안 간 신뢰를 구축해 오는 과정에서 부족했던 점이 무엇인지 살펴봄으로써 이를 통해 한반도의 통합을 위한 시사점을 얻고자 한다. 물론 남북한관계와 양안관계는 다르다. 남북한은 1991년 유엔에 동시 가입하며 국제무대에서 승인된 두 개의 서로 다른 국가이다. 그러나 내부적으로는 역사와 언어를 공유하는 같은 '민족'으로서 서로를 통일의 대상으로 바라보는 특수한 관계이다. 규모가 비슷하

1 총통선거 직전 실시된 한 여론조사에서는 조사대상의 83.1%가 대만인이라는 정체성을 갖고 있었고, 자신을 중국인이라고 생각하는 응답자는 1.1%에 그쳤다. 또한 59.7%가 현상유지를 원하고 있었고 대만 독립을 지지하는 의견도 35%나 됐다. 중국과 대만의 통일을 지지하는 응답은 3.1%에 불과했다.(『노컷뉴스』, 2020/10/08)

2 '나는 대만인'이라는 말은 최근 대만을 찾은 밀로스 비르트르칠 체코 상원의장이 해서 유명해졌다. 비르트르칠 의장은 9월 1일 대만 입법원에서 냉전 시기인 1963년 존 F. 케네디 미국 대통령의 유명한 서베를린 연설을 차용해 중국어로 "나는 대만인(我是台湾人)"이라고 말하며 대만 민주주의 지지 의사를 밝혀 대만 안팎에서 반향을 불러일으켰다.(『연합뉴스』, 2020/10/07)

고 냉전이라는 구도에서 오랫동안 경쟁적 관계에 있었다. 반면 중국과 대만은 국가 규모나 경제력, 군사력 측면에서 중국이 압도적인 지위를 갖고 있으며, 대만은 변방에 위치해 있다. 또한 중국 대륙은 '하나의 중국' 원칙을 강조하며 대만을 중국의 일부로 보고 국가로 인정하지 않고 있으며, 국제적으로도 독점적인 외교관계 수립을 통해 이를 관철하고 있다(『新華网』, 2020/11/14). 물론 1949년 내전에서 중국공산당에 패해 대만으로 온 국민당도 '하나의 중국'을 수용하지만, 이들이 말하는 '중국'이란 '중화인민공화국'이 아니라 국민당이 수립했던 '중화민국'을 말한다.

국민당이 점령한 대만 섬은 오래된 이주의 역사를 통해 형성된 다양하고 중층적인 정체성을 갖는 곳이다. 1949년 이후 통치 권력인 국민당으로부터 '중화(中華)'라는 정치의식을 주입받아 '중국인'이라는 정체성을 갖게 된 것이지, 사실 대만 역사에서 보면 매우 다양한 에스닉(ethnic group)이 공존하는 곳이다. 즉 '중국인' 역시 수많은 에스닉 가운데 하나이며, 단지 권위주의적 통치 시절 중국인이라는 민족관이 주입되었던 것이다. 그러나 1987년 계엄령이 해제되고 대만 본토 출신의 총통이 등장하고 민주화가 진전되면서 대만의 전체 구성원을 포괄하는 '대만인'이라는 네이션(nation) 정체성이 강해졌다. 즉 비교적 동질적인 에스닉 그룹으로 상상되는 남북한과는 다르게 대만과 중국은 내부적으로 매우 다양한 에스닉으로 구성되어 있으며, 대만은 민주화 과정을 거치며 '대만인'이라는 네이션 정체성이 점차 뚜렷해진 것이다.

이러한 차이에도 불구하고 서로 이질적인 체제와 가치를 지닌 두 지역의 통합이라는 측면에서 양안관계는 우리가 참고할만한 점이 많다. 특히 양안과 남북한 모두 서로를 적대시하면서 전쟁까지 벌였다. 근대화 과정에서 이념적으로 분열했고 두 체제로 분단된 후 동아시아 냉전체제의 한 축으로 존속해왔다는 점에서 양자는 유사하다. 수십 년간 포격이 진행되었던 양안해협은 정전협정 상태로 군사적 긴장이 지속되는 한반도 비무장지대와도 닮은 점이 있다. 다자안보협력체제가 부재한 동북아에서 미국이 양자 사이에 비대칭적 협력관계를 맺고 있고 이로 인한 긴장이 존재하는 점도 비슷하다(박명규, 2016: 19). 서로 다른 정치체제와 이념 간의 충돌과 갈등이 존재한다는 점에서 양안관계는 보다 긴밀한 남북관계를 모색하는 데 충분히 참고할 만한 대상이다.

2차 대전 이후 시작된 양안 대립은 당사자 간의 충돌 외에도 한국전쟁 이후 변화된 미국의 동아시아 정책과 밀접하게 관련되어 있다. 따라서 양안관계를 논할 때 빼놓을 수 없는 요인은 미국의 대중국, 대대만 정책이다. 최근의 긴장 상황 역시 무역 갈등으로 시작된 미중 간의 대치 국면, 미국의 대만에 대한 우대 정책, 중국의 대대만 강경 정책 등이 서로 맞물려 형성된 것이기 때문에, 양안관계에서는 미국의 정책 변화가 매우 중요한 요인이라 할 수 있다. 남북한 간의 획기적인 관계 개선에 있어서도 미국의 역할이 중요하다. 평화로운 공존 관계를 유지하기 위해서는 미국의 정책 변화, 북한의 핵 폐기와 개방 의지, 한미동맹의 조정 및 북미 수교 등이 중요하기 때문이다. 그러나 이 글에서는 글로벌 차원에서의 미국의 패권 전략이나 동아시아 정책의 변화 측면보다는 양안관계의 주체인 중국과 대만을 중심으로 상호 간의 협력과 교류를 위한 노력과 관계 변화에 주목한다. 이를 통해 남북한 당사자 간에 평화로운 공존과 통합으로 나아가기 위해 어떠한 구상과 노력이 필요한지 생각해보고자 한다.

또한 양안 사이에 놓인 홍콩 변수도 함께 살펴본다. 양안관계의 화해 국면은 실은 홍콩의 반환 문제를 논의하면서 제안된 '일국양제(一国两制)'라는 아이디어에서 시작되었다고 볼 수 있다. 하나의 국가를 유지하되 두 개의 제도를 장기적으로 인정한다는 것이다. '일국양제'라는 아이디어는 서로가 접점을 찾기 어려운 부분이나 영역은 잠시 미뤄두고 서로 간의 체제를 인정하고 유지하면서 교류를 확대하자는 것으로, 상당 기간 서로 다른 체제 사이에 공존 가능한 획기적인 구상으로 인식되어온 것이 사실이다. 일국양제는 그동안 협력과 교류를 확대시킨 이론적 지원 역할을 해왔고, 이념에 구애받지 않는 이러한 실용적인 해법이 한반도 남북관계에도 필요하다는 영감을 주기도 했다.

그런데 일국양제는 최근 몇 년간의 홍콩 항쟁을 거치면서, 특히 2019년 범죄인 인도 법안(송환법) 반대를 둘러싸고 발생한 충돌 과정에서 깨졌고, 대만에서는 인정하지 않으며 중국에서는 이념과 선전 차원으로만 남게 되었다. 일국양제 원리가 양안삼지(兩岸三地)를 결속시켜주는 듯 보이지만 각 지역에서의 평가는 다르다. 그러나 동시에 이 지역들은 서로 연결되어 있기도 하다. 홍콩은 중국을 들여다보는 하나의 창(窓)이며 대만에게는 미래를 상상하는 하나의 거울이다. 한때는 체제 공존을 위한 최선의 아이디어로 칭송받던 일국양제가 왜 최근에 와서 오히려 극심한 긴장관계를 불러오게 되었는가? 정세의 변화로 일국양제의 효용성이 다 했기 때문인가, 아니면 일국양제 자체가 갖고 있는 한계 때문인가? 이 글에서는 '하나의 중국' 원칙을 중심으로 중국과 대만에서의 인식 및 관계 변화를 살펴보고, 이를 토대로 한반도 통합을 위한 시사점을 모색해보고자 한다.

II. '하나의 중국' 원칙: 일국양제와 92공식

중국에서 평화로운 양안관계의 유지를 위해 제시한 방안으로 일국양제와 92공식(共識)이 있다. 우선 '92공식'이란 1992년 대만과 중국의 양안 사무처리 기구인 해협교류기금회(海峽交流基金会)와 해협양안협회(海峽兩岸協会) 사이에 진행된 합의로 "양안 모두 하나의 중국 원칙을 고수한다"는 방침이다. 이는 문서화된 조약이 아니라 구두로 이루어진 것으로, 1992년 홍콩회담에서 양안 쌍방이 '하나의 중국'에 관한 의미를 놓고 벌인 논의를 지칭한다. 물론 양안 모두 '중국이 하나'라는 사실에는 동의하지만, '하나의 중국'이 무엇을 의미하는지에 대한 합의가 이루어진 것은 아니다. 중국은 대만을 중국의 일부로 보고, 대만은 중국 대륙과 대만 모두를 중국의 일부로 본다. 중국 대륙은 '중국'이라는 국가 안에 대만을 포함시키는 반면, 대만은 '중국'을 대만과 대륙을 포괄하는 상위의 개념으로 인식한다. 즉 중국 대륙은 '중국'을 현재 존재하는 '국가'의 개념으로 인식하지만, 대만은 '중국'을 현재 대륙을 차지한 중국이 아닌 미래의 통합된 국가 혹은 문화적 의미의 중국으로 인식하고 있다.

결국 92공식은 '하나의 중국'은 인정하지만, '중국'이 무엇을 지칭하는지에 관한 합의가 없는 '컨센서스 없는 컨센서스'라 할 수 있다. 半민간 차원에서 이루어진 정치적 합의이지 법적 합의가 아니다. 따라서 '하나의 중국'이라는 원론적인 원칙과 함께 양안이 각자 방식대로 표현하는 것을 인정하는 '일중각표(一中各表)'의 내용도 담고 있다. 대만에서 92공식을 합의한 시기는 국민당 집권기로 당시에는 중화민국이란 표현이 보편적으로 사용된 시기였다. 따라서 대만에서 '일중각표'의 개념은 전혀 정치적으로 논란이 되지 않았다. 그러나 이후 양안관계가 하나의 중요한 정치적 쟁점으로 부각되면서 92공식은 정권 교체와 정세 변화에 따라 부정되어왔다.[3] 공식적인 합의가 아니라는 한계를 여실히 드러낸 것이다. 기본적으로 92공식에 대해 국민당은 동의하지만, 민진당은 동의하지 않는다. 사실 92공식은 1992년 당시가 아니라 이후 악화된 양안 간의 위기국면을 타개하는 아

3 2000년 대만 독립을 주장하는 민진당이 정권교체를 실현하자 국민당이 '일중각표'를 당 강령으로 삼고 친중국 노선을 견지하면서 '일변일국(一邊一国)'을 제기한 천수이볜 정부를 견제하였다. 이에 따라 '일중각표'는 친중국과 반중국 노선을 양분하는 진영대립요소로 자리매김하며 대만당국의 양안관계 전개를 가늠할 수 있는 결정요소가 되었다.(하범식, 2017)

이디어로 만들어낸 말이다. '하나의 중국'과 같이 정치적으로 민감한 표현을 '92공식'이라는 모호한 말로 대체함으로써 일종의 타협공간을 마련하자는 것으로, 대체로 양안관계가 안정보다는 위기에 처했을 때 강조되었다(백지운, 2016: 51-55). 이렇게 보면 하나의 중국 원칙을 담고 있는 92공식은 일정한 컨센서스에 도달한 협상의 결과가 아니라 협상의 시작, 혹은 협상의 모멘텀을 이어가기 위한 개념이라 할 수 있다.

92공식이 하나의 중국 원칙을 유지하면서 양안관계를 평화적으로 발전시켜 나가자는 일종의 협상을 위한 아이디어라면, '일국양제'는 통합의 과정과 통일국가 실현 이후 양안 각 지역에서 실시하게 될 제도적 방안을 의미한다. 물론 일국양제가 처음 제기된 것은 1980년대 홍콩 반환을 둘러싸고 진행된 영국과의 협상 과정에서였지만, 일국양제는 기본적으로 양안관계를 해결하기 위한 방안으로 제안된 것이다. 중국은 개혁개방이라는 새로운 국가현대화 정책에 맞춰 기존과 다르게 평화로운 방식으로 양안관계를 해결하고자 했고, 이 과정에서 무력을 통한 해결이 아닌 평화적 해결을 시도했던 것이 일국양제 개념의 시초이다. 개혁개방의 설계사인 덩샤오핑(鄧小平)은 중국은 하나이고, 세계에는 하나의 중국밖에 없으며, 양안은 하나의 중국에 속한다고 강조했다. 즉 '하나의 중국'이 일국양제의 기초이자 전제라는 것이다.[4] 그런데 일국양제 아이디어는 하나의 중국이라는 원칙은 일관되지만, 그 대상이 되는 지역과 범위에 따라 세 가지 모델로 구분해볼 수 있다.

첫째는 홍콩과 마카오 반환 문제를 해결하기 위한 구상이다. 중국은 영국과 포르투갈과의 협상 과정에서 일국양제의 아이디어로 협상을 관철

4 덩샤오핑은 다음과 같이 강조한다. "저는 '하나의 국가, 두 가지 제도'가 통할 수 있다고 자신합니다. 이 일은 국제적으로 매우 좋은 반응을 불러일으킬 것이며, 세계 각국에서 국가 간에 남겨진 역사적인 문제를 해결하는 하나의 모범 사례를 제공할 것입니다."(鄧小平, 1993: 68)

시키면서 홍콩과 마카오를 중국에 귀속시키는 데 성공했다. 이로써 20세기 말까지 제국주의 침략으로 인한 식민의 상징으로 남아있던 홍콩과 마카오 두 곳이 원래 국가로 반환됨으로써 중국은 완전한 주권국가로 성큼 다가서게 되었다.

둘째, 일국양제는 지역 반환을 위한 모델일 뿐 아니라 홍콩과 마카오 제도의 50년 보장을 위한 구상이다. 즉 중국 본토는 사회주의 체제이지만 홍콩과 마카오에서는 기존의 자본주의 체제를 50년 동안 그대로 유지하고 고도의 자치를 인정한다는 것이다. 중국의 생각은 장기적인 과도기 과정을 통해 이들 자치 지역을 조국인 중국의 체제로 서서히 통합시키겠다는 것이었다. 그러나 마카오에서는 중국으로의 통합이 순조롭게 진행되는 듯이 보이지만, 홍콩에서 일국양제는 철저히 실패한 정책으로 드러났다. 2014년 우산혁명과 2019년의 송환법 반대 시위를 거친 뒤, 2020년 5월 28일 중국 전인대에서 홍콩판 국가안보법을 제정하고 통과시켰기 때문이다. 이는 '높은 수준의 자치'와 홍콩인이 홍콩을 통치한다는 '이항치항(以港治港)'의 원칙을 깨는 것으로 홍콩에서 일국양제 원칙은 이제 '일국'의 원칙만 남게 되었다.

셋째, 일국양제는 대만 문제를 해결하기 위한 구상이다. 양안 간의 일국양제는 중국과 대만 간 통일 전까지 적용될 수 있는, 즉 통합을 위한 과정으로서의 일국양제 모델과 통일 이후 한시적으로 두 체제를 유지하는 통일 후의 일국양제 모델로 나누어 볼 수 있다. 홍콩은 영국과 중국이라는 주권국가 간의 협상이었고, 홍콩은 협상의 주체가 아니라 대상일 뿐이었다. 그러나 대만은 다르다. 국민당은 공산당과의 내전에서 패배해 대만으로 쫓겨 왔지만, 대만 정부는 홍콩과 달리 협상의 주체이다. 따라서 일국양제 홍콩모델에서 '일국'이란 명백히 중국 대륙을 의미하지만, 일국양제 대만모델에서 '하나의 중국'에 대한 해석은 서로 다를 수밖에 없다.

이처럼 세 가지 일국양제 형태를 종합해볼 때 일국양제는 반환을 위한 모델로는 성공적이었다고 볼 수 있지만, 홍콩에서 양제를 평화롭게 유지하기 위한 구상이나 대만과의 통합을 위한 구상으로는 실패한 모델이라고 볼 수 있다. 물론 일국양제에서 "홍콩·마카오모델"과 "대만모델"은 다르다. 전자는 두 개의 연합성명과 두 개의 기본법 틀 위의 제도적 설계에 기초하고 있다. 반면 대만 문제에서 일국양제는 일종의 '이념형' 혹은 이론형의 모델로 쌍방 간의 합의에 의한 문서의 형식에 기반한 것은 아니다(孫代堯, 2012). 따라서 일국양제 대만모델은 매우 모호하고 해석의 여지가 크며, 구체적인 방법이 아닌 목표만을 설정했기 때문에 실천 과정에서 다양한 논쟁을 불러올 수 있다.

일국양제 대만모델은 기본적으로 어떠한 일을 추진하기 전에 정해놓은 하나의 원칙과 같은 장치이지, 이러한 원칙을 실현하기 위한 구체적인 과정이나 상호 간의 인식변화 및 상황의 변화 등 동태적 발전과정을 담고 있지는 않다. 따라서 홍콩이나 마카오 등의 문제를 둘러싸고 상대국과의 협상 과정에서 마련된 제도적 산물인 일국양제를 그대로 대만에 적용하기에는 애초부터 무리가 있었다고 볼 수 있다. 홍콩이나 마카오의 경우는 '일국'이라는 원칙을 전제로 통합을 위한 방법으로 사용될 수 있지만, 대만과의 관계에서 '일국'은 전제가 아닌 통합의 최종적인 목표가 되기 때문이다.

일국양제에서 설정한 '일국'이 중국에게는 기본적인 출발이지만, 대만에게는 최종적인 목표라는 점에서 일국양제에 대한 이해부터 다르다. 통일 전의 모델인가, 통일 후의 모델인가. 이러한 기본적인 합의조차 보지 못하는 중요한 이유는 홍콩모델과는 다르게 중국과 대만 간의 협상은 '주체'의 문제와 관련되기 때문이다. 대만은 자기 스스로 중국과 대등한 하나의 독립된 협상의 주체로 인식하고 있지만,[5] 중국은 대만을 일국 안에서 설

5 두 번째 임기를 시작하는 차이잉원 총통은 2020년 5월 20일 취임사에서 1월 11일 승선의 밤

정하고 있다.

'하나의 중국' 원칙이란 정치적으로 하나의 중국만을 인정한다는 것이며, 국제적인 주권체제에서 중국을 대표하는 하나의 정치체(polity)만을 인정해야 한다는 것이다. 중국이라는 국가를 하나로 설정해두면 그 중국이 대륙인가, 대만인가라는 논쟁만 있지, 그 중국이 어떠한 중국이어야 하는지에 대한 논쟁은 애초부터 존재할 수가 없다. 또한 현실적으로 중국 대륙이 독점적인 외교관계의 방식으로 '하나의 중국'의 대표를 자처하고 있기 때문에, '하나'이어야 하는 중국이 '미래의 중국'일 수도 있다는 가능성도 차단해버린다. 따라서 중국이 제기한 일국양제 모델은 대만으로서는 받아들이기 힘든 제안이다. 대만 국민당 역시 이러한 일국양제 모델에는 강력히 반대하고 있으며, 이들이 주장하는 것은 "일중각표에 의한 92공식"이며 단지 대만 독립에 반대하는 것뿐이다.[6]

중국의 부상과 함께 대만과 홍콩의 중국에 대한 경제적 의존도가 커지면서 동시에 갈등도 분출되고 있다. 2014년에 있었던 대만의 해바라기 운동이나 홍콩의 우산 혁명에서 모두 反중국의 기조가 강하게 분출되었다. '하나의 중국'이 점차 중국 대륙을 지칭하는 것으로 인식되면서, 反중국의 방식이 부동의 '하나의 중국' 원칙에 속박되지 않기 위한 유일한 출구였을지 모른다. 즉 '하나의 중국' 원칙은 그 시작부터 논의의 여지가 없는 대원칙으로 설정되었기 때문에, 대만과 홍콩으로서는 인권, 자유, 법치라는 기준으로 중국을 반문명적인 체제로 규정하고 인식하는 것이 막혀있는 길에서 빠져나갈 수 있는 유일한 출구였던 셈이다.

에 제시했던 '평화, 대등, 민주, 대화'의 여덟 자 방침을 재확인하는 한편 일국양제와 대만에 대한 폄하(矮化), 그리고 현상을 파괴하는 그 어떠한 방법도 절대 받아들일 수 없다고 강조한다.(『多維新聞』, 2020/06/07)

6 2020년 총통 선거에서 패배한 국민당의 전략 부재에 대해서는 문흥호(2020)를 참고할 것.

III. 일국양제에서 '양제'의 문제

덩샤오핑은 일국양제에 대해 이렇게 설명한다. "일국양제는 사실 '화이부동(和而不同)'이다. 일국은 '화'이고 양제는 '부동'이다. 국가 통일을 추구하는 것에 있어서 '화'이고, 내지와 홍콩·마카오·대만 지역에서 제도적으로 존재하는 차이와 서로 다름을 승인하고 존중하는 것이다. 서로 다른 사회제도가 일국 내에서 동시에 병존하는 것으로 "내가 너를 먹어버리거나 네가 나를 먹어버리는 것이 아니다."(鄧小平, 1993: 30) 또한 "누구도 자신의 제도로 상대방의 제도를 대체하지 않는다. 두 가지 제도의 병존은 대만의 사회제도와 생활방식이 바뀌지 않고 대만 인민에게 손실이 없다는 것이다."(鄧小平, 1993: 170)라고 강조한다.

이처럼 '두 가지 제도의 병존', 즉 '하나의 중국' 전제 아래 대륙에서는 사회주의 제도를, 대만에서는 기존의 자본주의 제도와 생활방식을 유지한다는 방침에는 두 가지 제도의 장기적 병존과 함께 평화로운 공존, 상호 참조, 공동 발전 등의 내용을 포함한다. 중국 학계에서는 이러한 일국양제 구상을 문화적으로 해석한다. 두 가지 제도 병존이라는 제도 설계는 '중화'의 '화합' 정치 문화가 갖고 있는 포용성과 상용성의 정수를 보여준다는 것이다. 즉 자본주의와 사회주의가 대립면이지만 중국에서는 병존할 수 있고, 서로 다른 제도가 공존하여 대립면의 통일을 이루며, 서로 다른 것을 하나로 합하는 문화라는 것이다.[7] 그러나 '양제'는 두 가지 제도를 병존하는 과정에서 다음과 같은 문제점이 나타났다.

우선 제도의 다름이 사회제도와 생활방식, 문화 영역까지 확대되면서

7 "일국양제는 정치적인 것만이 아니라 그 자체가 서로 다른 것을 상호 공존할 수 있게 하는가의 문제이다. 따라서 이는 문화적인 의미도 있다. 이러한 실험은 매우 중요하고 의미도 있다. 인류 전체 역사에서 중요한 혁신이다."(費孝通, 李亦園, 1998: 85-86)

'중화'에 대한 해석도 서로 달라지기 시작했다. 대륙의 주류 학자들은 대개 중화라는 화합의 정치문화 속에서 두 가지 제도의 병존이 가능하다고 보는데, 이러한 시각은 문화와 제도의 관계에서 문화를 더 커다란 범주에 속하는 것으로 설정하는 것이다. 이러한 관념은 과거 제국 체제에서 갖고 있었던 문화적 대일통(大一統)의 관념과 다양한 제도 공존의 측면에서 설명할 수 있다. 중국과 대만은 남북한과는 달리 '중화'라는 동일한 문화적 상징을 국가명으로 채택하고 있다. '중화민국'과 '중화인민공화국'은 정치체제의 형태는 다르지만, 모두 '중화'라는 문화적 상징을 사용한다. 현대국가의 주요 형태인 국민국가(nation-state)는 기본적으로 동일한 정치적 목표를 추구하는 공동체로 구성되지만, 이러한 정치적 공동체를 동질화시켜주는 문화적 상상이 바탕이 되어야 한다.[8] 중국의 경우 그것은 '중화'이다. 그런데 상상된 문화적 동질성을 바탕으로 한 정치적 정체성은 제도와 문화의 상호작용에 의해 시기에 따라 끊임없이 변화된다. 즉 문화가 정치제도에 영향을 미치지만 정치제도가 문화 자체를 변화시키기도 한다.

양제의 아이디어는 이러한 문제에 대해 고려하지 않고 있다. 즉 '중화'라는 문화공동체 속에 중국과 대만을 동일한 문화국가로 묶어두지만, 중국과 대만에서 채택한 서로 다른 정치제도가 초래할 수 있는 문화 정체성의 변화 가능성을 고려하지 않는다. 즉 일국양제에서 '문화'를 매개로 한 일국 상상은 고정된 문화적 기호로 상상되는 원초주의적 사고에 바탕을 두고 있는 것이다. 이러한 관념은 일원적 집정권력으로 유지되는 중국에서는 가능할 수 있지만, 80년대 이후 민주화의 과정을 거쳐 온 대만의 경

8 스미스는 초기 근대국가는 일정한 영토 안에서 법과 시민권을 기초로 만들어진 공동체를 추구하며 형성되었는데, 그 같은 '시민적-영토적' 민족(nation)은 정치적, 경제적 공동체일 뿐만 아니라 문화적 공동체이기도 하다고 주장한다. 네이션이 근대적 산물이지만, 이는 신화와 상징, 가치를 젖줄로 삼는 인종적 민족의 통합 기능에 기댈 수밖에 없으며, 결국 근대 민족(nation)은 종족적 민족(ethnic group)의 기초 위에서 만들어진다는 것이다.(스미스, 2018)

우는 다르다. 대만에서 형성된 네이션 정체성은 다원적이고 민주적인 가치를 기반으로 한 것이며, 이러한 대만의 민주화 과정은 기존에 국민당 통치하에 주입된 '중화'라는 문화적 속성의 내용도 변화시켰다. 이는 중화라는 전통적인 중국의 문화적 코드 아래 두 가지 제도의 병존이 가능하다는 중국의 구상을 깨버리는 것이다. 일국양제에서 일국이라는 상상을 가능하게 하는 '중화'라는 문화적 상상은 양제 중 하나인 대만의 정치제도에 의해 다른 내용으로 재구성되어 버렸다. 따라서 중화라는 동일한 문화적 코드를 국가명으로 사용하고 있지만, 대만의 중화는 이미 대륙의 중화와는 다른 내용을 포함하고 있다.

1997년 중국 대륙에서 "중국특색사회주의문화"를 강조했듯이, 2009년 대만에서는 "대만특색의 중화문화"를 강조했다. 그 내용은 민주, 자유, 다원적 문화 등 주로 대만이 지향하는 정치적 가치로 채워졌다(陳孔立, 2013). 중화라는 동일한 문화석 코드를 상상하지만, 체제의 상이함은 정치적 가치의 지향을 바꾸어놓았고, 나아가 문화적 동일성에 대한 상상도 점차 멀어지게 만들었다.

두 번째는 '두 가지 제도'가 국가 분열이라는 상황을 만났을 때 어떻게 병존이 가능한가의 문제이다. 일국양제의 아이디어는 중국 제국의 전통, 즉 대일통이라는 관념에서 다양한 제도를 허용했고 이를 실제로 운용했던 경험의 계승이라 할 수 있다(이종화, 2017). 두 가지 혹은 여러 가지 제도 병존이 가능한 전제는 강력한 구심력과 동시에 다양한 원리를 품을 수 있는 제국의 포용적 원칙이 있을 때 가능하다. 그러나 최근 홍콩에서 잇달아 시위가 발생하고 국가 분열이라는 위험이 노출되면서 양제의 운명은 흔들리게 되었다.

2019년 홍콩에서의 反송환법 항쟁 이후 10월에 개최한 19차 4중전회에서 중국 공산당은 일국과 양제의 위상을 다시 정립한다. "일국양제는 당이 인민을 영도하여 조국의 평화적 통일을 실현하는 중요한 제도로서, 중국특색사회주의의 위대한 창조이다. '일국'은 '양제' 실행의 전제이자 기초이며, '양제'는 '일국'에 종속되고 파생된 것으로 일국 안으로 통일해야 한다. 헌법과 기본법에 따라 홍콩특별행정구, 마카오특별행정구를 엄격하게 관리하고(官治), 국가주권, 안보, 발전이익을 확고히 유지하며 홍콩과 마카오의 장기적인 번영과 안정을 수호하고 일국양제에 도전하는 어떠한 행위도 용납하지 않으며, 국가를 분열시키는 어떠한 행위도 절대 용납하지 않는다."라고 강조하였다(四中全会, 2019). 중국은 홍콩의 완전한 자치 요구를 일국양제에 도전하는 행위로 인식하고 있지만, 새로 정립한 일국양제 개념은 일국의 논리로 양제 안에 내재된 자치라는 형식을 부정한 것이다. 이러한 방침은 이미 홍콩 우산혁명이 있었던 2014년에 백서 형식으로 발표한 적이 있고, 4중전회에서 당론의 형식으로 확립한 것이다.

나아가 사회주의라는 '大제도' 아래 양제를 두면서 중국 스스로 양제의 원칙을 부정하였다. 19차 4중전회에서는 "일국양제 제도체계 견지와 조국통일 추진"을 "중국특색사회주의제도의 견지 및 완비와 국가통치체계와 통치능력의 현대화 추진"이라는 당의 중대한 전략적 임무의 중요한 구성 부분으로 삼고 있다(劉結一, 2019). 이렇게 되면 일국양제의 위상은 하나의 제도로 체계화되는 동시에 당이 인민을 영도하는 중국특색사회주의제도 아래로 자리매김된다. 이는 중국 제도 아래 양제를 두었다는 점에서 덩샤오핑이 원래 구상했던 일국양제의 원리, 즉 하나의 중국 원칙 아래 두 개의 제도를 병존시킨다는 원리를 위배한 것이다.

요컨대 중국 공산당은 일국와 양제의 위상을 정립하면서 양제를 일국에 종속시켰고, 일국양제를 중국특색사회주의제도의 중요한 구성부분으로 삼고 있으며, 이에 따라 양제의 한 축인 대만의 제도를 중국의 제도 아래로 종속시키고 있다.[9] 이는 중국특색사회주의제도를 국가 차원의 일국 위상과 동일시한다는 점에서, 그리고 중국특색사회주의제도의 하위에 양제를 위치시킨다는 점에서 이미 양제가 아니다. 양제를 국가 차원의 중국특색사회주의제도 아래에 있는 지역 차원의 제도로 보는 것으로, 이는 명백한 일국양제의 폐기이다.

IV. 양안의 정체성과 갈라진 마음

'하나의 중국' 원칙은 일국양제의 방법이든, 92공식의 형식이든 간에 지난 수십 년간 양안 간의 교류와 협력을 지탱해오던 불안한 대원칙이었다. 그러나 이제 '하나의 중국' 원칙으로는 현재의 양안관계를 해결할 수 없게 되었다. 최근 10년간 대만에서는 '중국'이라는 호칭이 기존 '중국 대륙'의 호칭을 대체해 왔는데, 이는 '하나의 중국' 원칙을 부정하는 동시에 대만 스스로 '중국'과 뚜렷이 구분된다는 자기 정체성을 반영하는 변화이다.

이러한 대만의 마음은 대륙의 강압적인 압박에 대한 대응이기도 하고 홍콩이라는 거울에 자신을 비춘 결과이기도 하다. 왜 '하나의 중국' 원칙에도 불구하고 양안의 마음이 이처럼 갈라지게 되었는가? 이 장에서는 양안 간의 상호작용 과정에서 형성된 '정체성'과 '마음'의 관점에서 '하나의 중국' 원칙이 어떻게 공동화(hollowing-out)되었는지 살펴본다.

'하나의 중국' 원칙은 양안 상호 간의 묵계이면서 동시에 국제적으로

9 시진핑(習近平) 주석은 2019년 「대만 동포에게 고함」이라는 40주년 기념사에서 "제도의 다름이 통일의 장애는 아니며, 더욱이 분열의 구실도 아니다. 일국양제의 제기는 원래 대만의 현실 상황을 고려하고 대만 동포의 이익과 복지를 보호하기 위해서였다"라고 하면서, 대만 제도에 대한 인정이 정치적인 것이 아니라 사회적인 수준의 보장에 있음을 강조하고 있다.(『人民日報』, 2019/01/03)

요구되는 중국의 외교원칙이다. 중국은 하나의 중국 원칙을 국제사회에서 주장하고 인정받기를 원했으며, 외교관계와 국제무대를 통해 '중국'에 대한 대표성을 독점함으로써 자신의 정체성을 강화해왔다. 즉 '하나의 중국' 원칙으로 대만을 중국에 묶어두는 동시에 국제사회에서 자신의 독점적 위상과 관련하여 이 원칙을 관철해왔다. 이에 따라 중국에서 하나의 중국 원칙은 주로 외부 세계를 향한 메시지로 작용하였고, 중국의 주권을 지키는 철칙으로 사용해왔다. 중국은 하나의 중국 원칙을 국제무대에서 지켜내고 관철함으로써 중국이라는 국가를 대표한다는 정체성을 형성해온 것이다. 중국에게 '하나의 중국'이란 곧 하나의 국가를 의미한다.

반면 대만은 국제적 고립과 함께 민주화 과정이 이루어지면서 자신만의 독특한 정체성을 형성해 왔다. 대만에서 민주화란 대륙에서 건너온 국민당으로부터 주입된 교육과 억압에서 벗어나는 것으로, 강제된 중국이 아니라 대만이 주체로 서는 과정이었다. 또한 대만이 수용했던 '하나의 중국' 원칙에는 중국이 개혁개방을 통해 발전하면서 점차 정치개혁을 진행할 것이라는 희망이 깔려 있었다. 즉 대만에게 '하나의 중국' 원칙은 보다 민주적으로 변한 미래 중국에 대한 희망을 바탕으로 수용한 것이었다. 그러나 천안문 사건과 이후 급속한 중국의 부상과 변화를 보고 교류와 함께 과도한 의존에 대한 두려움을 느꼈고, 중국 대륙과는 구분되는 스스로의 정체성을 만들어왔다. 하나의 중국 원칙을 국제관계에 적용하는 과정에서 중국은 대만을 외교적으로 고립시켜 왔으며, 이러한 정책으로 대만인 스스로 중국인이라는 정체성은 크게 감소되었다(許建明, 2010).

1. 중국의 현대화 꿈과 '국가지상(国家至上)'의 마음

최근 중국 공산당이 덩샤오핑의 일국양제 원칙과 달리 '일국' 우위의 방침을 확정한 데에는 현 세계를 바라보는 시대인식의 변화와 국가목표 및 전략의 재설정과 관련이 있다. 즉 현재 세계는 "백년 동안 일찍이 없었던 대변국"의 시기로 이러한 위기의 기회를 잘 활용하여 중국의 두 개의 백 년이라는 목표를 달성해야 한다는 것이다.(장윤미, 2020) 중국은 19차 당대회를 통해 21세기 중반까지 달성하고자 하는 국가목표와 전략을 선언했다. "사회주의현대화강국" 실현과 "중화민족의 위대한 부흥"이라는 중국의 꿈(中国夢)을 제기한 것이다. 건국 백 주년을 맞이하는 2049년까지 두 단계로 나누어 2035년까지는 "사회주의현대화국가"를 완성하고 2049년까지는 "사회주의현대화강국"을 달성한다는 계획이다. 국가적 부를 강조했던 앞 시기 개혁에 비해 이른바 '신시대'에는 국가를 더욱 강하게 만들어 민족의 부흥을 실현하자는 '강국몽'을 제시했다(이남주 외, 2020).

이러한 민족의 위대한 부흥은 조국통일을 통해서만 완성될 수 있는 것이다.[10] 중국에게 아직 수복되지 않은 땅은 대만이다. 역대 지도자들이 모두 조국통일을 염원해 왔지만, 시진핑은 이제 통일이 더 이상 미룰 수 없는 역사적 사명이자 조국의 과업임을 강조하며, 양안관계의 일대 변화를 예고해왔다. 중국의 관점에서 볼 때 국가현대화의 완성, 민족의 통합, 이를 완성하는 통일 과제, 이는 상호 연결되어 따로 분리해서 볼 수 없는 것이다. 이러한 중국의 근대국가 완성의 시간표에 대만은 통일의 대상으로 규정되고 있고, 대만 문제의 해결을 통해서만 비로소 국가주권을 완성할 수 있다. 대만은 중국이 핵심이익으로 생각하는 주권, 안보, 발전의 문제와 모두 연결되어 있다. 이에 따라 최근의 가장 큰 변화는 기존에는 '통일'이라는 용어를 우회하며 '평화발전'을 강조했지만, 이제는 통일이 중국의 꿈을

10 중국 정부가 최근 발간한 「신시대의 중국 국방」 백서에서는 "대만의 문제를 해결하고 국가의 완전한 통일을 이루는 것은 중화민족의 근본 이익이며 중화민족의 위대한 부흥을 위한 필연적인 요구"라고 기술하고 있다.(『新華社』, 2019/07/24).

완성시켜 줄 하나의 패키지로 묶여 국가현대화를 위해 반드시 뚫고 가야 할 필수적인 과정으로 제시되었다는 점이다(신상진, 2019).

사실 마오쩌둥부터 시진핑에 이르기까지 역대 중국 지도자들은 대만 통일에 대해 강한 집념을 보여 왔다. 시진핑은 2019년 초「대만 동포에게 고하는 글」 발표 40주년을 기념하며, "빈말이 아니라 역대 지도자들은 국가 통일에 대해 모두 강한 집념과 애착(情結)을 갖고 있다"고 하면서, "양안 간의 오랜 정치적 갈등 문제는 안정적인 양안 관계에 영향을 미치는 총 근원"이고 "이대로 한 세대 한 세대 이어져 지속될 수는 없다"고 강조했다.[11] "49년 이래 중국공산당, 중국정부, 중국인민은 줄곧 대만 문제를 해결하려 하였다. 조국의 완전한 통일을 달성하는 것은 변함없는 역사적 임무"라는 것이다. 대만 통일을 자신의 책임으로 여기고 자신의 후임까지 대만 통일을 끌고 가지 않겠다고 의지의 표명이다.

중국의 대만 정책이 이처럼 급변하게 된 배경에는 중국의 부상과 더불어 달라진 국가 위상, 그리고 이에 적합한 국가목표의 재조정이 중요하게 작용했다. 이와 더불어 2010년 이후 급변하는 대외적 환경 역시 중국의 대만 정책에 조급함을 불러왔다. 2010년 미국의 동아시아 재균형정책 이후 중국 부상을 견제하기 위해 지속되어 온 '중국 때리기' 정책뿐 아니라, 2014년 홍콩 우산혁명과 2019년 반송환법 운동, 그리고 2014년 3월 대만 해바라기운동과 지방선거에서 민진당의 승리, 2016년 민진당으로의 정권 교체와 2020년 민진당 재집권 승리 등 일련의 대외환경이 중국에게 결코

11 이 연설은 신시대에 맞춰 민족부흥의 대장정 과정에서 조국의 평화통일을 추진할 것을 강조하고 있다. 이는 일종의 시대를 구분하는(划時代) 의미를 가지며 신시대 대대만 공작의 강령성 문건으로 근본적인 준수와 행동 지침을 제공하고 있다. 이 연설에서는 대만의 문제를 1) '민족'의 문제로 파악하며 중국의 민족부흥과 연결시키고 2) 대만 정부를 고립시키면서 독립세력에 대한 무력 사용을 인정하고 있으며, 3) 중화문화를 강조하고 있다.(『人民日報』, 2019/01/03)

유리하지 않게 전개되고 있는 것도 대만정책 변화에 커다란 영향을 미쳤다. 19차 당대회에서 시진핑이 제시한 대만에 대한 "6불(六不)" 정책은 이를 반영한다. "어떤 이도, 어떤 조직도, 어느 정당, 어느 때, 어떤 형태로든 어느 하나의 중국 영토를 중국에서 갈라놓게 하지 않겠다"는 것으로 이는 '무력통일(武統)'의 또 다른 표현으로 해석되고 있다(多維新聞, 2020-10-2).

대만 문제를 해결할 수 있다는 자신감의 근거는 무엇보다 경제적 힘이다. "중국경제 규모는 이미 대만을 압도적으로 추월하고 미국의 65%에 이른다. 대만의 독립세력을 저지해 나가면서 신시대 양안관계를 추진해 나갈 것이다. 중국의 발전이 그 어떠한 저지나 방해도 헤쳐 나갈 수 있다."(劉結一, 2019)고 자신한다. 중국이 가진 압도적인 경제적 힘과 '발전주의 논리'로 대만을 제어할 수 있고, 대만 독립세력만 제거한다면 얼마든지 양안관계를 해결할 수 있다고 판단하고 있다.

최근 개최된 19차 5중전회 공보에서는 예전과 비교해볼 때 홍콩·마카오·대만 관련 언급이 극히 적을 뿐만 아니라 일국양제를 언급하지 않고 있다.[12] 이는 홍콩·마카오·대만 정책의 중점과 핵심이 이미 '일국양제'에 있지 않고, 국가목표를 완성하기 위한 안정과 발전에 있다는 것을 보여준다. 물론 이에 대해서는 해석의 여지가 있다. 최근 미중갈등으로 인한 압박으로 기존의 강경한 입장을 조정한 것이라는 해석이 있지만, 그것보다는 일국양제가 중국의 국가몽과 더 이상 양립하기 어렵다는 점을 수용한 결과라고 볼 수 있다. 예전에는 홍콩·마카오 지역에서 시범 효과를 보여 대만 민중들에게 일국양제의 우월성을 보여주고 평화통일을 쟁취해야 한다는 것이었다. 그러나 2019년 홍콩 사태를 겪으면서 이러한 시범 효과는 크

12 공보에서는 "홍콩과 마카오의 장기적인 번영과 안정을 유지하기 위해 양안관계의 평화발전과 조국통일을 추진해야 한다"라고 적고 있다.(五中全会, 2020)

게 약화되었다. 「국가안전법」 반포 후 일국양제의 핵심은 일국이지 양제가 아니며, 이미 예전의 고도자치의 상황으로 되돌아갈 수 없다. 따라서 일국양제라는 정책을 더 이상 강조할 필요가 없게 된 것이다. 대만에 대해 만약 무력통일을 하게 된다면 양제나 고도자치의 문제도 존재하지 않게 된다. 나아가 금세기 중반까지 이루고자 하는 국가의 현대화 목표와 중국의 통합모델은 이미 일국양제라는 형태와는 맞지 않는 것이기도 하다.

개혁개방의 상당 기간 동안 중국은 서구의 발전 경험을 학습하며 자국에 맞는 정치개혁과 사회통합모델을 연구해왔지만, 2008년 금융위기 이후 서구 모델의 한계가 드러나면서 독자적인 노선을 모색해왔다. 이러한 중국의 길 모색은 최근 '신시대' 선언으로 구체화되었고, 갑작스런 정치적 돌변 상황이 발생하지 않는 이상 중국의 신시대는 현재 계획대로 진행될 가능성이 크다. 이 과정에서 중국은 변하지 않는 중심에 '국가'를 둘 것이고, '하나의 중국'이란 결국 하나의 국가이자 중앙을 가리키는 것으로 확고하게 지켜나갈 것이다. 이러한 계획에서 중국은 대만 문제를 '내정'이라 주장하며 외부세력이 관여할 수 없다고 주장하지만, 하나의 중국 원칙 자체가 대외적인 승인과 영토주권 문제와 연결된다는 점에서 대만 문제는 중국의 주장대로 완전히 내정일 수만은 없다.[13]

13 중국은 하나의 중국 '원칙'이라고 쓰지만, 미국은 1972년 상하이 공보, 1979년 중미수교 공보(Sino-US communiques), 1982년 8.17공보에서 하나의 중국 '정책(policy)'란 용어를 쓰고 있다. 미국은 '하나의 중국' 을 인정(acknowledge)하면서도 「대만관계법」에 의거하여 대만에 대한 안보를 보장하고 있다. 중국이 'acknowledge(인지)'라는 용어를 'recognize(승인)'로 바꾸려고 시도하자 상원 청문회에 출석한 워런 크리스토퍼 미 국무부 부장관은 "우리는 영문 원문을 구속력 있는 텍스트로 간주한다. 우리는 'acknowledge'이라는 단어를 결정적인 단어로 간주한다"고 말한 바 있다.(CSIS, 2017)

2. 대만의 민주화와 정체성 확립

동아시아에서 예외적으로 민주주의를 공고화하는 데 성공했다고 평가받는 국가는 한국과 대만이다. 그런데 대만의 민주화 과정은 한국과는 상당한 차이가 있다. 한국이 합법성을 갖지 못한 독재정권에 맞서 민중이 저항하는 과정에서 아래로부터의 민주화를 관철시키고 '지연된 정의'를 실현했다면, 대만에서는 위로부터의 민주화가 진행되었다. 거의 40여 년간 지속된 계엄령을 해제하고 기존 당국체제를 삼권분립의 민주주의 체제로 바꾼 것은 당시 지배세력인 국민당이었으며, 이 과정에서 국민당 소속이지만 대만 본토 출신인 리덩후이(李登輝)의 역할이 컸다. 리덩후이는 1987년 계엄령을 해제하고 "야백합(野百合) 학생운동" 이후 헌정 개혁을 진행한다. 1991년 헌법 위에 군림하던「동원감란시기 임시조항(動員戡乱時期臨時条款)」을 폐지하고, 1948년에 중국 전국에서 선출되었던 국민대회 대표와 입법위원에 대해 전면 재선거를 진행한다. 이는 한편으로는 중화민국의 본토화를 의미하는 동시에 다른 한편으로는 중화민국이 '전체 중국을 대표'한다는 정당성의 상실을 의미하기도 했다. 다시 말해 양안이 "중국 대표권"을 두고 쟁투하던 시대는 종결된 것으로, 이후 대만은 중국과는 구분되는 자체의 길을 모색해 간다. 대만 민중의 관점에서 보았을 때 당시 지배권력에 대한 저항은 외지인 대륙으로부터 건너온 국민당 세력에 대한 저항이기 때문에, 권력에 대한 저항은 그 자체로 대만 스스로에 대한 정체성의 문제를 불러올 수밖에 없었다.

이렇게 보면 대만의 민주화 과정은 곧 중국과의 '고별'의 과정이면서(林泉忠, 2017: 47-48) 대만 정체성의 확립 과정이라 할 수 있다. 중국 대륙은 대만을 동일한 중화민족으로 간주하고 있지만, 대만은 역사적으로 시기를 달리하며 다양한 지역에서 이주해온 사람들로 구성되어 있다. 크게 분류하면 외성인(外省人), 본성인(本省人), 객가인(客家人), 원주민의 4개 종족으로 나누어볼 수 있다. 따라서 '중국인'이라는 정체성은 1949년 장제스(蔣介石)의 국민당을 따라 대만으로 이주해 온 외성인들에게는 강하게 남아 있지만, 본성인을 비롯한 다른 종족에게는 중국인이라는 정체성이 별로 없다. 국민당이 지배하면서 한족 혈통주의와 중화의식을 주입하고 국민교육을 통해 중국인이라는 정체성을 강요했지만, 문화적으로 다른 종족의식을 갖는 본성인들로서는 대륙에서 건너온 외성인이 이질적일 수밖에 없었다. 오히려 국민당 지배 이전 50년간 대만을 지배했던 일본인이라는 네이션 정체성이 더 강하게 남아 있었다.[14]

따라서 국민당 독재에 저항하며 이후 독자적인 역사를 만들어온 대만의 민주화 과정에는 필연적으로 중국 대륙이라는 대상과 구분되는 정체성의 형성을 포함할 수밖에 없다. 국민당은 외부에서 들어온 세력이자 중국 대륙과 분리해서 볼 수 없는 정치세력이다. 따라서 민주화의 과정에서 대륙과 구분되는 '주체화'의 문제는 매우 중요한 정치적 의제이다. 정치민주화로의 전환과정에서 '통일이냐 독립이냐(統独)'의 논쟁은 사회적 분기를 만드는 중요한 논점이 되었고, 모든 정당도 입장을 밝혀야만 했다.

특히 리덩후이 시기 이후 대만의 종족정체성 문제는 선거 중 유권자들의 태도와 행위를 해석하는 중요한 변수가 된다. 또한 선거에 승리하여 정권을 잡은 정치지도자는 자신의 종족정체성에 따라 양안관계를 규정하고 운영방식을 달리해왔다(이원봉, 임규섭, 2009: 154-155). 대개 외성인은 국민당을 지지하며 양안 통합을, 본성인은 민진당을 지지하며 대만의 독자적 노선을 강조해왔다. 국민당은 본토 수복을 국시로 삼고 통일을 추구

14 대만의 정치학자 스즈위(石之瑜)는 대만인과 대만 사회에 대해, 주류(mainstream)는 미국(Americanism), 정서(emotion)는 중국(Chinese), 정체성(identity)은 일본(Japanese)이라고 설명한다.(인터뷰)

해온 반면 민주화 이후 야권은 독자적인 주권을 강조하며 독립을 추구해 온 것이다. 한동안 "남록지쟁(藍綠之爭)"은 대만 정당정치의 두드러진 의제였다.(許建明, 2010)[15]

대외적으로 대만의 민주적 정체성 형성 과정에서 빼놓을 수 없는 것은 중국 대륙과의 관계이다. 대만인들은 중국 대륙에서 일어나는 사건과 체제의 변화, 그리고 인민들의 민생 수준과 민권 상태 등을 목격하고 갖가지 감정을 느끼며 대륙과 구분되는 정체성을 형성해 왔다. 우선 대만은 1971년 하나의 중국 원칙으로 인해 유엔에서 탈퇴하며 국제적으로 중국이라는 대표성을 잃었다. 이는 내부적으로는 오히려 정치적 정당성을 확보하기 위한 위로부터의 정치개혁이라는 진전을 가져오기도 했다. 중국의 대만정책이 변화되고 양안관계가 변화될 때마다 이러한 외부적 환경은 대만의 정체성 형성에 일정한 영향을 미치게 된다. 이 과정에서 대만은 기존의 이념적 반공친미에서 점차 반중국을 통해 자신의 정체성을 형성하면서 탈중국화하였다. 역대 정권에서 실시해왔던 정체성 개조 정책이나 신대만인 운동, 역사 재정립 운동 등이 대표적이다. 이를 통해 본토와 다른 대만의 독자적인 정체성을 수립하고자 했다.

대만은 민주화운동 과정 자체에서 중국과 차별화된 가치를 추구하고 정체성을 형성하게 된다. 민주화는 스스로의 주체성을 형성하는 과정이었고, 대만의 민주 정체성의 형성에 처음부터 중국이라는 대상이 개입되어 있었다. 이는 양면적 측면이 있다. 민주화 과정을 통해 독자적인 대만파가 형성되지만, 독자성을 강조하는 과정에서 反중국 의제가 커지고 이를 목

15 "남록지쟁(남색과 녹색 간의 쟁투)"은 다른 민주사회에서 정책을 둘러싼 "좌우논쟁"과는 다른 매우 특이한 쟁점이 된다. 한국 선거에서 오랫동안 보수당이 북한 요인을 선거에 이용해왔고, 북한에 대한 입장이나 정책이 정치적 쟁점이 되긴 하지만, 진보든 보수든 민족통일을 부정하지는 않는다. 반면 대만의 국민당을 상징하는 남색은 오랫동안 통일을, 민진당을 상징하는 녹색은 독립을 상징해왔다.

적으로 다시 민주를 명분으로 가져오는 문제가 발생했다. 요컨대 대만의 민주화 과정은 내부의 이질적인 주체가 대만 정체성을 획득하는 과정과 중국으로부터의 독자성 확보라는 이중적 과정이 있었다. 두 가지가 얽히면서 반중국 이슈가 민주의 중요한 쟁점이 되었고, 이에 따라 중국을 정쟁화하는 문제도 나타나게 된 것이다.

이에 따라 하나의 역설적인 결과가 나타났다. 즉 양안이 서로 교류하는 접촉면이 넓어질수록 인식의 차이는 멀어졌다는 사실이다. 대개 경제교류가 증가함에 따라 상호협력의 구조가 만들어지고 이에 따라 상호 동질감도 강화되기 마련이며 정치적인 구심력도 강해져 더욱 쉽게 정치적인 합의를 형성할 수 있다. 유럽연합이 좋은 사례이다. 그러나 양안은 반대의 결과가 나타났다. 양안의 경제교류가 활발할수록 정치적 통일에 대한 인식의 거리는 갈수록 멀어졌다. 즉 '경제협력'과 '정치적 이질감'이 공존하는 역설적 현상이 나타난 것이다(包宗和, 吳玉山, 1999: 6). 이러한 "경제 결합, 마음 분리" 현상의 원인은 대만의 정체성 형성 자체가 중국 본토와의 관계 속에서 진행되어 왔다는 점을 꼽을 수 있다. 즉, 대만인이 자부하는 민주적 정체성 자체가 중국과의 대조 속에서 형성되었고, 이는 출발부터 중국과 구분되는 反중국이라는 정서를 깔고 있었던 것이다.

국립정치대학 선거연구센터의 조사에 따르면 1992년 6월에서 2009년 12월까지 "나는 대만인이자 중국인이다"라고 생각하는 비율이 줄곧 40~50% 사이를 유지해왔다. 그러나 스스로 대만인이라고 생각하는 비중이 지속적으로 상승하여 2009년 12월에는 51.3%에 달했고, 반면 스스로 중국인이라고 여기는 비율이 지속적으로 하락하여 2009년 12월에는 4.2%에 불과했다. 1992년 6월과 비교해 볼 때 1/6 수준으로 떨어진 것이다. 1994년 12월에서 2009년 12월까지 "독립 편향"을 보이는 숫자도 지속적으로 상승하여 2009년 12월에는 20.1%에 달했고, "통일 편향"을 보이는 숫자는 9.9%에 불과했다(許建明, 2010). 2019년 8월 대중 정책을 담당하는 대만 행정원 대륙위원회가 발표한 여론조사에 따르면 대만인 88.7%가 일국양제에 의한 통일을 반대했다. 또한 '상황을 보면서 독립인지 통일을 결정한다' 혹은 '영원히 현재대로가 좋다'는 '광의의 현상유지'를 선호하는 의견도 87.3%에 이르렀다(중앙일보, 2019-11-6).

이제 '통일' 이슈는 더 이상 대만에서 정치적 견해를 가르는 기준이 되지 않는다. 이에 따라 기존에 '통일'을 식별부호로 하는 국민당은 정당 노선을 조정하여 점차 "대만 우선, 대만 위주"를 강조하며 통일의 색채를 줄여 왔다. 급기야 올해 입법원에서 미국과의 수교 복원을 요구하는 법안과 중국의 위협에 대항하기 위해 미국의 지원을 적극 요청하는 결의안을 제출한 것은 국민당이었다.

해바라기 운동이 있었던 2014년은 반중국이라는 정치적 의제 설정이 본격화된 해이다. 학생들의 입법원 불법 점거는 당시 대만 주류사회에서 동정과 지지를 얻었다. 그 배경에는 중국 부상에 따라 대륙과의 경제통합이 가속화되고 이러한 추세가 대만 정치에 영향을 미치고 대만 사회의 가치를 바꿔놓을지도 모른다는 대만 사회의 집단적 우려가 투사되어 있었다(林泉忠, 2017: 13-14). 90년대 대만 학생운동의 동력은 주로 "국민당 반대"와 "권위주의체제 반대"였지만, 2000년대 들어 중국과의 교류가 잦아지고 중국경제에 대한 종속 우려가 커지면서 반중국 정서도 커지게 되었다. 특히 세대 간에 중국과 대만에 대한 인식 차이가 뚜렷하게 나타났다. 청년세대의 인식에서 볼 때 '하나의 중국'이라는 말에는 타이완이 포함될 여지가 없다. 즉 기성세대는 중국 대륙과 대만으로 구분하고 양자를 모두 '하나의 중국'이라는 범위에 포함시키지만, 청년세대에게 중국은 중국 대륙을 지칭할 뿐이다. 대만은 대만이고, 중국은 중국 대륙인 것이다(백원담, 천광싱, 2016: 18).

2014년 3월 대만의 해바라기 운동에 이어 9월에는 홍콩 역사에서 가장 대규모 항쟁인 우산혁명이 일어났다. 직접적 원인은 중국 전인대 상무위원회에서 발표한 홍콩 보통선거에 관한 '8.31' 결정 때문이었다. 이러한 항쟁의 과정에서 대만과 홍콩 청년세대들의 반중정서와 본토의식은 갈수록 강해졌고, 이들은 '톈란두(天然独)'라는 새로운 명칭으로 불려졌다. 어릴 때부터 대만이 주권 독립 국가라고 생각하며 자랐다는 의미이다.(民報, 2020-1-27) 대만과 홍콩 청년들의 이러한 '원래부터 독립'이었다는 사고의 배후에는 중국 요인의 영향이 깊다. 그러나 대만이 독립적인 주권국가라고 생각하는 '톈란두'의 의미가 반드시 대륙으로부터의 독립을 쟁취할 것이라는 적극적인 의미를 담고 있는 것은 아니다. 그보다는 대만이라는 존재 자체가 중국 대륙과는 별개이며, 따라서 어떠한 간섭도 받지 않겠다는 의미에서의 소극적 독립의 의미를 담고 있다.

최근 몇 년간 중국의 홍콩과 대만에 대한 간섭이 확대되고 입장 역시 강경해지고 있는데, 이는 홍콩과 대만의 청년들에게는 위협으로 다가왔다. 2020년 차이잉원 총통의 재선 배경에는 해바라기 운동 이후 강해진 청년세대의 본토의식과 함께 현재 홍콩을 대만의 미래와 연관지어 청년들의 두려움과 공포를 극대화한 점을 꼽을 수 있다. 다음 절에서는 홍콩 항쟁을 바라보는 대만의 마음을 살펴본다.

3. 홍콩 항쟁을 보는 마음: 투사되는 공포감과 위태로운 연대

1997년 7월 1일 홍콩은 중국에 반환되었고 「기본법」이 공식 발효되었다. 중국과 영국의 협상 과정에서 중국 정부는 홍콩인들이 스스로 홍콩을 통치하고 '높은 수준의 자치'를 향유할 것이라고 약속했다. 이른바 '높은 수준의 자치'는 외교와 국방은 중앙정부가 관리하고, 홍콩은 기존 제도와 생활방식을 수호하기 위해 행정 관리권, 입법권, 독립적인 사법권과 최종 심사권을 가진다는 의미이다. 「기본법」 제22조는 중앙인민정부 소속 각 부문, 각 성, 자치구와 직할시는 홍콩특별행정구의 「기본법」에 의한 자율적인 사무 관리에 관여해서는 안 된다고 규정하고 있다.

일국양제에 따라 서구 제국주의의 마지막 상징으로 남아있던 홍콩과 마카오 지역이 조국의 품으로 돌아왔고, 근대 이후 치욕스런 역사로 기억된 중국의 상처 입은 자존심도 회복되었다. 반환을 앞두고 홍콩에서는 기존의 삶의 방식을 그대로 유지할 수 있을지에 관한 불안한 마음이 있었지만, 동시에 개혁개방 정책에 따른 중국의 변화에 대한 기대감이 있었다. 홍콩 스스로 대륙의 민주 실험의 시험대가 될 수 있을 거라고 믿었고, 80년대 많은 지식인들은 중국이 개혁개방을 추진함에 따라 좀 더 민주적인 방향으로 나아갈 것이라는 기대가 있었다. 대륙이 민주적으로 나아간다면 홍콩과 더욱 가까워질 것이고 대만과의 통합도 희망적이었다. 일국양제는 이러한 기대를 현실화시켜주는 안전장치와도 같았다.

그런데 1989년 중국 대륙에서 천안문 사건이 발생했다. 홍콩 시민사회는 베이징 천안문 광장에서 단식하던 학생들을 지원하기 위해 성금을 모아 보냈다. 홍콩 시민들은 중국의 민주화 운동이 성공적으로 마무리되길 기대했지만, 천안문 광장을 점거했던 학생과 시민들의 항거는 6주 만에 군사 진압으로 끝나고 말았다. 중국에선 대대적인 체포령과 탄압이 이어졌고 각 기관 단위의 수장들은 반성문과 서약서를 써야 지위를 보전할 수 있었다. 대학생들은 의무적인 군사훈련을 받았고 90년대 들어서면서 천안문은 그 누구도 말하지 않는 금기어가 되었다. 1991년 덩샤오핑의 남순강화 이후 시장화 개혁이 가속화되면서 사람들은 일제히 돈벌이에 뛰어들었다.

중국 본토를 대신해서 천안문 사건을 기억하고 애도한 것은 홍콩이었다. 홍콩 시민사회에서는 매년 천안문 광장에서의 무력진압으로 희생된 사람들을 위로하고 중국 정부에 시위 참가자들의 명예회복과 책임자 처벌을 요구하였다. 천안문 사건에도 불구하고 홍콩인들은 일국양제에 대한 믿음이 있었고, 중국의 부상이 가져올 사회 변화와 국제지위의 상승에 대해서도 긍정적으로 평가했다. 홍콩인 스스로 중국인이라는 인식은 2008년 베이징 올림픽 당시 최고조에 이르렀다.

그러나 2003년 중국이 '23조'를 제정하면서 이에 반발하며 일어났던 시위가 홍콩의 정체성을 형성하게 된 중요한 계기가 된다. 2013년 중국의 국민교육과목의 도입 시도와 이의 연장선상에서 2014년 폭발한 우산 혁명은 중국 본토에 대한 홍콩의 마음이 변화된 결정적인 사건이 된다. 특히 비교적 유연했던 후진타오 시기에 비해 2013년 시진핑이 집권하면서 언론사상 분야에 대한 통제가 한층 강화되었고 이러한 기조는 홍콩 정책에도 영향을 미쳤다. 2013년 홍콩에서 국민교육운동 반대 시위가 있고 다음해에 우산혁명이 일어나자 중국 당국의 위기감은 고조되었고 6월에 백서를 발표한다. 백서에서는 '양제'란 사회주의와 자본주의의 차이라고 명확히 지적하면서 중국은 단일국이고 결국 홍콩은 중앙정부의 명령을 듣는 '특별행정구'일 뿐으로 '국가 속의 국가'라는 망상을 갖지 말 것과 현재 향유하는 모든 자치는 중앙에서 부여한 것이라는 점을 분명히 밝히고 있다.[16] 이러한 백서의 내용은 2019년 송환법 반대 시위 이후 개최된 19기 4중전회에서 당 문건의 형식으로 '일국'과 '양제'의 원칙으로 명확히 하고 있다.

16 『홍콩특별행정구에서의 일국양제의 실천』 백서에서는 "홍콩특별행정구의 고도자치권은 고유한 것이 아니며 그 유일한 근거는 중앙으로부터 부여받은 것이다. 홍콩특별행정구가 향유하는 고도자치권은 완전한 자치가 아니며 분권 역시 아니며, 중앙이 부여한 지방업무관리권이다. 고도자치권의 한도는 중앙이 얼마만큼의 권력을 부여했는지에 달려있고, 홍콩특별행정구가 얼마만큼의 권력을 향유하는지에는 '잉여권력'이 존재하지 않는다"고 명시하고 있다.(中華人民共和国国務院新聞辦公室, 2014)

백서가 발표되자 많은 홍콩인들은 일국양제에 대해 앞으로 '일국'만 존재하고 '양제'는 없다는 의미로 받아들이며 크게 동요했다. '자신의 운명을 스스로 결정한다'는 홍콩인들의 소망과는 달리 중국 정부의 해석 안에는 당과 국가가 우선시되고 있었다. 결국 홍콩인들에게 일국양제 원칙은 폐기된 것이었다. 우산혁명 이후 홍콩 사회에서는 본토화와 급진화가 급속히 진행된다. 항쟁수단이 급진화되었을 뿐 아니라 젊은 세대의 요구와 사고방식 역시 과거에 금기시되던 주장을 더 이상 회피하지 않았다. 우산운동 시기 항쟁을 지도했던 학련(学聯)이 제기한 '자주 운명'과 '비폭력 평화' 이념은 학생들 사이에서 급속하게 퍼졌다. 2016년 홍콩대학 학생회 회장에 당선된 알더 쑨(孫曉嵐)은 '홍콩 독립'을 지지하면서 "홍콩이 중국에서 벗어나 독립국가가 되어야 한다"고 제기하며 향후 이러한 가능성을 배제하지 않는다고 했다(林泉忠, 2017: 129).

이러한 과정에서 홍콩과 대만의 학생운동이 상호영향을 주고받았다. 2016년 에르니 차우(周豎峰)가 이끄는 중문대학 학생회가 교내 선거기간에 내건 구호는 "본토 혁신을 완성하는 마지막 1리의 길(完成本土革新的最後一里路)"이었다. 그중 "마지막 1리의 길 완성(完成最後一里路)"은 대만 총통 차이잉원이 선거 당시에 썼던 목표였다. 2013년 홍콩의 국민교육반대운동에서 대만의 해바라기 운동, 그리고 2014년 홍콩의 우산혁명까지 홍콩·대만 지역의 사회운동은 특히 젊은 세대의 항쟁 행동에 영향을 미쳤다. 비록 두 지역 시민운동 간의 협력은 상당히 제한적이지만 대만독립과 홍콩독립이 결합되는 상황은 중국이 가장 우려하는 상황이 된다. 2017년 대만의 정당 시대역량이 입법원에 "대만홍콩연선(台港連線)"을 조직하여 홍콩 본토파 의원과 본토 정당 인사의 대만 세미나 참석을 추진한 일은 중국을 극도로 자극하는 사건이었다(林泉忠, 2017: 130).

2016년 9월 입법회 선거 이후 본토 자결파 6명이 입법회에 입성하면서 홍콩의 정치판도를 바꿔놓았다. 이중 4명이 홍콩에 충성을 맹세하는 의회 선서를 거부하면서 의원 자격을 박탈당했지만, 홍콩의 본토 자결파는 홍콩에 대한 중국의 주권 행사와 통치권의 정당성을 부정하며 공산당에 반대한다. 이러한 점이 기존의 전통적인 '범민주파'와는 구별되는 특징이다.

우산혁명과 반송환법 운동 등 일련의 홍콩 항쟁은 대만사회에도 큰 영향을 끼쳤다. 대만 사회에서는 홍콩과의 연대를 상징하는 타이베이 「레논 벽」 설치와 홍콩 지원 행사 개최 등 홍콩을 응원하는 목소리가 터져 나왔다. 차이잉원 총통은 홍콩에 대한 인도적인 지원을 약속하며, "대만은 절대 제2의 홍콩이 되지 않겠다"고 발언했다(総統府, 2020/06/30). 정치인들의 발언 배후에야 정치적 의도가 있겠지만, 대만 사회가 홍콩을 주목하는 배경에는 중국에 대한 대만인들의 공포와 두려움이 공감대를 형성했다고 볼 수 있다. "홍콩 경찰이 시위대를 대하는 방식을 보면 용납할 수 없는 일이라고 생각한다"는 대만인의 말에는 홍콩을 통해 대만으로 투사되어 오는 공포감이 가득하다(BBC, 2019/08/14). 홍콩의 상황은 대만에게는 일종의 거울이다. 1980년대 국민당 정부 시절 대만에서도 이와 유사한 방식으로 시위를 진압했으니, 오늘날 홍콩의 모습은 과거 대만의 권위주의 통치 시절을 떠올리게 했다. 대만은 오늘날의 홍콩 항쟁에서 과거 권위주의 시절의 모습뿐 아니라 중국의 천안문 사건, 그리고 미래의 대만을 떠올린다.

대만인들은 중국의 홍콩에 대한 통제와 홍콩 법치에 대한 파괴 과정을 지켜보며 중국에 대한 공포심과 불신이 증가했다. 중국의 정치적 통제에 대해 더욱 민감하게 인식하고 배척하는 반응을 보였다. 홍콩 항쟁으로 인해 대만인들은 주권을 더욱 중시하게 되었고, 국가안보와 국가주권 문제에 대해 '경각심'을 갖게 되었다. 이는 국제적으로 주권을 인정받겠다는 의미의 국가주권이 아니라 지금 살고 있는 대만이라는 땅에서의 자주적인 생존권을 수호할 것이라는 의미의 주권이다. 대만 중앙연구원 사회연구소 중국연구팀은 2013년부터 대만 민중들이 양안 교류 협상 시 '경제이익'과 '국가주권' 중 어느 쪽이 중요한가라는 설문 문항을 진행했다. 2020년 3월 조사에서는 크로스가 발생하여, 국가 주권이 더 중요하다는 응답이 58.3%로 처음으로 경제 이익이 중요하다는 의견보다 많았다. 연구소의 부소장인 천즈러우(陳志柔)는 올해 대만인의 주권에 대한 위기감이 해바라기 운동 전후보다 훨씬 강렬하다고 보았다. 대만 대륙위원회가 3월 21일 발표한 조사에 따르면 80%의 대만인이 일국양제에 반대하고, 80% 이상이 중국의 무력 사용에 반대하며, 거의 90%에 달하는 대만인이 대만의 미래와 양안관계 발전은 2,300만 대만인이 결정해야 한다고 응답했다(BBC, 2019/06/18). 홍콩사태를 거치며 대만에서는 일국양제는 완전히 실패한 구상이라는 견해가 압도적이다.

통합을 위해서는 이를 뒷받침하는 제도뿐 아니라 상대를 존중하고 인정하는 마음이 필요하며, 나아가 이러한 마음을 바탕으로 소통의 인위적인 과정이 필요하다. 소통은 감정을 나누고 공감대를 형성해 나가는 일이다. 중국은 자국의 목표와 정세 변화에 따라 홍콩이 지켜야 하는 의무를 강제적인 방식으로 요구하며 홍콩의 마음을 전혀 고려하지 못했다. 홍콩의 관점에서 보기에 일국양제의 가장 큰 문제점은 중국공산당 지도층과 홍콩인 사이에 존재하는 정치적 가치에 대한 차이이다. 그러나 더 근본적인 문제는 중국이 홍콩인의 생각과 방식을 존중하지 않고 중국의 방침에 따라 일방적인 강요를 관철하는 데 있다. 2013년 이후 진행된 일련의 사건과 중국의 대응을 보면서, 홍콩인들은 중국이 정치공학적으로 일국양제를 활용하기만 할 뿐 홍콩의 법치제도와 홍콩인들의 정신적 가치관을 경시해 왔다고 본다(콩링위, 2017). 홍콩인들은 중국경제가 부상한 이후 중국에게 홍콩의 이용가치가 낮아지면서 홍콩에 대해 "너는 내 말을 들어야 한다"는 식의 일방적인 태도와 방식으로 대한다고 생각한다. 우산 혁명 당시 베이징에서는 "홍콩 사람들도 공산당을 사랑해야 한다"는 말이 나왔다. 과거에는 없던 표현들이 많아지기 시작하면서 많은 홍콩 시민들에게 두려움을 안겨 주었다(端伝媒, 2015/09/11). 이러한 공포감은 사회운동의 불안한 연대를 통해 대만 사회로 전이되고 있다.

중국은 홍콩과 대만에 대해 주권과 국가안보 차원에서만 접근하고 있다. 중국에게 국가안보란 중앙이 절대적인 권력을 장악해야 한다는 의미이고 지방의 어떠한 도전도 용납하지 않겠다는 것이다. 홍콩의 최고 수장인 행정장관에 대한 선거는 절대적으로 통제해야 한다는 것이다. 이러한 생각으로는 홍콩이 원하는 진정한 보통선거를 이룰 수 없다. 일국양제라는 장치에 홍콩과 대만은 중국과는 다른 희망을 걸었고, 중국 본토에 대한 우월감도 갖고 있었다. 그러나 중국 경제부상으로 이러한 의식은 역전되었고 대만과 홍콩의 쓸모 가치는 점점 사라졌다. 중국 본토와 구분되는 민주, 자유, 인권 가치의 수호라는 정체성이 형성되고 자부심이 있었지만, 중국의 강국몽이 구체화되면서 결국 일국양제는 통합을 위한 방법이 되지 못했다.

일국양제는 지역 반환을 둘러싸고 중국과 영국이 합의에 도달한 좋은 아이디어였지만, '중국'이라는 명칭 아래 본토 대륙과 홍콩 지역이 공존하기 위한 제도적 보장으로는 실패했다. 일국양제는 초기에는 반환을 위한 전제적 조건이었고 기본적으로 '국가통합'을 위한 하나의 원칙일 수 있지만, '국민통합'을 위한 구체적인 구상은 아니었다. 중국의 부상에 따라 중국의 경로 역시 독자적인 길을 추구했고, 이에 따라 일국양제는 대만과 홍콩에 대한 압박의 수단으로 사용되며 오히려 통합을 저해해 왔다. 즉, 일국양제는 "국민 분화의 제도화"(端伝媒, 2015-9-11)라는 생각지도 못한 후과(後果)를 가져오게 된 것이다. 서로 다른 체제와 제도를 채택함으로 인해

문화와 가치의 지향이 달라질 수 있다는 점을 간과했으며, 서로 분리되어 생활하면서 홍콩 현지의 홍콩인을 주체로 하는 '준민족주의'적 정체성이 강화되었던 것이다. 일국양제라는 틀에서 오늘날의 홍콩을 통해 미래를 상상했던 대만 역시 독자적인 경로로 더 깊숙이 들어가게 되었다.

V. 양안관계가 한반도에 주는 시사점

양안관계는 남북한과 비교가 되지 않을 정도의 활발한 교류와 경제협력으로 한때는 우리의 부러움을 샀던 곳이다. 그러나 최근에는 전쟁도 불사해야 한다는 목소리가 커지면서 군사적 긴장감이 높아지고 있다. '하나의 중국 원칙' 틀에서 유지되어 왔던 양안관계를 살펴보았을 때 경제협력이 상호신뢰를 증진하고 통합을 촉진할 수 있다는 믿음은 희망에 불과한 것으로 판명났다. 한국 사람들이 부러워하는 양안관계는 사실 '윈윈'이 아니라, 대등하지 않고 대만의 희생이 전제된 '제로섬게임'이었다(『한겨레21』, 2018/03/16). 중국은 거대한 경제력을 유인책으로 삼아 대만의 중국 의존도를 높이면 자연스럽게 통합이 될 것이라고 생각한다. 대만의 중국에 대한 경제 의존도는 40%에 달하며, 대만의 경제 규모는 중국의 1/100에 불과하다. 그러나 이러한 접근방식은 경제적인 것 이외의 변화 가능성과 감정의 문제가 일으키는 효과에 대해서는 거의 무시한다.

일국양제는 국가통합을 보장하는 획기적인 제도라고 여겨졌지만, 일국양제를 실천하는 과정에서 상호인정과 통합 지향의 마음 변화를 이끌어내지는 못했다. 일국양제 속에는 하나의 중국이라는 '국가'의 꿈과 이러한 일국의 꿈을 뒷받침하기 위한 양제라는 부속적 장치만이 있을 뿐이다. 이러한 양제의 장치가 양자의 관계를 어떻게 담아낼지, 일국 속에 양제가 어떻게 조화를 이룰지, 양제의 공존에서 어떻게 일국의 통합으로 나아갈지 등 그 과정에서 일어날 수 있는 변화와 마음의 문제를 고려하지 못했다. 바로 중국의 부상과 함께 달라진 국가의 꿈과 이에 대응하여 변화된 대만과 홍콩에서의 두려움과 공포, 위태로운 연대의 마음들 말이다.

통합의 문제에서 가장 중요한 것은 함께 살아도 괜찮을 것이라는 열린 태도와 마음이다. 이러한 마음에는 두려움이나 공포의 마음이 없어야 하고 서로를 어느 정도 인정하고 존중해 주어야 한다. 그러나 일국양제의 설계 안에는 이러한 문제에 대한 고려가 없고 각자의 해석에 맡긴 채 하나의 기치 아래 서로 다른 길을 걸어 왔다. 민족적 과제와 조국 통일의 임무를 완성해야 한다는 시대적 사명감, 그리고 이러한 역사적 임무를 떠안은 국가적 목표를 강조할수록 오히려 양안 간의 마음은 멀어졌다. 서구 제국주의에 저항하던 '항전의 마음'과 '국가의 마음'으로는 내부의 각기 다른 마음과 다양한 정체성의 문제를 통합하지 못했다. 중국에서 '부강한 국가'라는 꿈과 '국가' 정체성을 강조할수록 현대사를 지나오며 형성된 중국과 대만의 서로 다른 정체성의 갈등적 측면이 더 드러날 뿐이다.

양안관계가 우리에게 주는 시사점은 무엇일까? 우선 경제협력을 통한 통합이라는 구상의 한계를 들 수 있다. 특히 변화하는 세계정세 속에서 경제협력 구조의 확대를 통해 평화적 교류와 발전을 지속시키고 통합을 촉진할 것이라는 기존의 생각이 깨지고 있다. 경제적 상호이익 원칙은 경제활동으로 인한 관계와 인식의 변화를 초래하는 어떤 '의식적인' 행동이 뒷받침되어야 하지, 그 자체가 곧바로 가치의 공유나 신뢰의 마음으로 이어지지는 않는다. 중국과 대만의 관계는 그것을 보여준다. 또한 경제협력으로 인한 혜택이 누구에게 돌아가느냐의 문제도 중요하다. 대만에서는 대륙 경제와의 통합으로부터 얻는 이익은 오직 양안의 권력층·부유층이 가져가고, 반대로 '삼중(三中: 중소기업, 중하계층, 중남부)'은 피해를 입는다는 인식이 팽배해져왔다. 이러한 발전은 "실보다 득이 많다"는 식으로는 설득되지 않았고, 분배의 정의에 부합하지 않고 안정된 삶을 담보할 수 없는 발전방식이라는 인식에서 대만 청년층들은 '反발전'으로 돌아섰다(쉬진위, 안소현, 2016).

양안관계를 한반도로 가져왔을 때 한국은 북한보다 경제적으로 우위에 있다는 점에서 중국과 비슷한 위치에 놓인 동시에 민주주의 체제라는 점에서 대만과 같은 입장이기도 하다. 양안관계의 두 가지 위치에서 한반도의 처지를 생각해볼 때, 먼저 한국을 중국이라는 위치에 두고 양안관계의 역사를 통해 얻을 수 있는 시사점은 바로 북한의 마음을 보아야 한다는 것이다. 북한과의 교류와 협력을 진행할 때 경제적 이익이나 민족통일에 대한 당위적 주장뿐 아니라, 북한 주민들이 살아가는 방식과 삶의 태도까지 인정해 주어야 한다. 또한 남북한 통합이 국가의 당위적 꿈에 머무르지 않고 한반도 구성원 개개인의 통합지향적인 마음을 이끌어낼 수 있으려면 서로 간의 생각과 방식의 차이를 알 수 있는 다양한 논의와 대화의 장이 필요하다. 최소한 비정치적인 영역에서라도 국제사회에서 북한을 고립시키거나 폄하하지 말아야 한다.

한국을 대만이라는 위치에 두고 보았을 때 얻는 시사점은 바로 내부의 마음을 살펴야 한다는 점이다. 북한과의 교류와 협력으로 얻는 경제적 혜택이 어떻게 우리 사회 전체에 골고루 돌아가고 미래 세대에 어떤 영향을 미칠지 실감할 수 있도록 해주어야 한다. 최소한 북한과 같이 살아도 괜찮겠다는 마음이 들 수 있는 구체적인 실험과 실천을 추진하고, 정권 획득을 위해 남북한 통합의 마음을 정치화하지 말아야 한다. 요컨대 양안 간의 경험을 통해 우리는 경제협력과 교류 과정에서 어떻게 상호 간에 마음을 여는 태도를 이어나갈 것인지, 그리고 상호교류를 통한 이익을 어떻게 나눌 것인지에 대해서도 함께 고민해야 한다.

통합은 통일이 아니라 상호인정을 통한 공존을 의미한다. 이러한 통합은 동일하다고 상상된 민족정체성으로 이루어지는 것이 아니라 실제로 함께 살아보면서 공존하는 법을 터득하는 인위적인 과정이 필요하다. 구체적으로 남북한 사이에 장기적이고 인위적인 다양한 '접촉' 프로그램이 필요하다. 예컨대 일정 규모의 남북한 주민의 신청을 받아 일정 기간, 일정 지역에서 공동으로 거주하게 하는 실험을 해볼 수 있다. 설계 단계부터 공유경제와 주거복지, 교육, 문화 활동이 결합된 인위적 도시 공간을 만들고, 남북한 미래 세대를 대상으로 한 공동의 교육 프로그램을 실험적으로 운영할 수도 있다. 양안도 그렇고 우리도 마찬가지이지만 서로 다른 교육체계에서 다른 가치관에 기반하여 교육받은 젊은 세대들이 공동의 정체성을 갖기란 매우 어렵다. 세대별로 맞춰진 교육 프로그램을 운영하여 상대방에 대한 인식 변화와 상호인정의 마음을 갖게 하는 것이 중요하다.

이러한 마음은 쌍방향의 것이어야 한다. 우리 사회 중심적인 인식상의 오류와 착각에서 벗어날 필요가 있다. 중국 사회는 기본적으로 중심-주변이라는 위계적 구도의 사고방식을 바탕으로 조직되어 왔다. 또한 전통적인 관념에 따라 "중심이 강해지면 주변은 약화될 것"이라고 생각한다. 이러한 중앙집권적 사고방식을 갖고는 '변경' 지역 주민들의 감정적 요구를 거칠게 다루고 평등하게 대처하지 못한다. 이는 결과적으로 국가의 응집력(결속력)을 방해하는 요인이 된다. 더구나 오늘날의 대만은 과거의 '변경'지역이 아니며 이미 민주화 과정을 통해 주체적이고 독립적인 의식을 강화하고 있다. 대만의 존재 자체를 인정해주지 않는다면 대만은 결코 중국의 통합 방안에 동의하지 않을 것이다. 한국에서 하는 흔한 착각이 북한에 대해 경제적 도움을 주고 개방시켜야 한다는 일방적 생각이다. 남북한 간에 존재하는 인식상의 차이를 수용하지 못하거나 자기중심적 착각에서 벗어나지 못한다면, 진정한 화해와 통합은 불가능할 것이다.

제8장

1950년대 북한의 독일 국가연합 통일방안 수용과 한반도 평화공존의 상상[1]

김태경(국회미래연구원)

I. 문제제기: 비대칭적 정치체들의 평화공존의 제도적 설계

한반도 평화과정의 재개로 2018년에만 첫 북미 정상회담, 세 차례 북중 정상회담, 세 차례 남북 정상회담이 연속되고, 한국 중재자/촉진자 역할에 대한 평가와 북미 비핵화-평화체제 협상에 대한 낙관적 전망이 높아지면서 남북한 간 '통일방안'에 대한 논의가 재부상했다. 2018년 평창 올림픽을 전후로 재가동된 한반도 평화프로세스로 남북관계가 진전된 배경에서, 김정은 위원장은"북과 남은 통일에 대한 온 민족의 관심과 열망이 전례없이 높아지고 있는 오늘의 좋은 분위기를 놓치지 말고 전민족적 합의에 기초한 평화적인 통일방안을 적극 모색해야 하며 그 실현을 위해 진지한 노력을 기울여 나가야 할 것"이라고 강조했다. 김정은 위원장의 언급은 2018년 4.27 판문점 선언의 명칭 "한반도의 평화와 번영, 통일을 위한 판문점 선언"이 시사하듯, 평화를 넘어서 통일로 나아갈 데 대한 중장기적 기획으로

1 이 논문은 『한국과 국제정치』(제36권 제4호, 2020)에 실린 논문임을 밝힙니다.

서 남한에서도 연합/연방제를 다시 논의할 데 대한 기대와 준비를 자극했다(구갑우, 2018).

이에 따라 2000년 6.15 남북공동선언 2항에서 통일방안의 공통성 확인 이후 생산적 논의가 더뎠던 남북연합 관련 담론에 대한 관심도 늘어났다(남궁영, 2002; 박영호·김학성 외, 2002; 이수석, 2007; 임채완·장윤수, 2003; 최완규, 2002; 함택영·구갑우 외, 2003). 한국에서는 정부의 공식 통일방안인 '한민족공동체통일방안'의 현재적 계승에 대한 기존 논의를 바탕으로(고유환, 2014; 박명규·이근관 외, 2010; 박종철·김병로 외, 2010; 박종철·허문영 외, 2008) 한반도 평화체제에 접목한 남북연합 단계의 제도적 설계, 실제 이행방안 및 정치경제, 사회, 문화적 제반 조건 등에 새롭게 주목하는 논의들이 진행되었다(구갑우, 2018; 이무철·이상신 외, 2019). 특히 실현가능한 통일, 평화적 통합 과정의 입구로서 '남북연합' 단계에 주목하는 최근의 경향은 한반도의 평화와 번영을 위한 장기적 설계에 해당하는 정책 및 제도 구상과 연계되었다(서보혁·구갑우 외, 2019; 조한범, 2019; 조한범·배기찬 외, 2019). 또한 변화된 한국 사회 지형과 남북한 사회 간극의 심화, 한반도 평화과정의 부침에 따라 '통일'의 문제는, 갈등의 평화적 해결, 분리의 통합이라는 보다 보편적 문제의식에서 '평화' 정착의 일부로 접근하는 흐름이 강화되었다(박명규·이근관 외, 2009; 분리통합연구회, 2014).

그러나 북미 협상에서 한반도 평화체제 관련 합의가 구체화 및 이행 대신 답보 상황을 겪으면서 그와 함께 평화과정에 긴밀히 연결된 다른 주제, 즉 '통일'에 대한 담론 역시 멈춰 섰다.[2] 2019년 2월 하노이 북미정상회

2 최근 통일의식 변화에 대한 연구 결과들은 한국 시민들의 통일 인식 약화, 특히 청년층에서의 통일 인식 약화 결과를 보인다. 또한 민족에 대한 인식과 통일에 대한 인식이 반드시 연결되지 않는다는 점을 보여준다(김학재 외, 2020). 한편 최근 통일 인식과는 다른 결에서 한국 사회의 평화 인식에 대한 조사들이 수행되고 있는데, 한국의 평화의식 및 평화와 통일의 관계에 대한 인식에 대해서는 박주화 외(2019)를 참고.

담 결렬 이후 경색된 남북관계는 한미군사연합훈련 재개 문제로 긴장이 고조된 2019년 8월을 지나면서 교착 국면을 지속하고 있다. 2020년 신년사를 대신한 2019년 12월 28~31일 조선노동당 중앙위원회 7기 5차 전원회의 보도는 김정은 국무위원장이 "미국의 대조선 적대시가 철회되고 조선반도에 항구적이며 공고한 평화체제가 구축될 때까지 국가안전을 위한 필수, 선결적인 전략무기개발을 중단없이 계속 줄기차게 진행"할 것을 선포했다고 지적했다. 2019년 4월 최고인민회의 김정은 위원장의 시정보고, 10월 스톡홀름 실무회담 김명길 기자회견 등에서 여러 차례 강조했던 바와 같이, 북한은 미국의 '계산법'의 근본적 전환을 종용했다. 한편 남북관계에 대한 언급은 전무했던 7기 5차 전원회의 보고는, 평창 올림픽을 앞두고 "민족적 화해와 통일을 지향해 나가는 분위기를 적극 조성하여야" 한다며 "북남 관계 개선은 당국만이 아니라 누구나 바라는 초미의 관심사이며 온 민족이 힘을 합쳐 풀어나갈 중대사"로 "전 민족적 합의에 기초한 평화적인 통일방안을 적극 모색해야 하며 그 실현을 위해 진지한 노력을 기울여 나가야 할 것"이라 강조한 2018년과 2019년의 김정은 신년사와 뚜렷이 대조되었다. 2018년 9월 평양공동선언에서 개성공단과 금강산관광 사업 우선 정상화에 합의하고, 2019년 신년사에서 "전제 조건이나 대가 없이 개성공업지구와 금강산관광을 재개할 용의"를 제시했던 김정은 위원장은 10월 23일 선임자들의 대남 의존 정책을 비판하며 금강산 시설 철거를 요구했다. 한국의 전작권 환수와 결부된 군비 증강, 한미연합군사훈련 지속에 대한 북한의 강경 입장은 '민족'이냐 '동맹'이냐 하는 문제를 둘러싸고 강도 높은 비난을 동반했고 2020년 코로나19 팬데믹 와중에 '대적 관계' 전환 및 개성 남북공동연락사무소 폭파로 이어졌다.

한반도 평화체제를 둘러싸고 크게 북미의 관계 진전과 남북의 관계 진전의 경로를 고려할 때 2018년발 한반도 평화과정은 초기 남북, 북미 관계의 선순환 구도가 장기간 얼어붙었던 한반도 탈냉전의 시계태엽을 재가동할 것으로 보였다. 그러나 2018년 북미 현직 정상의 첫 만남인 싱가포르 회담에서 비핵화와 평화체제의 상호 교환이라는 큰 틀의 합의가 이뤄졌음에도 사실상 세부 교환의 쟁점 및 이행 로드맵에 대한 구체적 합의에 근접하지 못함으로써, 북미 그리고 그 사이에서 촉진자 역할을 자임한 한국과의 상호관계에서 존재하는 현저한 인식의 괴리를 극복함이 없이는 항구적 평화 정착을 진전시키기 불가능함을 확인했다. 또한 평화와 긴밀히 연계된 통일의 개념과 관련해, 적대의 시간을 지속한 비대칭적 정치체들의 평화공존, 나아가 통합의 설계를 위해 어떤 형태, 어떤 순서, 어떤 과정을 가져야 할 것인가에 대한 상당한 고민과 상상이 필요하다는 것을 드러냈다.

상이하고 비대칭적인 정치체들 사이의 연합/연방 구성을 통해 어떻게 평화적 공존을 구축할 것인가? 본 연구는 정전 이후 한반도적 맥락에서 지속되어 온 특유의 질문에 대한 역사적 탐색을 통해 이에 대해 제시되었던 북한의 전후 평화공존 담론의 대안들을 숙고한다. 다시 말해 1953년 정전협정 이후 1960년 8월 15일 북한의 '과도적 연방제' 통일방안에 이르는 과정의 북한의 연합/연방 담론을 추적한다. 본 연구는 1950년대 북한의 연합/연방 담론들을 탐색하면서 당시 동아시아의 평화와 안전 구축의 비교적 지평에서 고려된, 전후 유럽의 평화와 안전 보장 및 독일의 통일방안 담론 수용 과정에 주목한다.

II. 1950년대 북한의 '조선 문제의 평화적 해결': '평화유지'와 '평화통일'

1954년 4월 26일부터 7월 20일까지 진행되었던 제네바 회담은 2차 세계대전과 한국전쟁 이후 처음으로 아시아 문제, 즉 조선 문제와 인도차이나 반도 문제의 평화적 해결을 논의하는 다자적 회의의 장이었다. 1953년 7월 27일 한국전쟁에 대한 정전협정이 체결된 이후 정전협정 제60조에 의거해 정전 90일 안에 가진 유엔군과 조중 측의 정치회담(1953.10)이 결렬되었고, 1954년 1월 베를린 4강(미국, 소련, 영국, 프랑스) 외상 회의에서 소련이 조선 문제 논의를 제기해 열린 제네바 회담에서 한국전쟁의 당사자 및 유관국들은 "조선 문제의 평화적 조정"을 위한 다양한 대안을 상정, 토론했다. 조선 측 대표로 참가한 남일 외무상은 "조선 문제의 평화적 해결", 즉 정전 이후 한반도에서 민주주의적 기초 위에 통일된 독립 국가를 건설하는 목표를 위한 조선 측 제안을 회담 2일차인 4월 27일 제기하고, 회의 기간 조선 측 방안에 대한 보충 및 세부 토론을 지속했다.[3] 6월 15일 남일 대표의 마지막 발언이자 제안과 함께 끝난 제네바 회담 조선 문제의 토의 기간 북한의 제안들은 중국 주은래 대표의 제안 및 소련 대표의 제안과 함께, 한국전쟁 직후 북한이 숙고한 한반도 '평화정책', 즉 한반도 정전체제의 평화에로의 전환 및 한반도 분단의 평화적 통일의 방안들의 윤곽을 보여준다.

제네바 회담의 남일 제안들은 그 자체로 전후 북한의 '평화정책'의 기원으로 볼 수 있다. 1950년대 북한의 '평화정책'은 2차 세계대전 이후 지구적 차원에서 전개된 세계평화옹호운동, 스탈린 사후 1950년대 중후반 사회주의 진영의 '평화공존'으로의 대외 기조 변화의 맥락에 맞닿아 있었다(구갑우, 2014; 김태우, 2012, 2015, 2019; 역사문제연구소, 2010; 정용욱, 2014a, 2014b; 청카이, 2013). 세계평화운동의 광범한 흐름을 바탕으로, 한

3 제네바 회담에서 조선 문제에 대한 토의는 4월 27일부터 6월 15일까지 이어졌다. 제네바 회의 기간 조선, 중국, 소련 측 대표 발언 자료는 "제네바 회의 관계 문헌"(조선중앙통신사, 1954: 315-394)에 정리되어 있다.

국전쟁 전후 북한의 대외정책적 담론 및 실천은 "조선, 극동 및 세계의 평화의 유지와 공고화"를 근본 목적으로 하는 일련의 보편적 언어, 정당화 및 행동 규범을 확립했다. 또한 흐루쇼프 (Nikita Khrushchev) 집권 이후 평화공존 노선으로의 소련 대외정책상 변화는 한국전쟁 이후 북한이 '평화유지', '평화통일', '평화건설' 등 상호 연계된 평화정착을 위한 목표 및 방법들을 일관되게 접근, 수행하는 '평화정책'의 기조를 제공했다.[4]

남일 대표가 제네바 회담 개막 후 다음날 회의인 4월 27일 연설에서 제시한 "조선의 민족적 통일 회복과 전 조선적 자유 선거 실시에 관하여"는 당시 북한이 고려한 평화유지, 평화통일, 평화건설의 합으로서 "조선 문제의 평화적 조정" 방안의 기원을 보여 준다 (『로동신문』, 1954/04/29: 1). 남일 외무상은 4월 27일 제안에서 "민주주의적 기초에 립각한 조선의 평화 통일"을 "조선 문제의 평화적 해결"의 목표로 명시하고 그 전제조건으로 "조선에서의 전쟁 재발을 방지하며 조선 문제의 완전한 평화적 조정"의 대책 확립을 주장했다. 조선의 평화적 통일 문제는 "외부의 간섭도 없이 조선 사람 자체에 맡겨져야 한다."는 명제를 제기하면서, 남일은 "조선에서 확고한 평화 상태를 보장하기" 위해서 "6개월 내에 모든 외국 군대가 철거", "극동에서의 평화 유지에 가장 관심을 가진 해당 국가들 측으로부터 조선의 평화적 발전을 보장하며 이렇게 함으로써 조선을 단일 독립 민주 국가로 평화적으로 통일시킬 과업의 급속한 해결에 도움이 될 조건들을 지어 줄 필요성을 인정"할 것을 강조했다 (『로동신문』, 1954/04/29: 1).

남일의 "조선문제의 평화적 조정"을 위한 제안은 우선 전후 북한이 추

4 본 연구는 1950년대 북한의 '평화공존' 개념을 구성하는 상호연계된 세 측면으로 ①'평화유지', ②'평화통일', ③'평화건설'을 지적하고, 세 구성요소들은 각각 ① 전반적 군비축소, ② 분단 극복을 위한 연방주의적 해결, ③ 정치, 경제, 사회, 문화를 포괄하는 비/사회주의권과의 대외관계 변화라는, 보다 광범한 국제적 담론과 실천들의 맥락에서 발전되었다고 본다. 이에 대해서는 김태경(2020), 2장을 참고.

구한 평화 정착 문제와 관련해 '평화유지', 즉 전쟁 재발의 방지와 정전체제의 항구적 평화로의 전환에 있어 한반도에서의 모든 병력 철수 및 축소와 안전보장의 마련 쟁점을 다뤘다. 다음으로 한반도 권역에서 통일되고 독립된 민족국가를 장기적 목표로 설정하고 적대적인 두 정치체의 평화적 공존 및 교류 협력의 구체적 제도, 협상을 추진한 '평화통일' 쟁점에 대한 방안을 제시했다. 마지막으로 남일 제안은 두드러지지는 않지만 남북한간 장기적 관계 발전을 위해 중요하게 고려된 경제적 사회적 협력에 대한 논의와 함께 '평화건설'에 대한 쟁점을 내포했다.

남일 제안은 "조선 문제의 평화적 해결"이 "민주주의 기초 위에 조선의 평화적 통일"과 그를 위한 "조선에서의 평화의 공고화" 및 "평화적 발전", 즉 '평화유지'와 '평화통일', '평화건설'이라는 긴밀히 상호연계된 측면으로 구성된다는 것을 잘 보여준다. 또한 상대적으로 비중이 크게 드러나지 않은 '평화건설'을 제외하고, '평화유지'(평화건설 및 통일의 토대)와 '평화통일'(조선 문제의 평화적 해결의 이상)의 두 구성요소의 상호관계에서 평화통일의 기본조건으로서 평화유지의 역할을 강조한다(조선중앙통신사, 1954: 350). 이러한 두 측면의 상호관계, 우선순위는 제네바 회담이 전개되는 과정에서 더 분명해지는데, 특히 "조선 문제의 토의"가 종료된 6월 15일 남일의 마지막 제안인 "조선에서 평화 조건을 보장할 데 대하여"에서 확인된다(조선중앙통신사, 1954: 350).[5]

한편 '평화통일' 쟁점과 연관해, 제네바 회담에서 남일 대표의 발언들은 회담 진행 과정에서 북한이 한반도 분단의 평화적 관리 및 단계적 통일

5 6월 15일 "조선의 통일을 위한 선거 실시와 관련한 문제의 합의를 보지 못하게 되는 한 조선에서의 평화 유지에 관한 문제의 합의를 보자는" 남일의 제의는 '평화통일'의 중요한 조건으로서 '평화유지'가 당면과제로 우선순위를 가졌음을 확인해준다. 제네바 회담 직후 북한의 '평화유지' 담론은 소련발 평화공존 노선에서 최우선과제로 추진된 세계의 전반적 군비축소 노력 수용의 맥락에서 이해할 수 있다(김태경 2020).

의 과정의 제도적 장치들을 실질적으로 마련하는 문제에 대해 고심한 흔적들을 보인다. 대표적으로 남일은 6월 5일 발언에서 조선측 제안 중 자유로운 남북 조선의 총 선거 및 이를 준비할 전 조선위원회 구성과 관련, 설명을 위한 비교 사례로 미국과 스위스 연방의 사례를 언급했다. 이 발언은 무엇보다 비대칭적이고 상이한 두 정치단위의 통합과 관련해 북한이 고민한 실질적 대안들, 특히 1950년대 북한의 통일방안, 연합/연방과 관련해 중요한 힌트를 제공한다.

> 조선에는 각기 자기의 립법 기관을 가진 두 개의 정부가 현실적으로 존재하여 있는 이상 상술한 문제들 (인용자: 남북한을 포괄하는 총선거 준비, 남북한 간 문화적 경제적 연계 회복, 이를 위해 남북한을 상회하는 "전 조선적 기관" 조직 등의 쟁점) 중 그 어느 것임을 물론하고 조선의 한 부분에 대하여서만 효력을 가지는 법령이나 규정들에 기초하여 이를 해결한다는 것은 불가능한 것입니다.
> 일부 대표들은 전 조선적 기관에 관한 합의를 달성할 수 없게 하려고 시도하면서 이 기관을 구성함에 있어서 비례 대표제 원칙이 적용되여야 한다고 말하고 있습니다. 즉 쌍방의 위원수는 각각 인구수에 비례하여 선출되여야 하며 그리하여 이 기관의 결정들은 다수결로 채택되여야 한다는 것입니다. 이러한 립장이 성립될 수 없다는 우리의 지난 발언에 대하여 더 첨부하여 말한다면 한 민족이 분렬 상태로부터 통일에로 이행하는 계단적 역할을 논 립법 기관들을 창설할 때에 있어서도 상술한 원칙을 결코 필요로 인정한 일이 없었던 몇 가지 력사상 실례들을 대표 여러분에게 상기시킬 수 있습니다. 이것은 현재 조선에 조성된 형편과 류사한 정세입니다.
> 일례로 우리는 미국 대표에게 미국 자체의 력사에 있은 실례를 상기시킬 수 있습니다.

> 주지하는 바와 같이 18세기 말에 형성된 아메리카 련방에서는 이 련방에 가입한 각주 대표들의 콩그레스가 중앙 주권 기관으로 선포되였는 바 이때 콩그레스에서 문제들을 결정함에 있어서 각 주들은 동등한 권리를 가졌습니다. 그런데 각 주의 인구 수는 상당한 차이를 가지고 있었던 것입니다. 례를 들어 말하면 1790년에 『버지니아』주는 747,000명 『펜실바니아』주는 434,000명 『델라바』주는 59,000명의 인구를 각각 가지고 있었습니다.
> 이 사정은 위에 지적한 각 주의 대표들이 콩그레스에 동등한 권리를 가지고 참가하는 것을 방해하지 않았던 것입니다.
> 이와 같은 력사상 실례들은 이 밖에도 또 있습니다. 례를 들면 서서(인용자: 스위스)에서는 1815년 국가 련합에 참가한 주 〈깐똔〉들은 그 주들의 인구 수에 현저한 차이가 있었음에도 불구하고 동등한 대표제 원칙에 기초하여 중앙 주권 기관인 국회를 창설하였던 것입니다. 실례로 〈베른〉의 인구는 〈쭈그〉의 인구보다 23배나 더 많았으며 〈우리〉의 인구에 비하면 30배나 더 많았던 것입니다.
> 이러한 력사상 실례들은 전 조선적 기관을 구성할 것을 반대하는 자들의 론점이 무근거하다는 것을 다시 한번 증명하여 줍니다(『로동신문』, 1954/06/07a: 2).

남일 대표가 "일부 대표들의 질문"에 답하기 위해 지적한 미국 연방헌법 형성기 인구 비례에 따른 대표성(popular vote) 혹은 각 주의 대표성(equal vote for the state) 중 어느 편을 존중할 것인가의 쟁점, 마찬가지로 스위스 연방에서 발생한 대표성 문제는, 인구수를 포함해 비대칭적인 두 정치체의 통합을 어떻게 제도화할 것인가 질문에 대한 하나의 대답을 담고 있다. 비대칭적 정치체들의 연합/연방의 구성을 통한 평화의 제도화, 정전 이후 성취해야 할 이 근본문제에 대한 모색에서 북한은 궁극적 통합 이전의 단계에서 연합/연방 정치제도를 디자인할 데 대한 방안으로 인구 비례가 아닌 단위당 동등한 대표성 원칙을 주장했다. 즉 이미 1954년 제네바 회담에서 '조선 문제의 평화적 해결'의 원형을 제기하는 순간부터 '전 조선적 기관'을 어떻게 만들 것인가에 대한 방법적 고려가 있었다는 점을 평가할 수 있다. 특히 같은 날 소련 제안이 인구비례의 원칙을 지적했다는 점을 확인할 때 북한의 입장은 주목할 만하다(『로동신문』, 1954/06/08: 2).[6]

그러나 제네바 회담에서 드러난 한반도 내 분단된 정치체들의 평화적 통일과 관련된 총선거 및 '전 조선적 기관' 조직, 단계적 통합과 제도적 설계에 대한 문제의식과 제안들은 제네바 회담에서 조선문제 토의가 실질적 합의를 이루지 못하면서 종결되었다. 이후 1950년대 흐루쇼프의 소련이 평화공존 노선으로 전환, 회담의 방법, 접촉과 교류가 시대정신으로 강조된 국제사회주의 진영의 변화를 배경으로 북한의 통일방안 담론은 평화유지, 평화통일, 평화건설을 축으로 지속, 발전한다. 1950년대 '조선 문제의 평화적 해결'에 대한 북한발 제안은 제네바 회담에서 남일이 제시한 6개항의 원형을 유지하면서 그 세부적 내용에 있어 변용이 일어난다. 평화적 통일 쟁점과 관련해, 분단된 비대칭적 정치체 간 어떤 통합을 이룰 것인가 그 단계적 접근 및 제도적 장치 모색을 다룬 '연방주의적' 해결에 대한 담론들은 동시기 유럽의 분단국 사례인 독일에서의 연합/연방 담론에 대한 학습, 번역, 교류의 맥락 속에서 발전되었다.[7] 양차대전의 패전국 독일의 분단선이 전후 유럽의 냉전적 분단선과 겹치면서 독일의 재통일 문제는 세계대

6 한편 『로동신문』은 남일 외무상의 연설 아래 6월 5일 회의의 토의 내용을 압축한 기사에서는 남일 대표가 "또한 조선 문제의 평화적 조정에 관한 합의의 달성을 촉진시키기 위하여 지난 발언에서 제기한 국회 선거에서의 비례제 원칙을 고려할 용의가 있다는 것을 다시 강조하였다"고 전하고 있어, 연설에서 밝힌 단위당 동등한 대표 원칙과 함께 소련이 지지한 인구비례제 원칙도 유연성 있게 고려했음을 알 수 있다(『로동신문』, 1954/06/07b: 2).

7 기존 연구에서는 한모니까(2000)가 1960년 북한의 과도적 연방 제안에 이르는 과정에서 남한의 4.19의 영향을 추적하면서 독일의 통일방안 담론 수용의 맥락을 지적했다.

전을 일으킨 파시즘 독일의 과거 유산의 극복과 독일의 민족적 분단이라는 현재적 문제해결, 유럽의 냉전적 분단 극복과 통합이라는 미래상 모색과 결부된 문제였다(이동기, 2009a). 1950년대 북한은 동구권과 교류, 유럽의 분단, 냉전 상황을 주목하면서 독일 분단 극복의 문제가 전후 유럽의 냉전 심화와 핵 군비증강에 대한 해결과 직결되는 것으로 분석했고, 다시 극동 아시아에서의 평화의 공고화, 이를 필수적 조건으로 하는 한반도의 평화적 통일 문제의 해법이 평화유지의 일련의 틀을 공유한다고 보았다. 이 과정에서 분단 독일 내 전개된 연방주의적, 중립주의적, 평화주의적 담론이 조명되었고 1950년대 후반까지 독일 연합/연방 담론 번역의 과정은 한반도적 맥락과 독일적 맥락의 구조적 차이에도 불구하고 북한이 통일방안을 발전시키는 데 중요한 담론적 자원을 제공했다. 제네바 회담 남일 제안에서 평화적 해결을 위한 두 가지 초점으로 평화유지의 선차적 중요성, 평화통일을 위한 연방주의적 해결에 대한 관심을 추출한다면, 1950년대 북한이 수용한 분단 독일의 연합/연방 담론은 이 두 가지 측면에서 북한의 '평화정책'을 발전시키는 데 공헌했다. 즉 통일 독일을 위한 전제조건으로서 '평화유지' 문제의 선차적 해결, 동시에 민주주의적 기초에서 통일된 독립 국가로서 독일 통일의 궁극적 성취를 위해 현 단계에서 가능한 다양한 접근, 교류 협력, '전 독일적 기관'의 제도적 장치 형성이라는 두 가지 쟁점에서 북한 내 통일방안 담론 형성에 상당한 참조점을 제공했다는 데 비교적 함의가 있다.

다음에서는 1950년대 북한의 독일 연합/연방 담론의 번역 과정을 살펴보면서 유럽의 비교적 사례의 해법이 한반도적 맥락에서 어떻게 변용, 굴절되어 북한의 '평화통일' 방안 형성의 담론적 맥락을 제공했는지 다룬다.

III. 1950년대 북한의 독일 연합/연방 담론의 수용: '독일 문제의 평화적 해결'의 원형과 한반도 평화공존의 상상

본 연구에서 강조하고자 하는 것은 1950년대 북한의 평화정책이 평화유지, 평화통일의 양 축에서 동시에 추구되는 담론적 맥락으로, 갈등/분단 상황의 평화적 해결이라는 공통의 문제에 대한 동형의 해결 방안 내지 접근법, 사회주의 진영 내 공유된 틀이 존재했다는 점이다. 이 동형의 구조는 선명한 구호, 즉 OO문제는 OO인들 자신이 해결해야 한다는 민족 자결권의 강조, OO문제의 평화적 해결에 대한 외부 세력의 개입 반대, 특히 외국 군대 철거와 이후 OO인들 자체의 민주 선거 내지 회담과 협상의 방법 채택, 그에 대한 공정한 제3세력, 예를 들어 중립국 등의 감독 및 관련 주변국들을 포함하는 국제적 관리의 정책 패키지 등으로 나타났다. 이러한 정책적 틀은 특히 1950년대 독일, 월남, 그리고 민족 자결의 문제에 직면한 싸이프러스, 예멘 등의 사례에까지 공통적으로 적용되었다.

여기서는 구체적으로, 북한의 평화정책의 중요한 구성요소인 평화통일 쟁점과 관련된 해법의 비교적 항으로 1950년대 지속적으로 북한 내에서 그 논의가 수입된 분단 독일의 평화통일 구상과의 연관을 탐색한다. 본 연구는 크게 두 차원으로 나눠 1950년대 북한이 동시기 동독의 국가연합안을 어떻게 수용하는 한편 동아시아 및 한반도 분단이라는 비교적 지평에서 어떻게 한반도와 주변의 평화공존을 상상했는지 관심을 갖는다. 먼저 북한이 국가연합 통일방안을 둘러싼 양독 정치, 사회적 노력 및 동독 사회주의통일당(SED: Sozialistische Einheitspartei Deutschlands, 이하 '사통당')의 공식 통일방안 형성 과정을 어떻게 면밀히 보도했고 이러한 유럽의 안전보장 및 분단 독일의 평화공존 관련 논점, 대안들을 어떻게 수용했는지를 검토한다. 또한 이를 통해 1950년대 북한이 당대 평화공존의 제도화라 할 연합/연방 담론을 독일 사례를 통해 어떻게 이해, 수용하고 동아시아의 독특한 역사, 국제관계적 지평을 바탕으로 통일방안을 형성했는지 그 인식의 과정을 파악한다.

1) 전후 유럽의 안전보장과 독일문제의 평화적 해결 : 평화공존의 안과 밖의 유기적 연계

1950년대 『로동신문』은 세계의 동부와 서부 양 지대 각각의 분단국인 한반도와 독일 두 근본 문제의 평화적 해결과 관련해 평화유지, 그리고 평화통일의 두 차원과 관련된 다양한 담론들을 소개한다. '평화공존'의 관점에서 대외, 대내 두 층위가 존재한다고 보면, 대외 정책의 대표적 쟁점은 1950년대 지속된 소련의 서방에 대한 재래식 전력의 군비 축소 제안, 그리고 핵 및 수소폭탄 실험 중지 및 비핵무기 평화지대 제안이었다(구갑우, 2014; 이삼성, 2018). 대내적 차원에서는 1940년대 후반부터 동유럽과 동아시아의 '인민민주주의' 실험과도 연관된 통일전선 관련 담론들이 존재했다(김선호, 2017; 김재웅, 2018). 그중 민족이 분단된 독일, 월남 등에서 평화공존 문제는 전 세계를 대상으로 한 소련의 군비축소 쟁점과 조응하는 자국이 처한 전쟁 위험의 방지 노력, 그리고 분단된 상이한 체제들 중 어느 일방으로의 군사적 수단을 통한 흡수가 아니라 민주주의적 통일 정부로의 평화적 이행이라는 광범한 정치세력을 포괄하는 통합 노력을 강조했다.

"조선 문제의 평화적 해결", 혹은 유럽의 평화와 안전 보장 및 분단 극복의 사례로서 정확히 거울이 되는 "독일 문제의 평화적 해결"과 관련해 1950년대 『로동신문』 보도는 일련의 공유된 접근방법, 해결의 로드맵을 제시했다. 이는 전반적 군비축소 제안, 유럽의 집단안전체계 확립을 위한 강대국들의 회담을 평화공존 노선의 주요 과제로 추진한 소련의 이니셔티브에 따른 것으로, 『로동신문』은 유엔 군비축소위원회, 총회, 4강 정상 및 외상 회의에서의 소련 제안들, 유럽 집단안전체계 협의와 직결된 독일 문제의 해법에 대한 소련 및 독일 내 담론들을 지속적으로 다뤘다. 특히 1955년 7월 제네바에서 열린 미, 소, 영, 프 4강 정상회의와 뒤이은 4강 외상회의에서 소련이 제출한 군비축소 및 유럽 집단안전 체계에 대한 제안은 당시 국제사회주의 진영에서 유럽의 냉전과 독일의 재통일 해결을 위한 평화공존의 해법으로 대대적으로 보도되었다. 서방은 '평화공세'로 치부했고 국제사회주의진영은 '제네바의 정신'으로 부른 소련발 군비축소 지향은 회담의 방법, 집단 안전, '평화지대'의 확장, 중립 운동의 성장, 동서간 접촉 확대 등을 주요 배경 및 내용으로 포함했다(조선중앙통신사, 1956: 170-173).

북한은 1954-1955년 서독의 재무장과 나토의 군비증강, 특히 핵전력 증대라는 환경 변화와 그에 대응한 소련 및 독일 내 담론과 대응을 면밀하게 주시했다. 1954년 1월 베를린 외상회의에서 제기되어 조선문제와 인도차이나문제를 다룬 4-6월의 제네바 회담 직후, 유럽의 정세 변화와 소련의 '평화공존' 이니셔티브, 독일 내 연합/연방 담론은 시기적으로 겹칠 뿐 아니라 지역 냉전적 분단과 민족적 분단의 선이 일치하는 한반도 문제 해법의 비교적 사례로 중요한 참조점을 형성했다. 북한은 "평화를 공고히 하며 국제 긴장 상태를 완화시키려는 인민들의 념원과 회담의 정책에 대한 그들의 지지"를 반영하는 '제네바의 정신'을 "제네바 4렬강 수뇌자 회의"의 성과라고 표현했다(조선중앙통신사, 1956: 170). 회의가 남긴 "새로운 술어", '제네바의 정신'의 핵심은 포츠담 회담 이래 10년 만에 열린 4강의 정상회의에서 유럽의 안전과 독일 문제, 군비축소 문제, 동서 간 접촉 문제가 논의됨으로써 국제 긴장 상태의 완화 기조가 확인된 것이었다. 제네바 4강

정상회의에서 소련은 1954년 10월 23일 파리협정 조인에 따라 서독의 나토 가입 및 재무장이 결정된 정세 변화에 대응해, 1954년 초 베를린 외상회의에서 제기한 '집단 안전'의 아이디어를 발전시켜 '전 구라파 집단 안전체계'수립을 위한 초안을 제출했다. 이러한 유럽 집단안전체계 제안은 유럽의 평화와 안전 뿐 아니라 독일의 평화적 통일 달성을 위한 외부조건으로서 추진되었다(조선중앙통신사, 1956: 171).[8] 『로동신문』은 1954년 파리협정의 비준이 시작될 12월 이전인 11월 29일, 유럽의 냉전을 저지하기 위한 유럽 집단안전체계 형성을 위한 회담을 모스크바에서 개최한다는 동구권의 대응(서유럽 국가들 불참으로 바르샤바조약기구 성립)을 지지하는 한편, 프랑스가 1954년 8월 30일 유럽방위공동체 조약 비준 거부에 이어 12월 24일 파리 협정 비준 토의를 부결하자 이를 서방의 '힘의 정책'의 참패로 규정했다(『로동신문』, 1954/12/27a: 1).[9]

1954년 6월 15일 제네바 회담에서 남일이 제시한 6개항 이후, 북한은 9월 유엔 총회, 10월 최고인민회의, 1955년 8월 15일 해방 10주년 기념대회, 1956년 4월 조선노동당 3차 대회 등에서 '평화통일'을 궁극적으로 쟁취하기 위한 '평화유지'의 해법으로서 외국 군대의 점진적 철수, 한반도 평화와 안전에 대한 주변 유관국의 다자적 보장 등을 주장하고 '평화통일'을 위한 현 단계 과제로 남북 간 접촉, 교류와 협력을 강조하며 전국적 자유선거를 준비하고 다양한 부문별 협력을 촉진하기 위한 '전 조선적 기구'를

8 이 시기 소련의 유럽안보에 대한 우려는 1952년 3월 유럽 위원회 파리회의에서 유럽 위원회와 북대서양동맹 간 연계 강화에 대한 '이든플랜'을 제출, 9월 스트라스부르그회의에서 채택하면서 서독의 재무장 문제가 가시화되었고 1953년 9월 유럽위원회가 유럽방위공동체 조약 비준을 서유럽 6개국에 요구하는 결의를 채택하면서 심화되었다. 1954년 8월 프랑스 의회에서 유럽방위공동체 조약 비준이 거부된 후 1954년 9월 런던 9개국 외상회의, 1954년 10월 파리에서 열린 미, 영, 프, 서독 회의 결과, 서독의 재무장과 나토 가입이 결정되었다(조선중앙통신사, 1956: 386-388).

9 이후 12월 27일 열린 표결에서 프랑스 망데스 정부는 파리협정을 가까스로 비준했다(조선중앙통신사, 1956: 170).

남북의 동수 대표로 구성하자는 제안들을 지속했다. 동 시기 독일 재통일 관련 담론들은 유사한 쟁점들에 대해 구조적으로 유사한 제안들을 담고 있었다. 1955년 10-11월 제네바 4강 외상회의에서 소련은 7월 정상회의에서 제기한 유럽 집단안전에 관한 전 유럽 조약 초안에 이어 '전 독일 리사회 창설'에 대한 제안을 내놓았다(조선중앙통신사, 1956: 76-77, 83). 소련은 양독이 "합의를 보는 방법으로 독일 인민의 정치, 경제 및 문화 생활 분야에서와 그리고 또한 평화를 공고화하는 사업에서 다른 국가들과 협조하는 면에서 그들의 노력을 일치시키기 위한 전 독일 기구를 창설"하도록 미, 소, 영, 프 4강이 보장할 것을 제안하고 '전 독일 리사회'의 원칙들에 대해 다음과 같이 제시했다.

(1) 전 독일 리사회는 독일 민주주의 공화국과 독일 련방 공화국이 해결에 관심을 가지고 있는 문제들을 토의하기 위한 협상 기구로서 독일 민주주의 공화국 및 독일 련방 공화국 량 의회 대표들로 구성된다.
(2) 전 독일 리사회 산하에 두 독일 국가들 간의 경제 및 문화적 련계와 관련된 문제들에 대한 독일 통화, 독일 내부의 재정적 거래, 관세 문제, 우편, 전보, 수송 및 기타 문제들에 대한 공동 위원회를 독일 민주주의 공화국과 독일 련방 공화국 대표들로써 조직한다.
(3) 전 독일 리사회는 독일 민주주의 공화국과 독일 련방 공화국의 국경 및 령토의 보위를 보장하기 위해 필요한 부대의 수, 군비 및 배치와 관련된 문제들에 대하여 합의를 달성한다.
(4) 전 독일 리사회는 독일 민주주의 공화국과 독일 련방 공화국이 구라파 안전의 공고화를 위한 조치들에 참가하는 것과 관련된 문제들에 관하여 합의를 달성하며 또한 호상 합의에 의하여 평화 애호적이며 민주주의적 국가로서 독일을 통일시키기 위한 전제들의 조성과 관련된 문제들을 심의한다

(조선중앙통신사, 1956: 83).

1954년 말 파리협정 조인과 비준 과정, 1955년 5월 서독의 나토 가입 발효, 12월 나토이사회 회의의 핵무장 계획 논의에 이르기까지 유럽의 군비증대와 서독의 재래식 및 핵 무장이 뜨거운 이슈로 떠오르면서 독일에서는 다양한 독일의 재군국화, 핵무장 반대 운동이 일어났다(홀저 네링, 2016). 특히 동독은 사회민주당을 포함해 서독 내 재무장, 군비증강에 반대하는 좌익, 민주세력들을 결집하는 공동전선 확장을 모색했고, 『로동신문』 역시 이러한 공동전선의 기조 하에서 서독 내 평화운동, 서독과 동독 사회단체 및 정치인들의 교류 접촉에 관심을 기울였다. 예를 들어 동독 사통당이 노동계급의 통일전선 대상으로 1950년대 내내 협력을 지속한 독일 사회민주당(SPD: Sozialdemokratische Partei Deutschlands, 이하 '사민당')에 대한 보도를 볼 수 있다. 『로동신문』은 동독 사통당 및 내각 주요 성명 및 뉴스 보도뿐 아니라 사민당의 서독 재무장에 대한 반대 및 독일 통일 담론 보도에도 공을 들였다. 파리협정 직후 독일 내 반응에 대해서는 올렌하우어(Erich Ollenhauer) 사회민주당 위원장이 아데나우어(Konrad Adenauer) 수상에게 협정 비준 이전에 미, 영, 프와 소련의 회담 개시를 요구하도록 강조한 서한을 다음과 같이 소개했다.

> 독일 인민은 전후 력사에 있어서 결정적 모멘트에 처해 있다. 서구 동맹과 북대서양 동맹의 테두리 안에서 독일 무력을 창건할 것을 예견하고 있는 파리 협정에 대한 련방 공화국 립법 기관들에서의 표결은 전체 독일 인민의 장래에 대하여 사활적인 중요성을 가지고 있다.
>
> 우리는 협정의 승인이 독일을 영원히 분렬시키는 운명을 초래할 것이라고 확신한다.

서부 독일 하원은 독일 통일의 회복을 독일 정책의 급선무로 인정할 데 대한 일치한 결정을 수차 채택하였다.

그런데 독일 통일의 회복은 4렬강간의 회담의 방법으로써만 가능하다. 쏘련의 립장은 파리 협정 비준후에는 독일 통일에 관한 회담이 불가능하게 될 것이라는 것을 보여 준다.

… 이렇게 되면 서방과 동방간의 관계에서의 긴장 상태가 격화될 것인바 그의 엄중한 후과들은 독일 인민의 어깨 우에 씌워질 것이다. …

독일의 통일은 서방의 약속으로써도 동방의 약속으로써도 회복될 수 없다. 그것은 오직 서방의 강국들과 동방의 강국들이 자유로운 조건하에서의 독일의 통일에 관하여 합의를 보며 이 통일이 실현되도록 하기 위한 온갖 실질적 조치들을 지체 없이 취하는 경우에만 달성될 수 있다. 이와 같은 독일의 통일 회복을 촉진시킬 데 대하여 점령 렬강 자신이 부담한 의무에도 부합된다(『로동신문』, 1955/01/29: 4).

사민당의 서독 재무장과 나토 가입, 이에 따른 유럽 내 긴장을 격화하는 군사동맹과 독일분단의 고착화 반대, 이후 핵군비 반대의 입장은 독일 통일방안을 둘러싼 사통당 공식 입장과의 일련의 차이에도 불구하고 독일과 유럽의 '평화유지' 관점에서 중요한 공동전선으로 다뤄졌다. 특히 독일 문제와 유럽 안전보장 문제의 "불가분리적 연결"을 강조하며 유럽 내 블록화를 자제하고 통일 독일에 있어 전 유럽이 포괄된 안보조약 체결 과정을 강조하는 아래와 같은 사민당의 입장은 두 개의 독일정부의 인정에 기초한 양독의 회담과 접근, 동서 간 접촉 및 유럽의 집단안전체계 형성 지지에 대한 동독의 입장과 양립가능한 것이었다.

독일의 재통일에 관한 문제와 안전 보장에 관한 문제는 불가 분리적으로 련

> 결되여야 하며 병행하여 해결되여야 한다. 그리고 통일된 독일의 군사적 지위에 관한 4렬강간의 의견 일치는 이를 위한 전제 조건으로 된다.
>
> 올렌하우어의 의견에 의하면 아직 동방과 서방간에 그리고 두 개념간에 모순이 존속되고 있음에도 불구하고 일정한 접촉점들이 존재하고 있다. 련방정부(인용자: 독일연방공화국)는 제네바 회의(인용자: 1955년 제네바 4강 외상 회의)에서 이 접촉점들에 대한 문제가 토의되도록 해당한 제안에서 이 접촉점들을 서술하여야 한다.
>
> 올렌하우어는 쏘련이 통일된 독일의 군사적 지위에 대한 자기의 의견을 표명할 것과 한편 서부 렬강은 북대서양 동맹 기구내에서의 서부 독일의 군사적 의무를 재검토하여야 한다는 것을 제의하고 있다.
>
> 올렌하우어는 파리 협정에 의하여 독일 련방 공화국이 지닌 의무와 와르샤와 조약에 의하여 독일 민주주의 공화국이 지닌 의무가 통일된 독일이 동등한 성원국으로 참가하는 구라파 안전에 관한 조약을 통일된 독일과 체결하기 위한 기초로 될 협정으로 점차적으로 교체될 것을 제의하였다(『로동신문』, 1955/11/01: 4).

1956년 소련발 '평화공존' 노선의 진전을 배경으로 동구권은 소련을 선두로 군비 및 병력축소를 선포했다. 1956년 5월 14일자 소련의 군비축소 성명을 따라 동구권 국가들과 함께 북한, 월남 등도 병력축소를 단행했고 동독 역시 내각결정을 통해 긴장완화에 동참했다(『로동신문』, 1956/07/04: 8). 동독은 양독 정부가 "병력 수효를 축소시키며 독일 령토상에 원자 무기를 배치하는 것을 금지하며 또한 의무 병역제 실시를 거부할 데 관한 회담을 진행함으로써 평화를 보장하는 사업에 기여하여야" 한다고 강조하고 이러한 "평화 애호적 조치는 민주주의적 기초 우에서 독일을 재통일하는 데도 기여할 것"이라고 강조했다. 다음과 같은 동독 내각 결정은 같은 달인 7월 서독이 의무병역제를 실시하고 8월 말 전으로 독일 공산당 비법화 조치를 단행한 상황과 선명히 대비되는 것으로 보도되었다(『로동신문』, 1956/07/23: 4, 1956/08/08: 4).

> 1. 12만명으로 제정된 독일 민족 인민군 수효에서 3만명을 축소시킨다.
> 2. 민족 인민군의 총수효를 9만명으로 제정한다.
> 3. 민족 인민군 수효를 축소시킴으로써 얻어지는 물자들과 자금들을 인민경제의 평화적 건설에 돌린다.
> 4. 민족 인민군의 보충은 지원자들을 징모하는 방법으로 실시될 것이다.
> 5. 민족 보위상은 이 결정을 실현하기 위하여 필요한 명령들과 지령들을 발포할 것이다(『로동신문』, 1956/07/04: 8).

1956년 9월 동독 인민의원 제14차 회의에서 내각 제1부수상 울브리히트(Walter Ulbricht)는 서독의 나토 가입, 의무병역제, 공산당 금지 등의 상황 변화에도 독일 재통일 문제에 대한 기존 입장의 지속, 즉 병력 축소 및 외국 군대의 점진적 철수, 독일 재통일 문제에 대한 양독 간 협조와 회담을 강조했다.

> 1. 독일 량 지대의 병력을 제한할 것. 군대 징모는 오직 자원적 기초 우에서만 진행될 수 있다.
> 통일이 이루어지는 때에는 독일은 반드시 군비 제한 지대에 포함되여야 할 것이다.
> 례컨대 독일 군대의 수효는 20만명을 초과하지 말 것이다.
> 2. 히틀러 장군들과 기타 복쑤주의자들을 국가 기구와 군대로부터 제거할 것.

복쑤주의적 정책의 보지자이며 파쉬즘의 보지자인 군수 공업 독점체들은 반드시 국유화되여야 한다.

3. 독일 령토로부터 외국 군대를 점차적으로 철거시킬 것.

4. 모든 민주주의적 단체들에 자유를 보장하며 독일 공산당에 대한 금지를 폐지하며 모든 군국주의적 단체들과 동맹들을 해산할 것.

5. 량 독일 국가들의 접근을 위하여 독일 민주주의 공화국과 독일 련방 공화국 정부가 협조할 것. 독일 재통일 문제에 대하여 독일 민주주의 공화국 인민 의원과 본 국회 대표들이 회담하며 량 정부 대표들이 회담할 것(『로동신문』, 1956/09/05: 4).

상기한 동독 정부 성명 및 발언, 서독 내 통일전선의 대상이었던 사민당의 통일방안 담론에 대한 북한의 소개는 크게 두 가지 면에서 주목된다. 하나는 "독일 문제 해결은 우선 첫째로 독일인 자신들의 문제"라는 선언이고 다른 하나는 "구라파 집단 안전 체계"의 중요성을 독일 재통일 문제, 전 유럽 인민 안정과 평화의 근본 조건으로 강조하는 점이다(『로동신문』, 1956/08/09: 6). 독일 분단 문제와 유럽의 분단 간 유기적 연계를 지적하면서 유럽 내 냉전적 블록화, 서독의 재무장을 규탄하고 군비축소를 주장한 담론들은 '평화유지'와 '평화통일'의 긴밀한 상호연계, 그리고 '평화유지'의 선차성을 잘 보여준다. 이러한 독일 사례에서의 '평화통일'-'평화유지' 논의는 제네바 회담 이후 북한의 한반도 통일방안 담론과 실천과 깊은 구조적 유사성을 보인다.

2) 북한의 독일 국가연합안'들'의 수용

이동기(2009b, 2009c, 2015)에 따르면, 1957년-1966/67년까지 지속한 동

독의 공식 통일방안인 국가연합안은 1940년대 후반부터 활발했던 서독의 다양한 연방주의자, 중립주의자, 평화주의자들의 연합/연방 담론 및 실천과의 상호작용을 통해 등장했다. 『로동신문』은 이러한 과정에 대해 서독 사회단체들 및 인사들의 동독 방문 및 통일방안 관련 교류 등을 단신 등을 통해 보도했고 1958-1959년 2차 베를린 위기 국면에서도 독일 사통당 및 정부 논의와 함께 독일 사민당 입장 및 상호 논쟁의 맥락을 전달했다. 이러한 보도는 직접적 교류의 문맥을 가지고 있었는데, 동독의 경우 한국전쟁기 원조를 지속한 '민주주의독일민족전선' 산하 '조선 및 월남 원조위원회'(1954년 조선 원조위원회에서 개칭)가 전후 복구건설기 북한을 지속 방문했고 북한 인사들의 동독 방문도 이뤄졌다(『로동신문』, 1954/12/27b: 1; 1954/12/30: 1; 1955/01/07: 3; 1955/01/14: 3; 1955/01/19: 1; 1955/01/20: 3; 1955/01/21: 3; 1956/06/13: 1; 1957/02/21: 1; 1957/09/19: 2, 4; 1957/09/22: 1-2; 1959/05/06: 1-4).

북한의 독일 문제 관련 보도들은 1957년에 이르러 확정된 동독의 공식적 통일방안 및 관련 정책 대안들을 소개, 지지할 뿐 아니라 동-서독의 다양한 정치조직, 사회단체들의 연방주의적, 중립주의적 제안 및 교류, 협력을 다뤘다. '평화통일'과 연계된 '평화유지'를 우선하는 공동전선에서 앞서 소개한 사민당의 활동 이외에도 서독 내 중립주의, 연방주의 사회단체나 정치인들의 실천 및 동독 정부와의 교류들이 보도되었다. 예를 들어 1950년대 국가연합안들을 제시했던 서독의 중립주의 단체들의 하나인 '통일 평화 및 자유를 위한 독일인 동맹'(Bund der Deutschen, 이하 '독일인 동맹')과 관련 인사들 뉴스, 북한과의 교류의 맥락도 보도되었다. 우선 독일인 동맹 위원장 빌헬름 엘페스(Wilhelm Elfes)는 1956년 11월 소련 평화옹호위원회와 양독 평화옹호대표단 간 공동 콤뮤니케 발표 기자회견에서 서독측 평화옹호대표단 단장으로 참여했음이 보도된다. 보도는 소련 평화옹호위원회 초청으로 11월 6-20일 양독 평화옹호운동 참가자들의 소련 체류 결과를 전했다(『로동신문』, 1956/11/23: 4). 이어 엘페스는 1957년 2월 독일 재통일을 위한 조치 강구를 제안하며 서독 하원 의원들에 보낸 서한에서 서독의 전반적 의무병역제 폐기, 독일 경내 원자무기 배치 금지, 중유럽 군비제한지대 창설을 주장했다는 것이 보도되었다(『로동신문』, 1957/02/09a: 4).

같은 시기 엘페스와 함께 독일인 동맹의 또 다른 주요 인물 중 전 제국수상 요셉 비르트(Joseph Wirth)와 같은 중립주의자, 그리고 '독일인 클럽 1954(Deutscher Klub 1954)' 대표 그랍 폰 베스트팔렌(Karl Graf von Westphalen)과 같은 연방주의자의 활동도 다뤘다. 비르트의 경우, 특히 주목할 것은 그의 서거에 북한의 주요 평화옹호운동 인사였던 박정애, 한설야가 각각 조문을 보냈다는 점이다(『로동신문』, 1956/01/08: 1, 1956/01/09: 1). 박정애와 한설야는 1956년 1월 조문을 통해 "각국 인민들 간의 평화의 공고화를 위한 국제 쓰딸린상 수상자" 비르트가 반파시즘, 독일의 통일 독립과 세계의 항구한 평화를 위한 투쟁에 남긴 업적을 기렸다. 헤르만 에첼(Hermann Etzel)의 국가연합으로서의 연방주의적 해결에 공명한 폰 베스트팔렌의 경우, 서부 독일 사회계 내 다양한 독일 재통일 방안이 제출되고 있다는 분석에서 대표적 인사로 소개되었다(『로동신문』, 1955/10/14: 4). 분석된 서독 내 여러 제안들은 서독 정부가 두 개의 독일 국가 존재 인정의 관점에서 정세를 평가해야 한다는 폰 베스트팔렌의 주장, 양독 대표들과 4강의 '중립적' 대표들로 구성되는 '독일 리사회'를 설치해야 한다는 폰 보닌 및 스테그네르 그룹, 대외관계 측면에서 파리협정과 서독의 나토 가입 참가를 반대하는 사민당 성명 등을 포괄했다(『로동신문』, 1955/10/14: 4).

1957년 『로동신문』은 1956년 12월 독일 사통당 정치국에서 가결된 국가연합안을 바탕으로 1957년 초부터 울브리히트 지도부가 당내 선전, 논의 지속을 통해 7월 말 발표한 공식적 통일방안의 형성 과정을 보도했다(이동기, 2009b: 303). 『로동신문』은 2월 9일, "독일 통일 문제는 독일 인민 자체의 일이다."라는 제하의 기사들에서 1957년 1월 30일부터 2월 1일까지 진행된 독일 사통당 중앙위원회 전원회의에서 중앙위원회 제1비서 울브리히트의 독일 통일 문제에 관한 보고를 보도하며 동독의 통일방안을 소개했다(『로동신문』, 1957/02/09b: 4). 울브리히트는 보고에서 통일 문제는 "독일 인민 자체의 일인 것만큼" "4렬강 회담을 통해서 실현될 수는 없다"고 지적, 양독 정부가 무력 행사 포기, 국제 긴장 완화 조치와 협조를 토의하기 위해 양독 대표들로 구성되는 상설위원회를 설치할 것을 주장했다. 또한 군사동맹 탈퇴 및 군비축소, 파시즘 축출, 유럽 집단안전체계 및 군비제한지대 설치 등의 전제조건 달성 후 양독에서 동수의 대표들이 참가하는 전 독일 위원회를 마련, 동등권에 기초해 전 독일 선거 조치를 토의하자고 제안했다.

이어 3월에는 통일방안에 대한 '민주주의 독일 민족 전선' 회의, 전 독일 노동자 회의 등을 보도하면서 독일 내 논의과정을 전달했다 (『로동신문』, 1957/03/07: 4, 1957/03/13: 4). 예를 들어, 전 독일 노동자 회의 보도에서 『로동신문』은 서독에서 참가한 대표들의 논의에도 집중하면서, 독일 문제의 평화적 해결을 위한 기본 조건들, 즉 서독의 나토 등 군사동맹으로부터 탈퇴 및 상기 문제에 대한 국민 투표 실시, 의무병역제 폐지, 양독 병력 감축, 서독에서 파시즘 인사 및 잔재 축출, 양독이 참가하는 '구라파 집단 안전 체계' 창설 및 군비제한지대 창설, 독일 내 모든 점령군의 철거, 서독 내 독점자본 지배 청산 및 각종 민주주의적 개혁의 정당성을 강조했다. 이러한 전제조건들에 대한 서독 측 회의 참가자 주장과 함께, 보고의 내용으로 다음을 지적했다.

> 만약에 련방 공화국에 이와 같은 전제 조건들이 조성된다면 그때에는 량 독일 국가 대표들이 참가할 수 있는 전 독일적 성격을 띤 련합이 창설되여야 할 것이다.
>
> 이러한 련합은 량 독일 국가에 현존하는 선거법에 기초하여 선출될 수 있을 것이다. 이와 같은 련합은 또한 독일에서의 통일적 경제 운영의 회복, 통일적 세관 및 화폐 동맹의 창설, 국유화된 공업 부문 활동 조정 위원회와 통일적 발전, 은행의 창설을 위한 제반 조치들을 취하며 그리고 운수 체신 문제들을 연구하여야 할 것이다. 이와 같은 조치들의 실현은 자유로운 전 독일 국회 선거 실시를 위한 조건들을 조성할 수 있는바 이러한 국회는 헌법을 채택하며 나아가서는 평화와 민주주의 및 사회적 진보를 위하여 투쟁할 수 있는 정부를 조직할 수 있을 것이다(『로동신문』, 1957/03/13: 4).[10]

또한 울브리히드는 보고에서 사민당 올렌하우어 위원장의 '행동 통일'에 대한 반대 입장을 규탄하고, 독일의 전 노동계급의 단결, 사통당-사민당의 행동 통일의 중요성을 강조했다(『로동신문』, 1957/03/13: 4).

북한은 1957년 7월 27일 발표된 "평화와 독일의 재통일을 보장하기 위한 독일 민족의 길에 관한 독일 민주주의 공화국 정부의 성명"을 보도하면서 독일 문제의 평화적 해결책만이 아니라 조선 문제의 평화적 통일의

10 『로동신문』은 여기서 '련방' 대신 '련합'이라는 번역어를 사용하고 있어, 7월 27일 공식화된 동독 통일방안 8월 보도에서 '련방' 용어를 사용하는 것과 비교된다. 이 시기 독일 통일방안 보도 및 북한의 통일방안 논의에서는 '련합' 표현이 자주, 오히려 '련방'보다 빈번하게 사용되고 있음을 발견할 수 있다. 예를 들어 1956년 4월 3차 당대회 보도에서 통일 문제와 관련해 남한의 민주주의적 정당, 사회단체 및 개별적 인사들과의 '련합'을 강조, 차후 '련합 정부'에 광범한 공동전선을 형성해야 한다고 주장한다(『로동신문』, 1956/04/30: 3). '과도적 련방제' 안이 선언된 1960년 8.15 경축대회 보고에 대한 분석 기사에서 '련합'의 표현은 "이 '련방제'는 물론 "두 제도를 가진 련합 정부의 형성이 아니다. 그것은 림시적인 것으로서 주로 남북조선의 경제 문화 발전을 통일적으로 조절하며 평화적 조국 통일을 촉진할 것을 목적으로 한 과도적인 대책으로서의 련합체이다."라는 분석에서 등장한다(『로동신문』, 1960/09/08: 5).

경로와 직결되는 해법으로서 동독 통일방안을 지지 찬동했다.

> 이 성명에서 독일 민주주의 공화국 정부는 민주주의적, 평화 애호적 및 반제국주의적 독일 국가 창건을 위한 구체적 방안으로서 국제법적 조약에 기초한 독일 민주주의 공화국과 독일 련방 공화국간의 련방을 형성할 것을 제의하였다.
> … 상이한 정치 경제 제도를 가진 두 독일 국가가 존재하는 조건하에서 독일 재통일 문제의 해결을 위한 가장 합리적이며 유일하게 현실적인 길로 된다.
> 평화 애호적이며 반제국주의적인 독일 민주주의 공화국은 독일의 평화적 재통일과 구라파의 안전을 보장하는 중요한 요인으로 되었다(『로동신문』, 1957/08/03: 4).

『로동신문』 보도는 동독의 국가연합 통일방안 채택의 맥락에 대해 서독이 지속해온 "군국주의 세력 재생, 전쟁 방화자들과 낡은 반동 계층 권력, 전반적 의무 병역제, 침략적 북대서양 쁠럭 참가"와 미국의 "서부 독일에 원자 무기를 반입하며 서부 독일 복쑤주의 군대를 원자 무기로 무장시키려는 책동"을 비판했다. 또한 이러한 미국의 "분렬 정책"은 "남조선에서도, 공화국 평화적 조국 통일 방안 반대 국토 분렬 영구화 책동, 최근에 와서 극동에서의 새 전쟁의 위협을 증대시키면서 침략적 〈유엔군 사령부〉를 서울로 끌어 들이였으며 조선 정전 협정을 란폭하게 유린하고 남조선에 원자 무기를 반입하려고 더욱 고골적으로 획책"하고 있음을 역설했다. "구라파의 평화와 아세아의 평화"를 공동으로 위협하는, "자기 조국의 평화적 통일을 갈망하는 조선과 독일 량국 인민의 원쑤"로 미국을 규탄하면서 보도는 동독의 정부 성명이 한반도에 어떤 의의를 가지는가를 다음과 같이 지적했다.

> 조선 인민은 금번 독일 민주주의 공화국 정부의 성명을 절실한 관심을 가지고 열렬히 지지 찬동하며 자기 조국의 평화적 통일을 위하여 투쟁하는 독일 인민에게 전폭적인 지지를 다시 한번 굳게 표시한다. 독일은 독일 인민의 것이며 조선은 조선 인민의 것이다. 자기 조국의 운명을 자신의 손으로 해결하려는 조선과 독일 량국 인민들의 의사를 무시하며 그에 간섭하려는 제국주의자들의 어떠한 시도도 결코 용납되지 않을 것이다(『로동신문』, 1957/08/03: 4).

1958년에는 1957년 12월 나토 이사회 회의, 1958년 서독 하원의 결의를 통해 본격화된 핵무장 반대 및 중유럽 비핵무기지대 설치에 대한 논의가 독일의 '평화유지', '평화통일' 담론의 중요한 부분으로 추가되었다(『로동신문』, 1958/01/24: 4, 1958/02/12: 4, 1958/02/18: 6, 1958/04/19: 4). 독일 통일을 위한 조건들로는 양독의 나토와 바르샤바조약기구 양 군사동맹으로부터 탈퇴, 양독을 포함한 중유럽 비핵무기지대에 대한 전 인민적 투표, 양독 간 연방 창설을 위한 회담 및 접촉, 연방 창설에 관한 합의의 방법으로 대독 강화 조약에 조언가능한 전 독일적 대표 기관 형성 등이 논의되었다. 사민당과의 공동전선에 있어서는 1959년 3월 사민당의 "독일계획"이 사통당의 국가연합안과 유사한 통일강령을 보인 데 기반해(이동기, 2009b: 310-311), 동독이 제시한 1960년 4월 "인민의 독일계획" 선언이 보도되었다(『로동신문』, 1960/04/19: 6). 기존에 지적된 바와 같이, 전 독일 노동계급의 통일전선 및 사통당-사민당 공동전선에의 호소, 재래식 및 핵 군비 축소를 위한 다양한 민주주의 세력들과의 연대, 양독 정부의 군사동맹 탈퇴 및 무장 중지에 대한 요구가 지속되었다.

IV. 결론을 대신하여

1950년대 북한의 독일 내 국가연합 통일방안들에 대한 수용은 북한이 1960년 8월 15일 '과도적 련방제' 통일방안을 제기하는 데 있어 참고 가능했던 담론적 맥락으로서 동독 사례에 대한 1950년대 북한의 평가를 가늠하는 데 의의가 있다. 제네바 회담에서 한반도 전체 자유 총선거, 이를 준비하며 우선적으로 남북한 간 경제적 사회적 문화적 연계를 회복하는 '전조선적 기관' 설치를 제안한 북한은, 1950년대 독일 문제에 대한 동독 통일방안 형성 과정에 대한 학습을 통해 분단된 민족 내부의 평화적 통일 과정, 단계와 관련해 연합/연방적 형태에 대한 담론을 발전시킬 수 있었다. 특히 1957년 공식화된 동독의 국가연합 통일방안 이전부터 동독과 서독 내 여러 통일 논의들과 실천들에 주목했던 점은 북한의 독일 문제의 평화적 해결에 대한 논리 구조 및 정책 대안의 수용 과정이 장기간에 걸쳐 실용적으로 진행되었다는 평가를 가능하게 한다.

더불어, 제네바 회담에서의 조선 문제 토의에서 이미 주지되었던 '평화유지'와 '평화통일'의 상호관계 및 우선순위 설정과 관련해, 동독의 통일방안 수용은 평화통일을 위해 필수불가결한 평화유지의 전제조건을 강조하는 논리를 확인, 강화시켰다고 볼 수 있다. 북한은 1957년 동독의 국가연합 통일방안의 확정에 있어 필수적이었던 소련의 두 개 독일 정부 인정, "2국가 테제"가 확립된, 1955년 7월 4개 전승국 정상회의, 9월 소련 지도부의 양독 정상과의 교류, 11월 제네바 4개국 외상회의 과정을 면밀히 파악하면서 유럽의 평화와 안전 보장과 독일의 평화적 통일 진전의 역학 및 논리들을 평가, 타산하는 과정을 거친 것으로 보인다. 독일의 사례는 극동 및 아시아, 한반도 맥락에서 같은 화두인 군비축소 제안과 실행 문제와 맞물린 지역 및 분단국의 평화유지, 그리고 평화통일이라는 궁극적 이상을 실현하기 위한 연방주의적 해결책 구상에 중요한 참조점을 제공했다.

그러나 문제설정 및 해법의 동형 구조가 발견되었던 1950년대 연합/연방 담론 및 실천의 경로는 유라시아 동쪽과 서쪽의 분단국에서 이후 전혀 다르게 전개되었다. 1950년대 말 본격화된 중소 갈등의 맥락에서 북한의 '조선 문제의 평화적 해결'을 둘러싼 평화정책의 접근은 1950년대 국제 사회주의 진영의 '평화공존론'과는 다른 방향으로 진행되었다. 1961년 '자력갱생'이 처음 언급되고 1962년 12월 '4대 군사노선'이 확립되면서 북한은 기존의 평화정책, 즉 한반도 외부 평화공존을 위한 '평화유지'의 설계 및 한반도 내부 평화공존을 위한 연방주의적 설계의 방향보다는 탈식민 해방투쟁, 한반도 내 통일투쟁의 급진화 방향으로 선회한다. 이러한 전환은 2차 베를린 위기가 1961년 여름 베를린 장벽 건설로 일단락되고 긴장된 양독 관계가 1960년대 중반 이후 서독 정부의 '접근을 통한 변화'를 바탕으로 1972년 기본조약 체결 이후 '평화공존의 정치'로 나아간 것과는 상반된 흐름을 낳았다. 탈식민 민족해방, 통일된 독립국가 건설에 대한 요구와 열망이 강력했던 전후 한반도의 맥락은 양차 대전의 패배와 파시즘의 상흔이 휩쓴 독일의 평화 건설 및 탈냉전의 열망과는 차별화된 역사적 특수성을 가졌다.

그럼에도, 과거에 묻힌 1950년대 북한의 '평화통일' 담론, 특히 광범한 '평화공존' 노선의 문맥에서 독일 사례를 통해 번역되고 숙고된 연합/연방 담론은 2020년 한반도 평화공존을 위한 상상에 중요한 참고가 된다. 전후 북한이 전개한 '통일 한반도'를 향한 연방주의적 해결, 제도적 설계에 대한 고민은 65년 전 제네바 회담에 머물지 않고 2018년 판문점 선언, 평양 선언 이후 남북한의 평화공존, 통일의 제도를 어떻게 설계할 것인가 하는 한국의 현재적 고민에 맞닿아 있다. 특히 '평화통일'에 대한 '평화유지'의 선차성, 즉 정치군사적 문제, 안전보장 문제에 대한 해결 없이 평화적 통일,

통합에 대한 실질적 추진이 불가능하다는 인식, 그리고 평화통일 목표를 위한 단계적 과정으로 동등성에 기초한 연방주의적 대안들을 모색한 것은 현재 한반도 평화 프로세스의 부침을 평가하는 데서도 유의미하다. 따라서 상이한 체제를 가진 비대칭적 정치체들의 평화공존에 대한 전제조건, 방법들에 대한 탐색으로써, 1950년대 북한의 '평화통일' 담론과의 대화는 평화공존의 방식, 순서, 세부 접근들을 남북한이 함께 상상하는 데 중요한 자산이 될 것이다.

참고문헌

제1부 제1장 감정과 전략: 한국전쟁의 경우

Acheson, Dean. 1953. *Papers of Dean Acheson: Princeton Seminars. Independence*, Mo.: Harry S. Truman Library.

____. 1969. *Present at the Creation: My Years in the State Department*. New York: Norton.

Adenauer, Konrad. 1966. *Memoirs 1945-1953*. Translated by Beate Ruhm von Oppen. Chicago: Henry Regnery.

Barnes, Robert. 2010. Branding an Aggressor: The Commonwealth, the United Nations and Chinese Intervention in the Korean War, November 1950-January 1951. *Journal of Strategic Studies* 33 (2): 231-53.

Barsky, Adam, Seth A. Kaplan, and Daniel J. Beal. 2011. Just Feelings? The Role of Affect in the Formation of Organizational Fairness Judgments. *Journal of Management* 37 (1): 248-79.

Bechara, Antoine, and Antonio R. Damasio. 2005. The Somatic Marker Hypothesis: A Neural Theory of Economic Decision. *Games and Economic Behavior* 52 (2): 336-72.

Beisner, Robert L. 2006. *Dean Acheson: A Life in the Cold War*. Oxford, UK: Oxford University Press.

Belmonte, Laura. 1995. Anglo-American Relations and the Dismissal of MacArthur. *Diplomatic History* 19 (4): 641-67.

Bem, Daryl J. 1972. Self-Perception Theory. In *Advances in Experimental Social Psychology*, edited by Leonard Berkowitz, Vol. 6, 1-62. New York: Academic Press.

Bleiker, Roland, and Emma Hutchison. 2008. Fear No More: Emotions and World Politics. *Review of International Studies* 34 (suppl. S1): 115-35.

Bradley, Omar N., and Clay Blair. 1983. *A General's Life: An Autobiography*. New York: Simon and Schuster.

Casey, Steven. 2008. *Selling the Korean War: Propaganda, Politics, and Public Opinion in the United States, 1950-1953*. Oxford, UK: Oxford University Press.

Christensen, Thomas J. 1996. *Useful Adversaries: Grand Strategy, Domestic Mobilization, and Sino-American Conflict, 1947-1958*. Princeton, N.J.: Princeton University Press.

____. 2011. *Worse than a Monolith: Alliance Politics and Problems of Coercive Diplomacy in Asia*. Princeton, N.J.: Princeton University Press.

Clore, Gerald L., and Karen Gasper. 2000. Feeling Is Believing: Some Affective Influences on Belief. In *Emotions and Beliefs: How Feelings Influence Thoughts*, edited by Nico H. Frijda, Antony S.R. Manstead, and Sacha Bem, 10–44. Cambridge, UK: Cambridge University Press.

Crane, Conrad C. 2000. To Avert Impending Disaster: American Military Plans to Use Atomic Weapons During the Korean War. *Journal of Strategic Studies* 23 (2): 72–88.

Damasio, Antonio R. 1994. *Descartes' Error: Emotion, Reason, and the Human Brain*. New York: Penguin.

Dawes, Robyn M. 1998. Behavioral Decision Making and Judgment. In *The Handbook of Social Psychology*, edited by Daniel T. Gilbert, Susan T. Fiske, and Gardner Lindzey, 4th ed., Vol. 1, 497–548. New York: McGraw-Hill.

Dockrill, Saki. 1991. *Britain's Policy for West German Rearmament, 1950–1955*. Cambridge, UK: Cambridge University Press.

Duelfer, Charles A., and Stephen Benedict Dyson. 2011. Chronic Misperception and International Conflict: The U.S.-Iraq Experience. *International Security* 36 (1): 73–100.

Elsey Papers. 1950a. *Telegram Extract, John Foster Dulles and John Allison to Dean Acheson and Dean Rusk*, 25 June 1950. Available at 〈http://www.trumanlibrary.org/whistlestop/study_collections.koreanwar/documents/index.php?documentdate=1950-06-25&documentid=ki-1-6&pagenumber=1〉. Accessed 12 February 2012.

____. 1950b. *Notes Regarding Meeting with Congressional Leaders*, 27 June 1950. Available at 〈http://www.trumanlibrary.org/whistlestop/study_collections/koreanwar/documents/index.php?documentdate=1950-06-27&documentid=ki-2-40&pagenumber=1〉. Accessed 12 February 2012.

Elster, Jon. 1986. Introduction. In *Rational Choice*, edited by Jon Elster, 1–33. New York: New York University Press.

____. 2004. Emotions and Rationality. In *Feelings and Emotions: The Amsterdam Symposium*, edited by Antony S.R. Manstead, Nico Frijda, and Agneta Fischer, 30–48. Cambridge, UK: Cambridge University Press.

Eznack, Lucile. 2011. Crises as Signals of Strength: The Significance of Affect in Close Allies' Relationships. *Security Studies* 20 (2): 238–65.

Farrar-Hockley, Anthony. 1990. *The British Part in the Korean War*. Vol. 1, *A Distant Obligation*. London: HMSO.

Fearon, James D. 1994. Domestic Political Audiences and the Escalation of International Disputes. *American Political Science Review* 88 (3): 577–92.

____. 1995. Rationalist Explanations for War. *International Organization* 49 (3): 379–414.

Ferrell, Robert H., ed. 1983. *Dear Bess: The Letters from Harry to Bess Truman, 1910–1959*. New York: Norton.

Fielder, Klaus, and Herbert Bless. 2000. The Formation of Beliefs at the Interface of Affective and Cognitive Processes. In *Emotions and Beliefs: How Feelings Influence Thoughts*, edited by Nico H. Frijda, Antony S. R. Manstead, and Sacha Bem, 144–70. Cambridge, UK: Cambridge University Press.

Granieri, Ronald J. 2003. *The Ambivalent Alliance: Konrad Adenauer, the CDU/CSU, and the West, 1949–1966*. New York: Berghahn Books.

Grey, Jeffrey. 1988. *The Commonwealth Armies and the Korean War: An Alliance Study*. Manchester, UK: Manchester University Press.

Guisinger, Alexandra, and Alastair Smith. 2002. Honest Threats: The Interaction of Reputation and Political Institutions in International Crises. *Journal of Conflict Resolution* 46 (2): 175–200.

Haidt, Jonathan. 2012. *The Righteous Mind: Why Good People Are Divided by Politics and Religion*. New York: Pantheon Books.

Halberstam, David. 2007. *The Coldest Winter: America and the Korean War*. New York: Hyperion.

Huth, Paul K. 1988. *Extended Deterrence and the Prevention of War*. New Haven, Conn.: Yale University Press.

Jenkins, Adrianna C., and Jason P. Mitchell. 2011. How Has Cognitive Neuroscience Contributed to Social Psychological Theory? In *Social Neuroscience: Toward Understanding the Underpinnings of the Social Mind*, edited by Alexander Todorov, Susan T. Fiske, Deborah A. Prentice, 3–13. New York: Oxford University Press.

Jervis, Robert. 1970. *The Logic of Images in International Relations*. Princeton, N.J.: Princeton University Press.

____. 1976. *Perception and Misperception in International Politics*. Princeton, N.J.: Princeton University Press.

____. 1980. The Impact of the Korean War on the Cold War. *Journal of Conflict Resolution* 24 (4): 563–92.

Jian, Chen. 1994. *China's Road to the Korean War: The Making of the Sino-American Confrontation*. New York: Columbia University Press.

____. 2004. In the Name of Revolution: China's Road to the Korean War Revisited. In *The Korean War in World History*, edited by William Stueck, 93–125. Lexington: University Press of Kentucky.

Jones, Matthew. 2010. *After Hiroshima: The United States, Race and Nuclear Weapons in Asia, 1945–1965*. New York: Cambridge University Press.

Kahneman, Daniel. 2000a. Preface. In *Choices, Values, and Frames*, edited by Daniel Kahneman and Amos Tversky, ix–xvii. New York: Cambridge University Press, Russell Sage Foundation.

____. 2000b. New Challenges to the Rationality Assumption. In *Choices, Values, and Frames*, edited by Daniel Kahneman and Amos Tversky, 758–74. New York: Cambridge University Press, Russell Sage Foundation.

Kahneman, Daniel, and Alan B. Krueger. 2006. Developments in the Measurement of Subjective Well-Being. *Journal of Economic Perspectives* 20 (1): 3–24.

Kier, Elizabeth. 2010. War and Reform: Gaining Labor's Compliance on the Homefront. In *In War's Wake: International Conflict and the Fate of Liberal Democracy*, edited by Elizabeth Kier and Ronald R. Krebs, 139–61. New York: Cambridge University Press.

Kim, Donggil. 2010. The Crucial Issues of the Early Cold War: Stalin and the Chinese Civil War. *Cold War History* 10 (2):185–202.

King, William. 1950. *The Diaries of William Lyon Mackenzie King*. Available at ⟨http://collectionscanada.gc.ca/databases/king/index-e.html⟩. Accessed on 12 February 2012.

Kirkpatrick, Ivone. 1959. *The Inner Circle: The Memoirs of Ivone Kirkpatrick*. London: Macmillan.

Kydd, Andrew H. 2005. *Trust and Mistrust in International Relations*. Princeton, N.J.: Princeton University Press.

Larson, Deborah Welch. 1985. *Origins of Containment: A Psychological Explanation*. Princeton, N.J.: Princeton University Press.

____. 2003. Truman and the Berlin Blockade: The Role of Intuition and Experience in Good Foreign Policy Judgment. In *Good Judgment in Foreign Policy: Theory and Application*, edited by Stanley A. Renshon and Deborah Welch Larson, 127–52. Lanham, Md.: Rowman and Littlefield.

____. 2007. Review. In *Dean Acheson: A Life in the Cold War Roundtable, H-Diplo Roundtable Review*, edited by Thomas Maddux (14 March 2007), 14–19. Available at ⟨http://www.h-net.org/~diplo/roundtables/PDF0Beisner-AchesonRoundtable.pdf⟩. Accessed on 12 February 2012.

____. 2011. The Origins of Commitment: Truman and West Berlin. *Journal of Cold War Studies* 13 (1): 180–212.

Lebow, Richard Ned. 1981. *Between Peace and War*. Baltimore: Johns Hopkins University Press.

Matray, James I. 2011. Korea's War at Sixty: A Survey of the Literature. *Cold War History* 11 (1): 99–129.

May, Ernest R. 1962. The Nature of Foreign Policy: The Calculated Versus the Axiomatic. *Daedalus* 91 (4): 653–67.

McDermott, Rose. 2004. The Feeling of Rationality: The Meaning of Neuroscientific Advances for Political Science. *Perspectives on Politics* 2 (4): 691–706.

McMahon, Robert J. 1981. *Colonialism and Cold War: The United States and the Struggle for Indonesian Independence, 1945–49.* Ithaca, N.Y.: Cornell University Press.

Mercer, Jonathan. 2005. Rationality and Psychology in International Politics. *International Organization* 59 (1): 77–106.

____. 2010. Emotional Beliefs. *International Organization* 64 (1): 1–31.

____. 2012. Audience Costs Are Toys. *Security Studies* 21 (3): 398–404.

Midtgaard, Kristine. 2011. National Security and the Choice of International Humanitarian Aid: Denmark and the Korean War, 1950–1953. *Journal of Cold War Studies* 13 (2): 148–74.

Millett, Allan R. 2010. *The War for Korea, 1950–1951: They Came from the North.* Lawrence: University Press of Kansas.

Ochsner, Kevin N., and Matthew D. Lieberman. 2001. The Emergence of Social Cognitive Neuroscience. *American Psychologist* 56 (9): 717–34.

Ovodenko, Alexander. 2007. (Mis)interpreting Threats: A Case Study of the Korean War. *Security Studies* 16 (2): 254–86.

Paige, Glenn D. 1968. *The Korean Decision.* New York: Free Press.

Parsons, Craig. 2003. *A Certain Idea of Europe.* Ithaca, N.Y.: Cornell University Press.

Rathbun, Brian C. 2011. Before Hegemony: Generalized Trust and the Creation and Design of International Security Organizations. *International Organization* 65 (2): 243–73.

Rosen, Stephen P. 2005. *War and Human Nature.* Princeton, N.J.: Princeton University Press.

Sartori, Anne E. 2005. *Deterrence by Diplomacy.* Princeton, N.J.: Princeton University Press.

Schelling, Thomas C. 1960. *The Strategy of Conflict.* Cambridge, Mass.: Harvard University Press.

____. 1966. *Arms and Influence.* New Haven, Conn.: Yale University Press.

Schnabel, James F., and Robert J. Watson. 1979. *The History of the Joint Chiefs of Staff. The Joint Chiefs of Staff and National Policy: The Korean War,* Vol. 3, Part 1. Wilmington, Del.: Scholarly Resources.

Shen, Zhihua. 2010. China and the Dispatch of the Soviet Air Force: The Formation of the Chinese-Soviet-Korean Alliance in the Early Stage of the Korean War. *Journal of Strategic Studies* 33 (2): 211–30.

Slantchev, Branislav L. 2010. Feigning Weakness. *International Organization* 64 (3): 357–88.

Stairs, Denis. 1974. *The Diplomacy of Constraint: Canada, the Korean War, and the United States.* Toronto: University of Toronto Press.

Stueck, William. 1981. *The Road to Confrontation: American Policy Toward China and Korea, 1947–1950.* Chapel Hill: University of North Carolina Press.

____. 1995. *The Korean War: An International History.* Princeton, N.J.: Princeton University Press.

____. 2002. *Rethinking the Korean War: A New Diplomatic and Strategic History*. Princeton, N.J.: Princeton University Press.

Stueck, William, and Boram Yi. 2010. "An Alliance Forged in Blood": The American Occupation of Korea, the Korean War, and the U.S.-South Korean Alliance. *Journal of Strategic Studies* 33 (2): 177–209.

Tetlock, Philip E. 1999. Theory-Driven Reasoning About Possible Pasts and Probable Futures in World Politics: Are We Prisoners of Our Preconceptions? *American Journal of Political Science* 43 (2): 335–66.

Tomz, Michael. 2007. Domestic Audience Costs in International Relations: An Experimental Approach. *International Organization* 61 (4): 821–40.

Twomey, Christopher P. 2010. *The Military Lens: Doctrinal Difference and Deterrence Failure in Sino-American Relations*. Ithaca, N.Y.: Cornell University Press.

U.S. Central Intelligence Agency. 1949. *Consequences of U.S. Troop Withdrawal from Korea in Spring, 1949. 28 February 1949*. Available at 〈http://www.foia.cia.gov/KoreanWar/EstimatesMisc/NIEEstimates/1949-02-28.pdf〉. Accessed 12 February 2012.

____. 1950a. *Current Capabilities of the Northern Korean Regime. 19 June 1950*. Available at 〈http://www.foia.cia.gov/KoreanWar/EstimatesMisc/NIEEstimates/1950-06-19.pdf〉. Accessed 12 February 2012.

____. 1950b. *Propaganda Possibilities in the Korean Situation, CIA Research Reports Japan, Korea, and the Security of Asia, 1946–1976: Intelligence Memorandum*, Number 334, 2 October 1950. Reel 4, 54–74.

____. 1950c. *Estimate of Intentions in FE. 12 October 1950*. Available at 〈http://www.foia.cia.gov/KoreanWar/EstimatesMisc/NIEEstimates/1950-10-12.pdf〉. Accessed 12 February 2012.

U.S. Department of State. 1950a. Intelligence Estimate, 25 June 1950. In *Foreign Relations of the United States, 1950*. Vol. 7, Korea, 148–54. Washington, D.C.: U.S. Government Printing Office.

____. 1950b. Memorandum of Conversations, by Mr. Charles P. Noyes, Adviser on Security Council Affairs, United States Mission at the United Nations, 25 June 1950. In *Foreign Relations of the United States, 1950*. Vol. 7, Korea, 144–47. Washington, D.C.: U.S. Government Printing Office.

____. 1950c. The Ambassador in France (Bruce) to the Secretary of State, 26 June 1950. In *Foreign Relations of the United States, 1950*. Vol. 7, Korea, 175–76. Washington, D.C.: U.S. Government Printing Office.

____. 1950d. The United States Representative at the United Nations (Austin) to the Secretary of State, 26 June 1950. In *Foreign Relations of the United States, 1950*. Vol. 7, Korea, 188–93. Washington, D.C.: U.S. Government Printing Office.

____. 1950e. The Ambassador in the Netherlands (Chapin) to the Secretary of State, 26

June 1950. In *Foreign Relations of the United States, 1950*. Vol. 7, Korea, 185–86. Washington, D.C.: U.S. Government Printing Office.

_____. 1950f. Memorandum of Conversation, by Mr. John M. Allison of the United States Delegation to the United Nations General Assembly, 4 October 1950. In *Foreign Relations of the United States, 1950*. Vol. 7, Korea, 868–69. Washington, D.C.: U.S. Government Printing Office.

_____. 1950g. The Secretary of State to the Embassy in the United Kingdom, 6 November 1950. In *Foreign Relations of the United States, 1950*. Vol. 7, Korea, 1050–53. Washington, D.C.: U.S. Government Printing Office.

_____. 1950h. The Secretary of State to the Embassy in the United Kingdom, 24 November 1950. In *Foreign Relations of the United States, 1950*. Vol. 7, Korea, 1228–29. Washington, D.C.: U.S. Government Printing Office.

_____. 1950i. *Acheson Papers, Memorandum of Conversation, 26 June 1950*. Available at 〈http://www.trumanlibrary.org/whistlestop/study_collections/koreanwar/documents/index+php?documentdate=1950-06-26&documentid=ki-12-3&pagenumber1〉. Accessed 12 February 2012.

Walter, Barbara F. 2009. *Reputation and Civil War: Why Separatist Conflicts Are So Violent*. New York: Cambridge University Press.

Weathersby, Kathryn. 2004. The Soviet Role in the Korean War. In *The Korean War in World History*, edited by William Stueck, 61–92. Lexington: University Press of Kentucky.

Werth, Alexander. 1956. *France 1940–1955*. New York: Henry Holt.

Willis, F. Roy. 1968. *France, Germany, and the New Europe 1945–1967*. Stanford, Calif.: Stanford University Press.

Zaki, Jamil, and Kevin Ochsner. 2011. You, Me, and My Brain: Self and Other Representations in Social Cognitive Neuroscience. In *Social Neuroscience: Toward Understanding the Underpinnings of the Social Mind*, edited by Alexander Todorov, Susan T. Fiske, Deborah A. Prentice, 14–39. Oxford, UK: Oxford University Press.

Zhang, Li. 2011. Reputation and War. Ph.D. diss., Harvard University, Cambridge, Mass.

Zhang, Shu Guang. 1995. *Mao's Military Romanticism: China and the Korean War, 1950–1953*. Lawrence: University Press of Kansas.

제1부 제2장 북·미 관계의 감정사(感情史): 북한의 미국 재현과 미국의 북한 인식

1. 북한자료

김정일, 1992, 『주체문학론』, 조선로동당출판사.

백보흠·송상원, 1997, 『영생』, 문학예술종합출판사.

송상원, 2002, 『총검을 들고』, 문학예술종합출판사.

정기종, 1998, 『력사의 대하』, 문학예술종합출판사.
Kim Jong Il. 1989. *On the Art of Cinema*. Pyongyang: Foreign Languages Publishing House.

리갑기, 1950, 「두세계 – 삼팔월경록」, 『문학예술』 3호.
리북명, 1951, 「악마」, 『문학예술』 1호.
림길명, 2018, 「백사장의 붉은 노을」, 『조선문학』 8호.
엘리쓰 뜨라또와, 1950, 「戰后各國文學界의 動向, 米國文藝學에있어서의 反動的傾向」, 한재호 역, 『문학예술』 2호.
한설야, 1951, 「승냥이」, 『문학예술』 1호.
한식, 1950, 「로동계급과 문학 – 오·일절을 맞이하여」, 『문학예술』 3호.

2. 단행본

김재용, 1994, 『북한 문학의 역사적 이해』, 문학과지성사.
리언 시걸, 1999, 『미국은 협력하려 하지 않았다 – 북한과 미국의 핵외교』, 구갑우·김갑식·윤여령 역, 사회평론(Sigal, Leon V. 1997, Disarming Strangers: Nuclear Diplomacy with North Korea, Princeton University Press)
신형기·오성호, 2000, 『북한문학사–항일혁명문학에서 주체문학까지』, 평민사.
이종석, 2000, 『새로 쓴 현대북한의 이해』, 역사비평사.
조지 카치아피카스, 1999, 『신좌파의 상상력 – 세계적 차원에서 본 1968』, 이재원·이종태 역, 이후(Katsiaficas, George. 1987, *The Imagination of the New Left: A Global Anaysis of 1968*. Boston, MA: South End Press)
황장엽, 1999, 『나는 역사의 진리를 보았다』, 한울.

Ariffin, Yohan; Jean-Marc Coicaud; and Vesselin Popovski, eds. 2017. *Emotions in International Politics: Beyond Mainstream International Relations*. New York: Cambridge University Press.
Cha, Victor. 2012. *The Impossible State: North Korea, Past and Future*. New York: Harper Collins Publishers.
Flaubert, Gustave. 1982. *The Letters of Gustave Flaubert*, Vol. 2, Edited and translated by Francis Steegmuller, Cambridge, MA: The Belknap Press of Harvard University Press.
Freedman, Lawrence. 2004. *Deterrence*. Malden, MA: Polity.
Frevert, Ute. 2011. *Emotions in History: Lost and Found*. Budapest: Central European University Press.
Hassig, Ralph. and Kongdan Oh. 2009. *The Hidden People of North Korea: Everyday Life in the Hermit Kingdom*, Lanham, MD: Rowman & Littlefield Publishers.
Mead, Walter R. 2002. *Special Providence: American Foreign Policy and How It Changed the World*. New York: Routledge.

Myers, B. R. 2010. *The Cleanest Race: How North Koreans See Themselves and Why It Matters*. Brooklyn: Melville House.

Plamper, Jan. 2012. *The History of Emotions: An Introduction*. Translated by K. Trib. Oxford: Oxford University Press.

Pollock, Ethan. 2006. *Stalin and The Soviet Science Wars*. Princeton: Princeton University Press.

Seligman, Martin E. P. 2011. *Flourish: A Visionary New Understanding of Happiness and Well-Being*. New York: Free Press.

Virilio, Paul. 2005. *Desert Screen: War at the Speed of Light*, Translated by M. Degener, New York: Continuum.

和田春樹, 1998, 『北朝鮮 : 遊擊隊國家の現在』, 東京 : 岩波書店.

3. 논문 및 신문·잡지 기사

김동엽, 2019, 「김정은 시대 북한의 군사분야 변화와 전망」, 『경제와 사회』 122호, 76~103쪽.

김성희, 2015, 「두 가지 힘 개념과 미국의 북한학 : 북한학의 마키아벨리주의와 스피노자주의」, 『사이間SAI』18호, 311∽341쪽.

김성희, 2021, 「평양으로 간 블랙팬서」, 『교수신문』, 2021년 4월 27일.

연합뉴스, 2015,「북한, 한설야 소설 '승냥이' 연극화... '반미·반종교' 고취」, 『연합뉴스』2015년 8월 31일.

오태호, 2014, 「북한문학에 나타난 미국표상의 시대별 고찰」, 『한국근대문학연구』 29호, 85~115쪽.

Anderson, Perry. 2013. "Consilium," *New Left Review*, pp. 113-167.

Anthony, Dick. 1999. "Pseudoscience and Minority Religions: An Evaluation of the Brainwashing Theories of Jean-Marie Abgrall," Social Justice Research, pp 421-456.

Crawford, Neta C. 2000. "The Passion of World Politics: Propositions on Emotion and Emotional Relationships," International Security, pp. 116-156.

Damasio, A. R.; D. Tranel; and H. C. Damasio. 1991. "Somatic Markers and the Guidance of Behavior: Theory and Preliminary Testing." In H. S. Levin; H. M. Eisenberg; and A. L. Benton, eds. *Frontal Lobe Function and Dysfunction*. New York: Oxford University Press, pp. 217-229.

Fink, Steven. 2017. "Settlement Reached in C.I.A. Torture Case," The New York Times, August 17, 2017. Retrieved from https://www.nytimes.com/2017/08/17/us/cia-torture-lawsuit-settlement.html.

Greenberg, Gary. 2010. "The War on Unhappiness: Goodbye Freud, Hello Positive Thinking." *Harper's Magazine*, pp. 27-35.

Hutchison, Emma and Roland Bleiker. 2014. "Theorizing Emotions in World Politics," *International Theory*, Vol. 6, No. 3, pp. 491-514.

Mead, Walter R. 2017, "The Jacksonian Revolt: American Populism and the Liberal Order," *Foreign Affairs*. Retrieved from https://www.foreignaffairs.com/articles/united-states/2017-01-20/jacksonian-revolt.

Mercer, Jonathan. 2000. "Rationality and Psychology in International Politics," *International Organization*, pp. 77-106.

Scales, Robert. H. 2006. "Clausewitz and World War IV," *Armed Forces Journal*. Retrieved from http://armedforcesjournal.com/clausewitz-and-world-war-iv/

Seligman, Martin E. P. 1972. "Learned Helplessness," *Annual Review of Medicine*, pp. 407-412.

Weiner, Tim. 2008. "Mind Game: Remembering Brainwashing," The New York Times. Retrieved from https://www.nytimes.com/2008/07/06/weekinreview/06weiner.html.

Young, Benjamin. 2015. "Juche in the United States: The Black Panther Party's Relations with North Korea, 1969-1971," *Japan Focus: The Asia-Pacific Journal*, Volume 13, Issue 13, Number 3, Article ID 4303.

제2부 제3장 독일 통일 30주년과 사회통합: 이주민에 대한 동-서독 지역 차이와 지배문화

Ahbe, Thomas. 2005. *Ostalgie: Zum Umgang mit der DDR-Vergangenheit in den 1990er Jahren*. Erfurt: Landeszentrale für politische Bildung Thüringen.

Behrends, Jan C. and Patrice G. Poutrus. 2006. "Xenophobia in the former GDR: explorations and explanations from a historical perspective." In Wojciech Burszt, Sebastian Wojciechowski and Tomasz Kamusella, eds. *Nationalisms across the Globe: An Overview of Nationalisms in State-endowed and Stateless Nations*, 155-170. Poznań: Wyższa Szkoła Nauk Humanistycznych i Dziennikarstwa.

Bertelsmann Stiftung. *2015. Willkommenskultur in Deutschland: Entwicklungen und Herausforderung*. TNS Emnid im Auftrag der Bertelsmann Stiftung.

BMWi (Bundesministerium für Wirtschaft und Energie). 2020. *Jahresbericht zum der deutschen Einheit 2020*. Bundesministerium für Wirtschaft und Energie.

Britsche, Frank. 2020. „Alles vereint? 30 Jahre deutsche Einheit" Bundeszentrale für politische Bildung. *Themenblätter im Unterricht*, 124.

Bundesamt für Migration und Flüchtlinge. 2016. *Das Bundesamt in Zahlen 2015*.

Bundesministerium des Innern, für Bau und Heimat (BMI). 2020. *Abschlussbericht der Kommission ‚30 Jahre Friedliche Revolution und Deutsche Einheit.‘* Berlin: Bundesministerium des Innern, für Bau und Heimat.

Bundeszentral für politische Bildung. 2021. *Datenreport 2021: Ein Sozial-bericht für die Bundesrepublik Deutschland*. Statistiches Bundesamt (Destatis), Wissenschaftszentrum Berlin für Sozialforschung, Bundesinstitut für Bevölkerungsforschung.

Christ, Peter and Ralf Neubauer. 1993. *Kolonie im eigenen Land: Die Treuhand, Bonn und die Wirtschaftskatastrophe der fünf Bundesländer*. Rowohlt Tb.

Engler, Wolfgang and Jana Hensel. 2018. *Wer Wir Sind: Die Erfahrung, ostdeutsch zu sein.* Berlin: Aufbau.

Faus, Jana und Mattias Hartl & Kai Unzicker. 2020. *30 Jahre Deutsche Einheit: Gesellschaftlicher Zusammenhalt im vereinten Deutschland.* Bertelsmann Stiftung.

Foroutan, Naika and Frank Kater, Coskun Canan, Mara Simon. 2019. *Ost-Migrantische Analogien 1.* DeZIM.

Grabka, Markus M. 2014. "Private Vermögen in Ost- und Westdeutschlandgleichen sich nur langsam an" DIW Wochenbericht.

Klein, Anna and Wilhelm Heitmeyer. 2009. "Ost-westdeutsche Integrationsbilanz." In *Politik und Zeitgeschichte*, 28, 16 – 21.

Kollmorgen, Raj. 2010. "Diskurs der deutschen Einheit." *Aus Politilk und Zeitgeschichte* 30-31, 6-13.

Köpping, Petra. 2018. *Integriert doch erste mal uns!: Eine Streitschrift für den Osten.* Berlin: Christopher Links Verlag GmbH.

Lewicki, Aleksandra. 2018. "Race, Islamophobia and the politics of citizenship in post-unification Germany." *Patterns of Prejudice* 52, No. 5, 496-512.

Maaz, Hans-Joachim. 1992. *Der Gefühlsstau: Ein Psychogramm der DDR.* Berlin; Argon Sauerländer.

Mannewitz, Tom, Florian Ranft and Tom Thieme. 2020. "Identitäten und Anerkennungen im Vereinigungsprozess" in *Abschlussbericht der Kommission ‚30 Jahre Friedliche Revolution und Deutsche Einheit.'* Berlin: Bundesministerium des Innern, für Bau und Heimat.

Pates, Rebecca & Maximillian Schochow. 2013. *Der ‚Ossi': Mikropolitische Studien über einen symbolischen Ausländer*, Berlin: Springer.

Pinkert, Anna. 2002. "Postcolonial Legacies: The Rhetoric of Race in the East/West German National Debate of the Late 1990s." *The Journal of the Midwerst Modern Language Association* 35. No. 2. 13-32.

Pollack D. 1997. 'Das Bedürfnis nach sozialer Anerkennung: der Wandel der Akzeptanz von Demokratie und Marktwirtschaft in Ostdeutschland.' *Aus Politik und Zeitgeschichte* 13: 3-14.

Rommelspacher, Birgit. 1995. Dominanzkultur: Texte zu Fremdheit und Macht. Berlin: Orlanda Frauenverlag.

Rommelspacher, Birgit. 2002. *Anerkennung und Ausgrenzung: Deutschland als multikulturelle Gesellschaft.* Frankfurt a. M, New York: Campus.

Schröder, Wolfgang & Daniel Buhr. 2020. "Dynamiken, Steuerungen und zukünftige Gestaltungschancen von Revolution, Transformation und Vereinigung" in Bundesministerium des Innern, für Bau und Heimat. *Abschlussbericht der Kommission ‚30 Jahre Friedliche Revolution und Deutsche Einheit.'* Berlin: Bundesministerium des Innern, für Bau und Heimat

Shoshan, Nitzan. 2016. *The Management of Hate: Nation, Affect, and the Governance of Right- wing Extremism in Germany*. Princeton, NJ and Oxford: Princeton University Press.

Trommsdorff, Gisela und Hans-Joachim Kornadt. 2001. Innere Einheit im vereinigten Deutschland? Psychologische Prozesse beim sozialen Wandelt. In Hans Bertram eds. Die Transformation Ostdeutschlands. Opladen: Leske & Budrich. pp. 365-387.

Weisskircher, Manes. 2020. "The Strength of Far-Right AfD in Eastern Germany: The East-West Divide and the Multiple Causes behind 'Populism'." The Political Quarterly 91. No. 3. 614-622.

김누리 외 지음. 2009.『통일독일의 문화변동』 서울: 한울 아카데미.

김누리. 2006. "동서독 사회문화 갈등의 원인" 김누리 외 편.『머릿속의 장벽: 통일 이후 동서독 사회문화 갈등』, 28-62. 파주: 한울 아카데미.

박종철·신종호·김성진·김학성·손기영. 2015.『통일 이후 국가정체성 형성방안: 이론과 사례연구 중심』 통일연구원.

송태수. 2009. "독일 통일과정의 사회갈등과 거버넌스: 신탁청의 구 동독 경제재편 문제 고찰"『국정관리연구』 4권 2호. 161-197.

이동기. 2009. "독일 분단과 통일과정에서의 '탈민족' 담론과 정치."『통일과 평화』2호, 162-198.

이동기. 2016. "독일통일 후 동독정체성: 오스탈기는 통합의 걸림돌인가?"『역사와 세계』 50호. 29-61.

잉그리트 미테. 2020. "동-서독의 차이와 지배문화: 독일 통일 30년의 재평가를 위한 제언."『경제와 사회』 125호. 162-188.

제2부 제4장 독일 통일 후 동독 출신자의 지각된 차별감과 통일에 대한 태도

1. 국내 자료

• 단행본

김누리 외,『통일독일의 문화변동 :동독의 귀환, 신독일의 출범』(파주: 한울아카 데미, 2009).

손선홍,『독일통일 한국통일』(서울: 늘플러스, 2009).

이기식,『독일통일 25년 후』(서울: 고려대학교출판문화원, 2016).

이소래,「남한이주 북한이탈주민의 문화적응스트레스에 관한 연구」(이화여자대 학교 석사학위논문, 1996).

이영란, "동독인의 상대적 박탈감,"『머릿속의 장벽: 통일 이후 동서독 사회문화 갈등』, 김누리 편저 (서울: 한울아카데미, 2006).

• 논문

고상두, "통일이후 사회통합 수준에 대한 동서독 지역주민의 인식,"『유럽연구』, 제28권 2호(2010), 269~288쪽.

김누리, "독일통일 3대 신화: 독일통일 30년과 한반도," 『통일인문학』, 제84권 (2020), 117~151쪽.
김상철, "독일 통일 후 구 동독지역의 사회정책과 사회통합," 『질서경제저널』, 제22권 2호(2019), 1~29쪽.
양계민, "현실갈등인식과 지각된 경제수준이 이주노동자에 대한 태도에 미치는 영향: 주관적 안녕감의 상호작용효과를 중심으로," 『한국심리학회지: 사 회 및 성격』, 제24권 1호(2010), 111~28쪽.
양계민, "통일이후 독일주민의 이주민에 대한 태도: 삶의 만족도와 스트레스의 영향을 중심으로," 『북한연구학회보』, 제21권 1호(2017), 81~114쪽.
양계민, "남북통일의 사회적 부담 인식이 통일에 대한 지지에 미치는 영향: 세대 별 독일통일에 대한 인식의 조절효과를 중심으로," 『현대북한연구』, 제 22권 2호(2019), 47~86쪽.

양계민·이우영, "북한이탈주민이 다문화집단에 대해 느끼는 현실갈등인식이 삶 의 만족에 미치는 영향: 지각된 차별감의 매개효과를 중심으로," 『한국 심리학회지: 사회 및 성격』(2016), 제30권 1호. 131~152쪽.
이동기, "독일통일 후 동독정체성: 오스탈기는 통합의 걸림돌인가?" 『역사와 세 계』, 제50호(2016), 29~61쪽.
이영란, "집단적 아이덴티티와 고정관념에 대한 연구: 동독지역 고등학생들의 집단적 아이덴티티 형성을 중심으로," 『경제와사회』, 제9권(2005), 272~ 297쪽.
_____. "통일이후 동독지역 주민의 상대적 박탈감: 포커스인터뷰 분석을 중심으 로," 『한국사회학』, 제39권 1호(2005), 137~165쪽.

• 기타 자료

"통일 30주년 독일은 지금," 『시사인』, 2019년 7월 31일.

2. 국외 자료

• 단행본

Eid, M., M. Gollwitzer and M. Schmitt, *Statistik und Forschungsmethoden Lehrbuch*(-Weinheim: Beltz, 2011).
Rogenberg, M. *Society and adolescent Self-Image*(Princeton, NJ: Princeton University Press, 1965).
Rolf Reiβig, "Die gespaltene Vereinigungsgesellschafts"(Dietz Verlag, 2001).

• 논문

Bogardus, E. S. "Measuring social distances," *Journal of Applied Sociology*, Vol.9, pp.299~308(1925).
Crocker, J. and B. Major, "Social stigma and self-esteem: The self-protective properties of stigma," *Psychological Review*, Vol.96(1989), pp.608~630.
Croker, J., B. Cornwell and B. Major, "The stigma of overweight: Affective consequenc-

es of attributional ambiguity," *Journal of Personality and Social Psychology*, Vol.64(1993), pp.60~70.

K arlsen, S. and J. Y. Nazroo. "Relation between racial discrimination, social class, and health among ethnic minority groups," *American Journal of Public Health*, Vol.92(2002), pp.624~631.

Kessler, R. C., K. D. Mickelson and D. R. Williams, "The prevalence, distribution, and mental health correlates of perceived discrimination in the United States," *Journal of Health and Social Behavior*, Vol.40(1999), pp. 208~230.

Major, B., "From social inequality to personal entitlement: The role of social comparisons, legitimacy appraisals and group membership," in M. P. Zanna(eds.), *Advances in Experimental social psychology*, Vol.26(1994), pp.293~348.

Noh, S., M. Beiser, V. Kaspar, F. Hou and J. Rummens, "Perceived racial discrimination, depression and coping: A study of Southeast Asian refugees in Canada," *Journal of Health and Social Behavior*, Vol.40(1999), pp.193~207.

Ruggiero, M. and D. M. Taylor, "Coping with discrimination; How disadvantaged group members perceive the discrimination that confronts them," *Journal of Personality and Social Psychology*, Vol.68(1995), pp. 826~838.

_____, "Why minority group members perceive or do not perceive the discrimination that confronts them: The role of self-esteem and perceived control," *Journal of Personality and Social Psychology*, Vol.72 (1997), pp.373~389.

Turner, J. C. and R. Brown, "Social status, cognitive alternatives and intergroup relations," in H. Tajfel(ed.), *Differentiation between social groups: Studies in the social psychology of intergroup relations* (London: Academic Press, 1978), pp.235~250.

• 기타 자료

Claus, Detjen, Die anderen Deutschen: Wie der Osten die Republik verändert, p.109.

W. Lenhard and A. Lenhard, "Hypothesis Tests for Comparing Correlations," *Psychometrica* (2014), https://www.psychometrica.de/correlation.html(검색일: 2021년 5월 10일).

Rösel, F., Die Wucht der deutschen Teilung wird völlig unterschätzt, ifo Dresden berichtet, 3(2019).

제2부 제5장 아프리카인들 갈등과 통합: 과도기 정의와 국제인도주의 시선

송영훈·조원빈·김동석. 2015. 〈아프리카 과도기 정의와 민주주의 발전: 한국 외교 전략의 함의〉. 외교부 연구용역 보고서.

Bradley, Megan. 2009. "Redressing Refugees: The Emergence of International Norms on Reparations for Returnees." Paper prepared for the Annual Convention of the International Studies Association, New York, February 15–18.

Bradley, Megan. 2013. "Truth-Telling and Displacement: Patterns and Prospects." Research Brief, Brookings-LSE Project on Internal Displacement (June).

Brookings-Bern Project on Internal Displacement. 2010. IASC Framework on Durable Solutions for Internally Displaced Persons. Washington, DC: Brookings Institution and University of Bern. Available at http://www.brookings.edu/reports/ 2010/04_durable_solutions.aspx.

Chimni, B. S. 2003. "Post-conflict Peace-Building and the Return of Refugees: Concepts, Practices, and Institutions." In Refugees and Forced Displacement: International Security, Human Vulnerability, and the State, ed. Edward Newman and Joanne van Selm. Tokyo: United Nations University Press.

Christensen, Asger, and Niels Harild. 2009. "Forced Displacement: The Development Challenge." Washington, DC: World Bank, December. pp. 11–12.

De Greiff, Pablo. 2006. "Repairing the Past: Compensation for Victims of Human Rights Violations." In The Handbook of Reparations, ed. New York: Oxford University.

Mamdani, Mahmoud. 1996. "Reconciliation without Justice." Southern African Review of Books No. 46 (December).

Song, Young Hoon. 2013. "International Humanitarianism and Refugee Protection: Consequences of Labeling and Politicization," Journal of International and Area Studies 20(2): 1-19.

Song, Young Hoon. 2012. "International Humanitarian Response and Militarization of Refugee and IDP Camps in Kenya and Sudan," Journal of International and Area Studies 19(1): 115-136.

Tennant, Vicky. 2009. "Return and Reintegration." In Post-conflict Peacebuilding: A Lexicon, ed. Vincent Chetail. New York: Oxford University Press.

UN Secretary-General. 2004. "The Rule of Law and Transitional Justice in Conflict and Postconflict Societies." UN Doc. S/2004/616 (3 August 2004).

United Nations Development Programme. 2003. Overview on UNDP's Involvement in the Reintegration of IDPs and Returnees in Post-Conflict Contexts. New York: UNDP.

United Nations High Commissioner for Refugees. 2004. Handbook for Repatriation and Reintegration Activities. Geneva: UNHCR.

United Nations Secretary General. 2011. "The Rule of Law and Transitional Justice in Conflict and Post-conflict Societies." United Nations Security Council S/2011/634 (October 12).

제3부 제6장 탄자니아의 두 가지 통합: 연방공화국 탄생과 사회통합정책

강원택. 2019. "제6장:정당, 선거, 의회." 『정치학의 이해』 서울대학교 정치외교학부 정치학전공 교수진 [편]. 서울: 박영사.

권유경·조혜정·김은아·김겨울. 2015. 『아프리카 국별연구 시리즈: 탄자니아』. 아프리카미래전략센터 [편]. 서울: 아프리카미래전략센터.

김광수. 2008. "탄자니아의 언어정책과 국가건설에 대한 역사적 고찰." 『한국아프리카학회지』 28권, 3-40.

김정민. 2015. 『아프리카 국별연구 시리즈: 케냐』. 아프리카미래전략센터 [편]. 서울: 아프리카미래전략센터.

안철현. 2012. "대중정당론과 원내정당론 논쟁에 대한 비판적 고찰." 『사회과학연구』 28권 4호, 117-133.

외교부. 2018. 『2018 탄자니아 개황』.

유혜림. 2019. "르완다 '포용적' 난민정책의 정치." 『한국정치연구』 28권 2호, 221-247.

주탄자니아대사관. 2014. "탄자니아 헌법 개정 동향 1~4."

한국국방연구원. 2020. "지역별 분쟁 분석자료: 우간다 내전."

한국수출입은행. 2018. 『2018 아프리카편람』. 서울: 한국수출입은행.

Babeiya, Edwin. 2016. "New Constitution-Making in Tanzania: An Examination of Actors' Roles and Influence." *African Journal of Political Science and International Relations* 10 (5), 74.

Duverger, Maurice. 1964. "Political Parties: Their Organization and Activity in the Modern State. 1954." *London & co.*

Essack, Karrim. 1994. *The Second Liberation of Africa*: Thackers Publishers.

Falola, Toyin & Kwame Essien. 2013. *Pan-Africanism, and the Politics of African Citizenship and Identity*: Routledge.

Havnevik, K.J. 1993. *Tanzania: The Limits to Development from Above*. Vol. *null*, Null.

Karugire, S.R. 1971. *A History of the Kingdom of Nkore in Western Uganda to 1896*: Fountain Publishers.

Lofchie, Michael F. 2014. *The Political Economy of Tanzania : Decline and Recovery*. 1st ed.. ed. Philadelphia: Philadelphia : PENN/University of Pennsylvania Press.

Low, Donald Anthony. 1962. *Political Parties in Uganda, 1949-62*. Vol. 8: Institute of Commonwealth Studies.

McGowan, Pat & Patrick Bolland. 1971. *The Political and Social Elite of Tanzania: An Analysis of Social Background Factors*: Program of Eastern African Studies, Syracuse University.

Mpangala, Gaudens P. 2004. Origins of Political Conflicts and Peace Building in the Great Lakes Region. Paper read at a Symposium Organized by the Command and Staff College, Arusha, held on.

Ndarubagiye, Léonce. 1996. *Burundi: The Origins of the Hutu-Tutsi Conflict*: L. Ndarubagiye.

New York Times. 1964. Tanganyika Gets New Rule Today; Nyerere and Zanzibar Head to Govern Joint State. New York Times, April 27th.

Newbury, Catharine. 1998. "Ethnicity and the Politics of History in Rwanda." *Africa Today* 45 (1), 7-24.

Pratt, Cranford. 1975. "Foreign-Policy Issues and the Emergence of Socialism in Tanzania 1961-8." *International Journal* 30 (3), 445.

Saul, John S. 2012. "Tanzania Fifty Years on (1961 – 2011): Rethinking Ujamaa, Nyerere and Socialism in Africa." *Review of African Political Economy* 39 (131), 117-125.

Shivji, I. G. 2008. *Pan-Africanism or Pragmatism: Lessons of Tanganyika – Zanzibar Union*.

Therkildsen, Ole & France Bourgouin. 2012. "Continuity and Change in Tanzania's Ruling Coalition: Legacies, Crises and Weak Productive Capacity."

Tsomondo, Micah S. 1975. "From Pan-Africanism to Socialism: The Modernization of an African Liberation Ideology." *Issue: A Journal of Opinion* 5 (4), 39-46.

Yeager, Rodger. 1982. *Tanzania, an African Experiment*. Boulder, Colo. : Hampshire, England: Boulder, Colo. : Westview Press.

제3부 제7장 '하나의 중국' 원칙과 양안(両岸)의 갈라진 마음

문흥호, 「차이잉원의 재집권과 양안관계」, 『중소연구』, 2020년 44권 2호.

박명규, 「양안에서 바라본 통일과 평화」, 박명규, 백지운 편, 『양안에서 통일과 평화를 생각하다』(서울: 진인진, 2016).

백원담, 천광싱, 「타이완과 홍콩 그리고 사상의 일대일로」, 『황해문화』, 2016년 9월.

백지운, 「양안 패러다임의 전환은 가능한가」, 박명규, 백지운 편, 『양안에서 통일과 평화를 생각하다』(서울: 진인진, 2016).

쉬진위, 안소현, 「양안은 화해할 수 있을까?: 중국몽과 대만 발전의 갈등과 대화」, 『역사비평』, 2016년 2월.

신상진, 「시진핑 신시대 중국의 대만정책과 양안관계의 변화: '평화발전'에서 '평화통일'로의 이행」, 『중소연구』, 2019년 제47권 제3호.

앤서니 데이비드 스미스 지음, 이재석 옮김, 『민족의 인종적 기원』(서울: 그린비, 2018).

이남주, 문익준, 안치영, 유동원, 장윤미, 『중국 국가전략의 변화와 한중관계에 대한 함의』(서울: 대외경제정책연구원, 2020).

이원봉, 임규섭, 「대만의 국가정체성과 양안관계」, 『아태연구』 2009년 제16권 제2호.

이종화, 「중국의 대일통(大一統)과 일국양제(一国両制) 홍콩, 그리고 제국성(帝国性)에 관한 시론(試論)적 연구」, 『국제지역연구』 2017년 제26권 제1호.

장윤미, 「신시대 중국정치의 전변(転変): 연속과 단절」, 『계간 철학과 현실』, 2020년 여름호.

콩링위, 「우산운동과 일국양제(一国两制)」, 『성균차이나브리프』, 2017년 5권1호.
하범식, 「차이잉원 집권 시기 양안관계의 변화와 전망」, 『성균차이나브리프』, 2017년 5권3호.
「양안관계, 부러워 말라」 『한겨레21』 2018-3-16.
「중국 보란 듯 "나는 대만인" 문구로 총통부 덮은 대만」 『연합뉴스』 2020년 10월 7일.
「친중 대만 국민당도 美와 수교 요구…中 "내리막길의 패배자"」 『노컷뉴스』 2020년 10월 8일.
「홍콩 지켜보던 대만인들 "독립 필요없어… 지금처럼 살겠다"」 『중앙일보』 2019년 11월 6일.

鄧小平, 「我們非常関注香港的過渡時期」(1984年7月31日), 『鄧小平文選』 第三卷(北京: 人民出版社, 1993).
_____, 「中国大陸和台湾和平統一的設想」(1983年6月26日), 『鄧小平文選』 第三卷(北京: 人民出版社, 1993).
劉結一, 「堅定推進祖国和平統一進程」, 『〈中共中央関于堅持和完善中国特色社会主義制度　推進国家治理体系和治理能力現代化若干重大問題的決定〉輔導読本』(北京: 人民出版社, 2019).
林泉忠, 『誰是中国人: 透視台湾人与香港人的身分認同』(台北: 時報文化, 2017).
費孝通, 李亦園, 「中国文化与新世紀的社会学人類学: 費孝通　李亦園対話录」, 『北京大学学報』, 1998年 第6期.
孫代尧, 「一国两制之"台湾模式"的建構: 概念与框架」, 『"一国两制"研究』, 2012年 第2期.
習近平, 「為実現民族偉大复興, 推進祖国和平統一而共同奮斗: 在《告台湾同胞書》発表40周年紀念会上的講話」(2019年1月2日), 『人民日報』 2019년 1월 3일.
中華人民共和国国務院新聞辦公室, 「新時代的中国国防」, 『新華社』 2019년 7월 24일.
中華人民共和国国務院新聞辦公室, 「"一国两制"在香港特別行政区的実践」 2014年 6月, http://www.scio.gov.cn/tt/Document/1372801/1372801.htm(검색일: 2020년 11월 20일).
陳孔立, 「"台湾特色的中華文化"的建构」, 『台湾研究·两岸関系』, 2013年 第6期.
総統府, 「民主台湾撐香港，以制度化作為提供香港人民必要的人道協助」, 2020-06-30, https://www.president.gov.tw/NEWS/25389(검색일: 2020년 11월 21일).
包宗和, 呉玉山主編, 『争辯中的両岸関係理論』(台北: 五南, 1999).
許建明, 「两岸関系, 台湾政治生態与中国国家認同: 反思二十年来的大陸对台湾政策」, 『当代中国研究』, 2010年 第1期.
「两岸観察：解碼中共領導人的台湾情結和執念」, 『多維新聞』 2020년 10월 2일.
「中国共産党第十九届中央委員会第五次全体会議公報」(中国共産党第十九届中央委員会第五次全体会議通過), http://www.12371.cn/2020/10/29/ARTI1603964233795881.shtml(검색일: 2020년 11월 15일)
「中共中央関于堅持和完善中国特色社会主義制度, 推進国家治理体系和治理能力現代化若干重大問題的決定」(2019年10月31日中国共産党第十九届中央委員会第四次全体会議通過).
「两岸関系回不去了」, 『多維新聞』 2020년 6월 7일.
「天然独」是怎麼造成的？」, 『民報』 2020년 1월 27일.
「再説一遍：台湾是中国不可分割的一部分！」, 『新華网』 2020년 11월 14일,
「香港示威情勢厳峻：台湾萌生的不安与恐懼」 『BBC』 2019년 8월 14일
「香港'近両百万人'示威加深台湾对中国的恐懼与不信任」 『BBC』 2019년 6월 18일

「専訪林泉忠: 中港台的身份認同与普世関懐(上)」『端伝媒』 2015년 9월 11일.

Dittmer, L.「Taiwan and the Issue of National Identity」, *Asian Survey* 44(4), 2004.

제3부 제8장 1950년대 북한의 독일 국가연합 통일방안 수용과 한반도 평화공존의 상상

고유환. 2014, "민족공동체 통일방안의 이행과정과 추진전략 재검토," 『통일인문학』, 60권: 241-278.

구갑우. 2014, "북한 '핵 담론'의 원형과 마음체계, 1947~1964년," 『현대북한연구』, 17권 1호: 197-250.

_____. 2018, "평창 임시 평화체제에서 판문점 선언으로: 북한의 개혁·개방 선언과 제3차 남북정상회담, '연합적 평화'의 길," 『동향과 전망』, 103호: 32-62.

김선호. 2017, "1945-1956년 북한의 부르주아민주주의혁명과 혁명동력의 설정 배제," 『한국민족운동사연구』, 92호: 211-250.

김재웅. 2018, 『북한 체제의 기원: 인민 위의 계급, 계급 위의 국가』 (서울: 역사비평사).

김태경. 2020, "1950년대 북한의 '평화공존의 마음들': 소련 '평화공존' 노선의 수용과 북한의 군비 축소 담론," 『개념과소통』, 26호.

김태우. 2012, "냉전 초기 사회주의 진영 내부의 전쟁·평화 담론의 충돌과 북한의 한국전쟁 인식 변화," 『역사와 현실』, 83호: 371-411.

_____. 2015, "냉전 평화론의 사생아: 소련과 북한의 한국전쟁 '북침' 시나리오 조작의 정치적 배경과 과정," 『통일인문학』, 64권: 263-304.

_____. 2019, "1948-50년 사회주의진영의 평화론과 평화운동의 동아시아적 수용과 변용: 국가별 사례 비교," 『동북아문화연구』, 1권 58호: 83-101.

김학재 외. 2020, 『2019 통일의식조사』 (서울: 서울대 통일평화연구원).

남궁영. 2002, "남북정상회담과 통일방안의 새로운 접근: 연합제와 낮은 단계의 연방제," 『한국정치학회보』, 36권 1호: 309-326.

박명규·이근관·전재성 외. 2010, 『연성복합통일론: 21세기 통일방안구상』 (서울: 서울대학교 통일평화연구소).

박영호·김학성·손기웅·이교덕·전현준. 2002, 『남북연합 하에서의 남북정치공동체 형성방안』 (서울: 통일연구원).

박종철·김병로·이규창·전재성·조성렬·홍우택·홍익표·황선혜. 2010, 『민족공동체 통일방안의 새로운 접근과 추진방안: 3대 공동체 통일구상 중심』, KINU 연구총서 10-08 (서울: 통일연구원).

박종철·허문영·김보근. 2008, 『남북연합 형성·운영의 거버넌스』 (서울: 통일연구원).

박주화·이민규·최훈석·권영미·Steven Sloman·Eran Halperin. 2019, 『2019 한국인의 평화의식』, KINU 연구총서 19-22 (서울: 통일연구원).

분리통합연구회 편. 2014, 『분단-통일에서 분리-통합으로』 (서울: 사회평론).

서보혁·구갑우·이혜정·이희옥·신대진·정욱식. 2019, 『한반도 평화체제 관련 쟁점과 이행방안』,

KINU 연구총서 19-21 (서울: 통일연구원).
역사문제연구소 편. 2010, 『한국전쟁에 대한 11가지 시선』 (서울: 역사비평사).
이동기. 2009a, "독일 분단과 통일과정에서의 '탈민족' 담론과 정치," 『통일과 평화』, 2호: 162-198.
_____. 2009b, "1950년대 후반 동독 사통당(SED)의 국가연합 통일안," 『서양사론』, 102호: 285-319.
_____. 2009c, "'경계인'의 시간들: 분단 독일 초기(1949-1956) 국가연합 통일안의 등장," 『역사학보』, 202집: 333-380.
_____. 2015, "국가연합과 평화체제: 분단 독일의 국가연합안 개관," 『시민과 세계』, 27호: 1-30.
이무철·이상신·윤철기·신대진 외. 2019, 『남북연합 연구: 이론적 논의와 해외사례를 중심으로』 (서울: 통일연구원).
이삼성. 2018, 『한반도의 전쟁과 평화』 (서울: 한길사).
이수석. 2007, "한국의 연합제 통일방안에 대한 연구," 『국제정치연구』, 10권 2호: 185-204.
임채완·장윤수. 2003, "연방제와의 비교를 통해 본 남북연합의 형성조건," 『한국동북아논총』, 28집: 79-104.
정용욱. 2014a, "6.25전쟁 이전 북한의 평화운동," 『역사비평』, 106권: 69-93.
_____. 2014b, "6.25전쟁~1950년대 후반 북한의 평화운동," 『역사와 현실』, 91권: 285-315.
조선중앙통신사 편. 1954, 『조선중앙년감 1954-1955』 (평양: 조선중앙통신사).
_____. 1956, 『조선중앙년감 1956』 (평양: 조선중앙통신사). 조한범. 2019, 『신한반도체제 구상의 이해』, KINU Insight 19-07 (서울: 통일연구원).
조한범·배기찬·이수형. 2019,『변화하는 통일환경에 따른 대북·통일정책 개선과제: 신한반도체제 구상을 중심으로』, KINU 연구총서 19-17 (서울: 통일연구원).
청카이. 2013, "평화염원과 정치동원: 1950년의 평화서명운동," 백원담·임우경 편, 『냉전 아시아의 탄생: 신중국과 한국전쟁』 (서울: 문화과학사).
최완규. 2002, "남북한 통일방안의 수렴가능성 연구: 연합제와 낮은 단계의 연방제," 『북한연구학회보』, 6권 1호: 5-36.
한모니까. 2000. "4월 민중항쟁 시기 북한의 남한정세 분석과 통일정책의 변화," 한국역사연구회 편, 『4.19와 남북관계』 (서울: 민연).
함택영·구갑우·김용복·이향규. 2003, "남북한 평화체제의 건설과 통일교육: 연합제와 낮은 단계의 연방제의 수렴을 중심으로," 『국가전략』, 9권 4호: 33-60.
홀저 네링. 2016, "안보의 정치: 냉전 초기 영국과 서독의 반핵운동," 『아시아리뷰』, 5권 2호: 307-322.

『로동신문』, "제네바 회의에서 한 남일 외무상의 조선 문제의 평화적 조정에 대한 방안 제출," 1954년 4월 29일: 1; "제네바 회의 6월 5일 회의에서 남 일 외무상의 연설," 6월 7일a: 2; "제네바 회의 6월 5일 회의 조선 문제에 대한 토의 진행 남일 외무상, 주은래 외교부장 및 몰로또브 외무상 연설," 『로동신문』, 6월 7일b: 2; "브.므.몰로또브 외무상의 연설 제네바 회의 6월 5일 회의에서," 6월 8일: 2; "〈힘의 립장에 선 정책〉 지지자들의 또 하나의 참패," 12월 27일a: 1; "민주주의 독일 민족 전선 전국 리사회 조선 및 월남 원조 위원회 대표단 래조 비행장에서 성대한 환영회 진행," 12월 27일b: 1; "조선 방문 민주주의 독일 민족 전선 전국 리사회 조선 및 월남 원조 위원회 대표단을 위한 평양시 환영 대회 진행," 12월 30일: 1; "민주주의 독일 민족 전선 전국 리사회 조선 및 월남 원조 위원회 대표단이 예술인들과 좌담," 1955년 1월 7일: 3; "민주주의 독일 민족 전선 전국 리사회 조선 및 월남 원조 위원회 대표단이 함흥에 도착," 1월 14일: 3; "민주주의 독일 민족 전선 전국 리사회 조선 및 월남 원조 위원회와 독일 방적 피복 및 피혁 공업 산별 직맹으로부터 친선편지," 1월 19일: 1; "민주주의 독일 민족 전선 전국 리사회 조선 및 월남 원조 위원회 대표단일행 구성 방직 공장을 방문," 1월 20일: 3; "민주주의 독일 민족 전선 전국 리사회 조선 및 월남 원조 위원회 대표단일행 귀국," 1월 21일: 3; "독일 사회 민주당 위원장 쏘련과의 회담 진행을 미, 영, 불 정부에 요청할 것을 아데나우어에게 요구," 1월 29일: 4; "독일 재통일 방안에 대한 서부 독일 사회계의 의견," 10월 14일: 4; "독일 통일 문제에 대한 독일 사회 민주당의 제안," 11월 1일: 4; "통일 평화 및 자유를 위한 독일인 동맹 귀중," 1956년 1월 8일: 1; "『각국 인민들 간의 평화의 공고화를 위한』 국제 쓰딸린상 수상장 요제프 비르트의 서거에 제하여 한설야 위원장의 조전," 1월 9일: 1; "조국의 평화적 통일을 위한 투쟁에 모두 다 일어 서라!," 4월 30일: 3; "김 일성 수상 민주주의 독일 민족 전선 전국 리사회 조선 및 월남 원조 위원회 대표들을 접견," 6월 13일: 1; "독일 민주주의 공화국 내각에서 병력 축소를 결정," 7월 4일: 8; "서부 독일 의무 병역제 실시," 7월 23일: 4; "독일 공산당을 비법화하려는 서부 독일 지배층의 책동," 8월 8일: 4; "독일 통일 위원회 위원장 유엔 사무 총장에게 서한," 8월 9일: 6; "독일 재통일에 대한 태도 또 다시 천명, 독일 민주주의 공화국 인민 의원 회의에서," 9월 5일: 4; "쏘련 평화 옹호 위원회와 량 독일 평화 옹호 대표단간의 공동 콤뮤니케," 11월 23일: 4; "통일, 평화 및 자유를 위한 독일인 동맹 위원장 서독 하원 의원들에게 서한," 1957년 2월 9일a: 4; "독일 통일 문제는 독일 인민 자체의 일이다," 2월 9일b: 4; "민주주의 독일 민족 전선 전국 리사회 조선 및 월남 원조 위원회에서 우리 나라 탁아소에 201 상자의 선물 기증," 2월 21일: 1; "독일 재통일 문제를 심의하기 위한 전 독일 회의 개최," 『로동신문』, 3월 7일: 4; "독일의 재통일을 위하여 로동 계급의 행동 통일을 실현하자," 3월 13일: 4; "독일 재통일을 위한 유일하게 현실적인 길," 8월 3일: 4; "민주주의 독일 민족 전선 전국 리사회 조선 및 월남 원조 위원회 대표단 평양에 도착," 9월 19일: 2; "조선 독일 량국 인민들 간의 긴밀한 형제적 친선," 9월 19일: 4; "김 일성 수상 민주주의 독일 민족 전선 전국 리사회 조선 및 월남 원조 위원회 대표단을 접견," 9월 22일: 1; "민주주의 독일 민족 전선 전국 리사회 조선 및 월남 원조 위원회 대표단환영 평양시 군중 대회 진행," 9월 22일: 2; "비원자 무기 지대 설치는 독일 인민의 절실한 념원, 그로테볼 수상 량 독일 국가에서 전 인민적 투표 실시를 제의," 1958년 1월 24일: 4; "군사 동맹들로부터의 량독일의 탈퇴는 독일 통일의 전제 조건, 그로테볼 수상 강조," 2월 12일: 4; "독일 통일과 구라파의 안전을 위한 독일 인민의 완강한 투쟁," 2월 18일: 6; "서부 독일 군대의 원자 무장은 용허할 수 없다," 4월 19일: 4; "조선 방문 독일 민주주의 공화국 인민 의원 대표단 환영 평양시 군중 대회 성대히 진행," 1959년 5월 6일: 1; "조선 방문 독일 민주주의 공화국 인민 의원 대표단 환영 평양시 군중 대회에서 한 조선 로동당 중앙 위원회 부위원장이며 최고 인민 회의 상임 위원회 위원인 박 정애 동지의 연설," 5월 6일: 2; "조선방문 독일 민주주의 공화국 인민 의원 대표단 흥남 및 함흥 지구를 참관," 5월 6일: 3; "우리는 확신 있게 미래를 내다보고 있다, 조선 방문 독일 민주주의 공화국 인민 의원 대표단 단장 헤르만 마테른," 5월 6일: 4; "서부 독일 로동자들에게 보내는 독일 사회 통일당 중앙 위원회의 공개 서한," 1960년 4월 19일: 6; "평화적 통일을 촉진하는 과도적 대책으로서의 남북조선 련방제," 9월 8일: 5.

저자 소개

이우영 (4장)

이우영은 연세대학교에서 지식사회학으로 박사학위를 받았다. 통일연구원 선임연구위원을 거쳐 북한대학원대학교 교수로 재직 중이며, 현재 북한대학원대학교 남북한마음통합연구센터장을 맡고 있다. 『남북한 문화정책비교』, 『북한문화 둘이면서 하나인 문화』(공저), 『북한도시주민의 사적영역연구』(공저) 등의 저서가 있고, 북한의 사회문화 변화, 남북한 사회문화 통합 등을 주로 연구하고 있다.

김성희 (2장)

김성희는 연세대 경제학과(학사)와 국어국문학과(석사)를 졸업하고 미국 하버드대학교 동아시아언어문명학과에서 북한문학에 관한 논문으로 박사학위를 받았다. 하버드 한국학연구소 연구원, 북한대학원대학교 연구교수를 거쳐 현재 숭실대학교 한국기독교문화연구원에서 연구교수로 재직 중이다.

김태경 (8장)

김태경은 국회미래연구원 부연구위원이다. 주요 연구 영역은 북한정치, 남북관계, 한반도 평화, 냉전사 및 냉전문화이다. 최근 논문으로는 "조선노동당 제8차대회 당규약 개정과 북한의 전국 혁명론 변화"(2021), "조선노동당 제8차대회 당규약 개정과 '당중앙의 유일적 영도체계'의 조직적 변화: 김정은 정권의 당정군관계를 중심으로,"(2022) 등이 있다.

송영훈 (5장)

미국 사우스캐롤라이나대학교에서 국제정치 전공으로 정치학 박사학위를 받았다. 서울대학교 통일평화연구원 연구교수, 통일연구원 부연구위원을 역임했다. 2015년부터 강원대학교 정치외교학과의 교수로 재직 중이며, 현재 강원대학교 통일강원연구원장을 맡고 있다. 분쟁과 난민, 인도적 지원과 개발협력, 남북관계 등과 관련된 국제정치 분야 교육과 연구를 담당하고 있다.

양계민 (4장)

양계민은 학부와 대학원에서 심리학을 전공하고 사회심리학으로 박사학위를 받았다. 2006년부터 현재까지 한국청소년정책연구원의 선임연구위원으로 재직 중이다. 연구 관심분야는 다문화집단, 북한이탈주민 등 이주배경 집단의 적응과 사회통합이다. 주요 논문으로는 "독일통일 후 동독출신자의 지각된 차별감과 통일에 대한 태도(2021)", "남북통일의 사회적 부담 인식이 통일에 대한 지지도에 미치는 영향: 세대별 독일통일에 대한 인식의 조절효과를 중심으로(2019)", "통일이후 독일주민의 이주민에 대한 태도: 삶의 만족도와 스트레스를 중심으로(2017)", "북한이탈주민의 다문화수용성에 영향을 미치는 요인: 남한주민과의 비교를 중심으로(2016)", "북한이탈주민이 다문화집단에 대해 느끼는 현실갈등인식이 삶의 만족에 미치는 영향: 지각된 차별감의 매개효과를 중심으로(2016)", "북한이탈주민이 국내 다문화집단에 대하여 지니는 태도에 영향을 미치는 요인(2015)" 등이 있다

유혜림 (6장)

서울대학교에서 사하라이남 아프리카 난민정치 연구로 정치학 박사학위를 취득하였다. 2016년 12월부터 1년간 세이브더칠드런 르완다 사무소에 코이카 봉사단원으로 파견되어 Research Advisor로 근무하였다. 현재 서울대학교 한국정치연구소 객원연구원으로서 아프리카 비교정치, 난민, 분쟁 및 평화, 개발협력 연구를 수행하고 있으며, 서울대학교, 전북대학교, 경희대학교, 서울시민대학 등에 출강하고 있다.

장윤미 (7장)

중국 베이징대학교 정부관리학원에서 『시장화 개혁시기 중국의 노동정치』라는 논문으로 박사학위를 받았다. 성균관대, 동서대 연구교수를 거쳐 현재 서강대 강사로 있다. 주요 논저로는 「현능주의 논의에서 바라본 차이나 모델의 구상과 한계」(2021),

「중국 공산당의 사회건설 구상: '군중노선'과 새로운 '인민'주체의 창조」(2021), 「중국의 당, 국가, 사회의 관계: 거버넌스 구조의 변화」(2021), 「중국 공산당 100년의 변천: 1921~2021, 혁명에서 '신시대'로」(공저, 2021) 등이 있다.

장희경 (3장)

베를린 자유대학교 한국학과 전임연구원을 거쳐 현재 독일 뒤스부르크-에센 대학교 정치학과 강사로 북한 정치와 한반도를 둘러싼 국제정치 등을 가르치고 있다. 서울대학교 정치학과에서 공중보건 정책을 둘러싼 트립스 협정(TRIPS)의 개정 과정을 규범의 역할에 초점을 맞추어 박사학위를 받았다. 이후 국제레짐의 변화뿐 아니라 글로벌 보건정치와 북한 핵문제와 한반도 평화체제, 독일과 한국의 분단과 통일 등에 관심을 갖고 있다.

조나단 머서 (1장)

조나단 머서 교수는 감정 중심의 국제관계 연구의 개척자 중 한 명으로 현재 워싱턴대학교(시애틀) 정치학과 교수로 재직 중이다. 대표적인 연구성과로는 *Reputation and International Politics* (Ithaca: Cornell University Press, 1996), "Rationality and Psychology in International Politics" (2005), "The Illusion of International Politics" (2017), 「감정과 전략: 한국전쟁의 경우」(2013) 등이 있다.